이 책에 쏟아진 찬사

인공지능은 오늘날 인류가 맞닥뜨린 가장 중대한 문제다. 하지만 지금 이루어지는 담론들은 전혀 지적이지 못하다. 맹신에 빠져 있거나 종말론적이거나 상황 파악이 안 되고 있는 것들뿐이다. 인간 지능과 기계 지능의 전문가들인 게리 마커스와 어니스트 데이비스는 오늘날의 인공지능이 할 수 있는 일과 할 수 없는 일을 명쾌하게 설명하고 덜 인공적이고 더 지능적인 시스템을 만들기 위한 방법을 안내한다.

_스티븐 핑커Steven Pinker(하버드대학교 언어심리학 및 진화심리학 교수,
《우리 본성의 선한 천사》, 《마음은 어떻게 작동하는가》 저자)

인공지능은 우리 삶의 일부다. 비판적이면서도 객관적인 시각을 바탕으로 하는 이 명료하고 정통한 해석은 사회 질서와 지적 활동에 엄청난 영향력을 행사하게 될 발전을 가져다줄 귀중한 지침이다.

_노엄 촘스키Noam Chomsky(언어학자이자 철학자, MIT대학교 언어학 교수)

AI가 여러 응용 분야에서 초인간적 성과를 거두고 있지만 현실적으로 세상을 정말로 이해하는 범용 인공지능이 되기까지는 아직 갈 길이 멀다. 게리 마커

스와 어니스트 데이비스는 특유의 유머와 통찰력으로 현재의 접근법에 숨어 있는 함정들을 설명하고 우리의 신뢰를 얻을 수 있는 건실한 유형의 AI를 향한 경로를 설득력 있게 제시한다.

_에릭 브린욜프슨Erik Brynjolfsson(MIT대학교 슬론 경영대학원 교수,
《제2의 기계 시대》, 《머신 플랫폼 크라우드》 공저자)

CEO들을 비롯해 기술 기업에 몸담고 있는 모든 사람들이라면 반드시 읽어야 할 책이다. 이 책을 읽고 나면 AI 분야에서 밀과 쭉정이를 가려낼 수 있을 것이다.

_페드로 도밍고스Pedro Domingos(워싱턴대학교 컴퓨터과학 및 공학 교수, 《마스터 알고리즘》 저자)

이 책은 매우 흥미롭다! 인간 지능의 뛰어난 힘을 상기시키면서 인공지능 연구에 있어서 필요한 미덕에 대해 설득력 있는 관점을 제공한다. 인지과학을 다룬 가장 뛰어난 걸작이다!

_폴 블룸Paul Bloom(예일대학교 심리학 및 인지과학 교수, 《공감의 배신》 저자)

마침내 AI가 무엇인지 그리고 무엇은 AI가 아닌지, 야심과 창의력이 더해질 때 AI는 무엇이 될 수 있는지 세세하게 알려주는 책이 등장했다. 이 책은 영화 추천이나 게임과 같은 단순한 알고리즘을 뛰어넘어 우리 생활의 모든 면에서 진정한 동반자가 될 기계의 모습을 그린다.

_가리 카스파로프Garry Kasparov(전 세계 체스 챔피언, 《딥 씽킹》 저자)

지난 10년 동안 AI를 에워쌌던 과대 선전에 대한 반가운 해독제! AI와 로봇공학이 가야 할 길이 얼마나 멀었는지, 그리고 그 먼 길을 가려면 우리는 무엇을 어떻게 해야 하는지 현실적인 시각을 제공한다.

_로드니 브룩스Rodney Brooks(MIT대학교 컴퓨터공학 인공지능연구소 소장)

과대광고가 보여주는 AI는 당장에라도 경제를 뒤흔들고 인간의 일자리를 모두 파괴시킬 것 같다. 그러나 AI 연구의 최전선에서 바라본 다른 관점이 등장했다. 바로 이 책이다. 오늘날의 AI 기술은 쉽게 실패할 수 있고 개발자들조차 알고리즘이 어떻게 결론에 도달하는지 이해하기 어렵기 때문에 사회가 지금의 AI를 맹신하는 것은 어리석다고 지적한다. 인간이 신뢰할 수 있는 시스템을 기계에 부여하기 전까지 AI에 대한 무조건적인 맹신은 경계해야 한다는 두 저자의 경고를 우리는 깊이 새겨들어야 할 것이다.

_《이코노미스트》

이 책은 AI가 시간, 공간, 인과관계를 이해할 수 있어야 한다고 말한다. 이 세 가지 개념이 없이는 일반적이고 상식적인 사고 대부분이 불가능하기 때문이다. AI 개발자와 연구자들이 이런 배경적인 사고 구조를 기계에 부여하고자 노력하지 않는다면 우리는 절대 정교한 인공지능을 얻을 수 없을 것이다. 풍부하고 충분한 개념적 이해가 가능한 발전된 기계를 만들기 위해서는 AI에 관한 접근 방식을 바꿔야만 한다.

_〈뉴욕타임스〉

두 저자는 딥러닝 방식으로 구축되는 AI 시스템은 결국 우리 인간의 신뢰를 얻을 수 없을 것이라고 경고한다. 인간 두뇌의 지각 작업을 모방하는 데는 능숙하지만 대화를 하거나 인과관계를 이해하는 일에는 미숙한 AI를 성장시키기 위해 이 책은 인간의 정신에서 힌트를 얻어야 한다고 강조한다.

_《MIT 테크놀로지 리뷰》

딥러닝을 뛰어넘는 기계 지능의 진정한 발전을 이루기 위해 게리 마커스는 딥러닝 기반의 범용 인공지능 실현에 대해 회의론적인 관점을 가지고 있었다. 이 책에서 그는 우리가 얻게 될 인공지능의 미래에 대해 논한다. 딥러닝을 뛰어넘는 기계 지능의 진정한 발전을 이루기 위해 우리가 가야 할 길을 알려주는 책이다.

_《하버드 비즈니스 리뷰》

최신 인공지능 기술의 강점과 약점에 관한 유익하고 재미있는 분석이 담겨 있다. 두 저자가 'AI 캐즘'AI Chasm이라고 부르는 현상, 즉 AI의 현실과 야망 사이에 거대한 격차가 존재한다는 사실을 보여주며 현재 패러다임의 경로를 재탐색할 것을 주장한다. 제한적 AI의 함정에 대한 경고와 함께 더 스마트한 AI를 만든다면 의학과 과학 분야에서 거의 모든 종류의 문제를 해결할 수 있는 낙관적인 가능성을 강조한다. 이 책은 AI 캐즘을 건너는 법을 흥미롭게 보여준다!

_《사이콜로지 투데이》Psychology Today

이 책은 AI가 읽기 능력이나 일상 속 도우미 임무를 수행할 때 드러나는 맹점이 무엇인지 보여주며 사람들이 지금의 AI의 한계에 대해 쉽게 체감하도록 돕는다. 우리 인간이 일상적으로 하는 행동과 결정 속에는 많은 매개 변수가 있지만 딥러닝 기반의 AI는 이를 대처하기에 충분한 데이터를 가질 수 없어 불가능하다는 것이다. 두 저자는 상식적인 문제를 해결할 수 있고 수백만 가지의 학습 사례를 필요로 하지 않는 강력한 인공지능을 만들기 위해 인간의 뇌기능으로부터 힌트를 얻고 그 경로를 탐색해 제시한다.

_〈테크토크〉TechTalks

《2029 기계가 멈추는 날》은 정말 재미있게 읽을 수 있는 책이다. 박식하고 재치 넘치며 오늘날의 AI가 정말로 스마트한 과제들을 수행하는 데 왜 그렇게 곤란을 겪는지 그리고 우리가 원하는 목표에 이르기 위해 무엇이 필요한지를 깔끔하게 설명하고 있다.

_클라이브 톰슨Clive Thompson(《와이어드》 칼럼니스트, 《은밀한 설계자들》 저자)

가까운 미래에 기계가 인간을 능가할 수 있을까? 아니면 그것은 그저 과대 선전일 뿐일까? 두 저자는 세련되고 유려한 문장으로 오늘날 딥러닝을 기반으로 하는 불안하고 제한적인 인공지능과 현재로서는 도달하기 힘든 범용 인공지능 사이의 차이를 그려내며 그 답을 제시한다. 이 분야에서는 인간 고유의 상식과 신뢰가 거대한 과제로 부상한다. 지금 AI의 현실을 알기 위해 책을 한 권 읽기로 했다면 이 책이 가장 탁월한 선택이다!

_ 오렌 에치오니Oren Etzioni(앨런 인공지능 연구소 CEO)

AI가 현재 어디까지 와 있고 어디로 가야 하는지 알려주는 최고의 책! 인공지능은 중요하고 뛰어난 과정을 거쳐왔지만 동시에 과대광고의 흐름 속에 놓여 있다. 이 책은 그런 과대광고를 지적하고 실제 AI 기술의 강점과 약점이 무엇인지, AI 연구가 잘못하고 있는 지점과 우리가 알아야 할 부분들은 무엇인지 잘 설명한다. 무엇보다 일반 독자들을 위해 쓰인 이 책은 흥미롭고 적절한 많은 사례와 재미있는 유머로 어렵지 않게 읽을 수 있다. 한 권의 책으로 AI에 대해 알고 싶다면 단연 이 책을 추천한다!

_ 케네스 포버스Kenneth Forbus (노스웨스턴대학교 컴퓨터과학과 교수)

인공지능의 미래에 관심 있는 사람이라면 꼭 읽어야 할 책! 흡입력 있는 스토리텔링과 또렷하고 이해하기 쉬운 사례들로 가득하다. 이 책은 AI가 이룬 것이 무엇인지, 인간의 정신이 가진 힘이 무엇인지 설명한다.

_ 애니 듀크Annie Duke(《결정, 흔들리지 않고 마음먹은 대로》 저자)

어린 시절, 나는 영화 〈2001: 스페이스 오디세이〉를 보고 AI와 관련해 구할 수 있는 것들을 모조리 읽었다. 똑똑한 사람들은 하나같이 인공지능에 관한 일들이 20년 후에 일어날 거라고 말했다. 20년 후 나는 성인이 됐고 똑똑한 사람들은 인공지능이 20년 후에 나타날 거라고 말했다. 20년 후 우리는 2001년을 지나쳤고 똑똑한 사람들은 또 20년 후에 일어날 일이라고 말했다. 이제

'더' 똑똑한 사람들의 이야기를 들을 때가 되었다. 게리 마커스와 어니스트 데이비스는 쓰레기와 진실을 걸러내 왜 우리가 20년 안에 진짜 인공지능 시스템을 가질 수 없는지, 좀 더 빨리 수준 높은 인공지능을 얻기 위해서는 어떻게 해야 하는지 알려준다.

_펜 질레트Penn Jillette(에미상 수상 경력의 마술사, 배우, 〈뉴욕타임스〉 베스트셀러 작가)

나는 이 책이 나오기를 아주 오랫동안 기다렸다. 게리 마커스는 항상 현대 AI 트렌드의 선정주의sensationalism를 견제하는 데 앞장서 왔다. 그 흐름은 1960년대와 1980년대에도 늘 있었다. AI에 대한 찬사는 과거에도 있었으며 늘 '인공지능의 겨울'AI Winter이 뒤따랐다. 두 저자는 독자들에게 현실적인 솔루션을 제시한다. 딥러닝과 실제 적용 사례를 통해 현재의 AI가 얼마나 제한적으로 작동하는지 비판적으로 평가하면서도 어떻게 해야 AI가 더 좋은 방향으로 충분히 실현될 수 있는지 그 방안을 제시한다.

_티 닐드(아마존 독자)

다단계 신경망을 활용한 딥러닝 방식의 AI에서 (상황이나 문제를) 정말 이해할 수 있는, 즉 딥 언더스탠딩이 가능한 AI로 미래 향방을 이끌어 가야 한다는 사실을 수많은 실용적 사례와 흥미로운 이야기를 통해 보여준다. 이는 더 많은 대중(AI와 인지과학 비전문가)이 두 AI의 차이에 대해 쉽게 이해할 수 있도록 한다. 지금의 AI가 수행하는 일에 대한 실제적인 이해가 없으며 '전혀 지능적이지 않다'는 사실을 인지하게 하고 올바른 방향으로 AI를 설계해 나가는 전략까지 들려준다!

_스티븐 밀러(아마존 독자)

이 책은 딥러닝이 장기적으로 AI의 만병통치약이 아니라는 사실을 광범위한 사례와 근거를 통해 알려준다. 딥러닝으로 설계된 AI는 학습할 데이터 양이 충분히 많아야 하고 패턴을 식별하기 위해 일련의 알고리즘을 필수로 한다는 점에서 점점 더 분명한 한계가 드러나고 있다. 저자들은 이에 상식과 인지 모델, 추론 능력을 가진 AI로 재설계해야 한다고 주장한다. 현재 AI가 사회적, 정치적, 산업적 영역에 미치게 될 영향을 고려했을 때 이 책의 주장은 충분히 귀 기울여야 할 가치가 있다.

_리카르도(아마존 독자)

2029 기계가 멈추는 날

Rebooting AI: Building Artificial Intelligence We Can Trust
by Gary Marcus and Ernest Davis
First published by Pantheon Books, a division of Penguin Random House LLC, New York.

게리 마커스 · 어니스트 데이비스 지음
이영래 옮김

2029

기계가
멈추는 날

AI가 인간을 초월하는
특이점은 정말 오는가

비즈니스북스

옮긴이 **이영래**

이화여자대학교 법학과를 졸업하고 리츠칼튼 서울에서 리셉셔니스트로, 이수그룹 비서 팀에서 비서로 근무했으며 현재 번역에이전시 엔터스코리아에서 전문 번역가로 활동하고 있다.
주요 역서로는 《파타고니아, 파도가 칠 때는 서핑을》, 《블리츠스케일링》, 《제프 베조스, 발명과 방황》, 《모두 거짓말을 한다》, 《마음이 무기가 될 때》, 《제4의 시대》, 《뇌는 팩트에 끌리지 않는다》 등이 있다.

2029 기계가 멈추는 날

1판 1쇄 발행   2021년 6월 25일
1판 3쇄 발행   2024년 6월 24일

지은이 | 게리 마커스 · 어니스트 데이비스
옮긴이 | 이영래
발행인 | 홍영태
편집인 | 김미란
발행처 | (주)비즈니스북스
등 록 | 제2000-000225호(2000년 2월 28일)
주 소 | 03991 서울시 마포구 월드컵북로6길 3 이노베이스빌딩 7층
전 화 | (02)338-9449
팩 스 | (02)338-6543
대표메일 | bb@businessbooks.co.kr
홈페이지 | http://www.businessbooks.co.kr
블로그 | http://blog.naver.com/biz_books
페이스북 | thebizbooks
ISBN 979-11-6254-218-7   03320

정보 이론information theory과 관련한 큰 인기는 이 분야에서 일하는 사람들에게는 분명 즐겁고 흥분되는 일이겠지만 여기에는 위험 요소도 존재한다. 정보 이론이 통신 문제의 본질에 대한 근본적 식견을 제공하는 귀중한 도구이며 그 중요성이 계속해서 커지리라 생각하지만 절대 만병통치약일 수는 없다는 점이다. 통신 엔지니어는 물론이거니와 다른 사람들에게 특히 더 그렇다. 자연의 비밀이 단번에 밝혀지는 경우는 좀처럼 없다. 정보, 엔트로피, 중복성과 같은 몇몇 흥미진진한 단어들이 인간의 모든 문제를 해결하지 못한다는 사실을 깨닫게 되면 우리가 쌓아올린 다소 인위적인 번영은 하루아침에 쉽게 무너질 수도 있다.

_**클로드 섀넌**Claude Shannon, 〈**시류**〉The Bandwagon,
《**IRE 정보 이론 회보**》IRE Transactions on Information Theory, 1(2) (1956):3

아는 것은 바보도 할 수 있는 일이다. 문제는 이해하는 것이다.

_**출처 미상, 대개 알베르트 아인슈타인의 말로 전해짐.**

일러두기

이 책에서는 인공지능 시스템에서 나타나는 다양한 오류 사례들을 제시한다. 그러다 보니 일부 뜻
이 맞지 않는 문장, 의미를 알 수 없는 단어와 문자, 어색한 표현 등이 존재한다. 인공지능 시스템의
오류를 지적하는 사례이므로 이를 원문 그대로 실었다.

AI는 훨씬 더 인간다워져야 한다

지난 20년간 우리는 많은 기술적 진보를 경험했다. 대부분이 빅데이터 세트big data set 기반의 머신러닝 형태였고, 음성 인식, 기계 번역, 이미지 레이블링과 같은 영역에서 그 발전 과정들을 생생히 목격해왔다. 우리 저자들은 앞으로 이런 움직임이 달라질 거라고 생각하지 않는다. 특히 이미지 레이블링과 영상 레이블링의 최첨단 기술은 계속해서 진보하고 챗봇의 기능 역시 점점 나아질 것이다. 물건을 집어 들거나 움직이는 로봇의 능력도 꾸준히 개선되리라 전망한다. 야생동물을 추적하거나[1] 여진餘震을 탐지하는 데[2] 딥러닝을 이용하는 등 영리하고 사회적으로 유용한 응용 프로그램들도 점점 더 많이 보게 될 것이다. 또 이 책에서 이야기하고자 하는 인간이 진정으로 신뢰할 수 있는 AI가 등장하기 훨씬 전부터 광고나 선전, 가짜 뉴스 등 유쾌하지 않은 영역을 포함해 그 외에

감시나 군사적 영역에서도 많은 진전이 일어날 것이다.

처음엔 이 모든 것이 미미한 시작으로 보일 수 있다. 그러나 지금보다 더 성장한 단계에 도달한 후 돌이켜 보면 AI의 전환점은 2012년에 일어난 딥러닝의 재탄생이 아니라 상식과 추론 영역에서의 '딥 언더스탠딩'deep understanding, 즉 심층적 이해에 대한 문제의 해결점이 보이는 순간임을 깨닫게 될 것이다. 기술의 변혁은 10년이 걸릴지, 100년이 걸릴지 아무도 모르지만 추론과 상식적 가치관, 건전한 엔지니어링 응용에 토대를 둔 '인간이 신뢰할 수 있는 AI'로 탈바꿈할 때에야 비로소 시작될 수 있다.

깊이 있는 이해와 사고가 가능한 AI가 바꿀 미래

—

이것이 정확히 의미하는 바는 무엇일까? 아무도 알 수 없다. 이 모든 변화의 영향을 받은 미래가 어떤 모습일지는 누구도 예측할 수 없기 때문이다.

1982년에 개봉한 영화 〈블레이드 러너〉에서는 인간과 거의 구별이 불가능한 AI 기반의 복제인간이 세상을 가득 채운다. 그런데 극 중 결정적 순간에 주인공 릭 데커드가 공중전화에서 전화를 거는 장면이 나온다.[3] 1980년 당시 실제 기술력을 생각하면 인간과 유사한 AI를 만드는 일보다 공중전화를 휴대폰으로 대체하는 일이 훨씬 더 쉽고 현실적이었을 것이다. 그러나 영화 제작진 중 누구도 시대상의 변화를 고려하지 못했다. 이렇듯 빠르게 달라지는 기술에 대한 예측에서는 많은 오류가 존재한다.

하지만 이 분야의 연구를 바탕으로 한 '이상적인 예측'은 충분히 가능하다. 우선 우리가 이 책에서 강조하는 딥 언더스탠딩, 즉 심층적 이해를 기반으로 한 AI는 어린아이들이 그렇듯 세상의 지식을 쉽고 강력하고 꾸준하게 흡수할 것이다. 새로운 개념이나 상황이 발생하면 한두 개의 사례를 가지고 그와 관련된 유효한 모델을 만드는 방식으로 학습한다. 말하자면 이 AI는 소설, 영화, 뉴스 기사, 동영상 등 어떠한 콘텐츠든 제대로 이해하는 '최초의' AI가 되는 것이다. 딥 언더스탠딩이 내장된 로봇은 세상을 안전하게 돌아다니며 어떤 물건이나 물질이 어디에 유용한지 파악하면서 사람들과 편안하고 자유롭게 상호작용을 할 것이다.

컴퓨터가 세상을, 또 인간이 하는 말을 이해할 수 있다면 미래의 발전 가능성은 무궁무진하다. 우선 검색 수준이 훨씬 더 높아질 것이다. 예를 들어 극작가는 미래의 검색엔진에게 "한 나라의 지도자가 다른 나라의 첩자라는 설정의 짧은 이야기로 영화화에 적합한 사례를 찾아줘."라고 요청해 원하는 내용을 얻을 수 있다. 또 아마추어 천문학자는 천문학은 물론이고 지역의 날씨 예보까지 고려해 "다음 번에 목성의 대적점大赤點을 볼 수 있는 때는 언제지?"라고 물어볼 수 있다. 비디오게임을 할 때는 미리 설정된 10여 개의 아바타 옵션에서 하나를 고르는 대신 비디오게임 프로그램에 당신이 원하는 아바타를 매우 구체적으로, 이를테면 "홀치기 염색 셔츠를 입은 코뿔소"라는 식으로 요청해 생성할 수 있게 된다. 혹은 전자책 단말기에 당신이 읽은 도서 리스트를 추적해서 각 대륙의 문학 작품을 읽는 데 얼마만큼의 시간이 소요됐는지 장르별로 구분해서 알려달라고 할 수도 있다.

한편 디지털 비서는 인간 비서가 하는 일 대부분을 할 수 있게 되고 부유한 사람만이 아니라 모두가 이용할 수 있도록 적절한 가격으로 제공될 것이다. 1,000여 명의 직원들이 참석하는 워크숍 계획을 세우고 싶은가? 딥 언더스탠딩이 내장된 당신의 디지털 비서가 무엇을 주문할지부터 누구에게 전화를 걸어 예약을 해야 하는지 등 대부분의 일을 문제없이 완수해낼 것이다. 말하자면 현재 구글의 AI 예약 시스템인 구글 듀플렉스Google Duplex가 하는 일(전화를 걸고 상대방과 상호작용하는 것)은 물론 수십 명의 직원과 요리사, 동영상 촬영 기사 등 외주 업체까지 포괄하는 방대한 규모의 맞춤형 일정 운영이 가능해진다. 당신의 디지털 비서는 연락 담당자이자 프로젝트 책임자가 되어 당신뿐 아니라 수백 명의 일정을 관리할 것이다.

컴퓨터는 지금보다 훨씬 더 사용하기 쉬워질 것이다. 더 이상 도움말 메뉴를 세세히 읽거나 키보드 단축키를 외우지 않아도 된다. 갑자기 모든 외국어를 이탤릭체로 변환하고 싶다면 문서 전체의 단어를 일일이 살필 필요 없이 컴퓨터에 요청만 하면 된다. 40개의 서로 다른 웹페이지에서 각각의 다른 레시피를 복사해 모든 온스 단위를 그램 단위로 자동 전환하고 4인분 식사량에 맞게 조정하고 싶은가? 적절한 기능을 가진 앱을 찾아다니는 대신 영어든 당신이 선호하는 어떤 언어로든 요청만 하면 된다. 또 현재 컴퓨터로 하고 있는 모든 지루한 업무는 훨씬 간단하게 자동으로 처리 가능하다. 소프트웨어 개발자가 미처 예상하지 못한 사소하지만 중요한 문제들 때문에 화가 잔뜩 난 사용자들이 '크롬 문제 해결', '파워포인트 문제 해결'에 관련한 웹페이지를 찾아다니는 일도 사라질 것이다.[4] 이때가 되면 우리가 얻게 될 새로운 자유는 웹 검색만큼이나 삶을 뒤바꾸는 일로, 아니 그 이상으로 느껴질 것이다.

어느 수준까지 일상의 변혁을 일으킬 것인가

〈스타 트렉〉의 홀로데크 holodeck(TV 드라마 〈스타 트렉〉에서 나오는 가상의 방으로 여기에 들어간 사람은 다양한 가상현실 환경을 경험할 수 있다.─옮긴이)도 현실이 될 것이다. 하와이 섬의 분화하는 킬라우에아산 위를 날고 싶은가? 절대반지를 들고 프로도와 운명의 산에 가고 싶은가? 무엇이든 말만 하면 된다. 영화 〈레디 플레이어 원〉에 나온 풍성한 가상현실 세계를 누구든 시도해볼 수 있게 된다.

우리는 이미 훌륭한 그래픽을 어떻게 만드는지 알고 있다. 이런 기술을 놀라운 수준으로 일상 속에서 경험하려면 딥 언더스탠딩을 가진 AI가 필요하다. 그리고 이 AI는 다양하고 복잡한 인간의 성격과 비슷한 개성을 가질 것이다(인간과는 매우 다른 몸과 정신으로 이뤄졌다는 점을 고려하면 '매우 그럴듯한 선택을 하는 심리학적으로 다채로운 외계인과 같다'고도 말할 수 있다).

동시에 가정용 로봇은 요리, 청소, 정리, 장보기는 물론 전구 교체와 창문 닦기까지 시킬 수 있을 만큼 실용적이고 신뢰할 수 있는 존재가 될 것이다. 또한 자율주행차는 진정한 의미의 안전을 보장하게 될 것이다.

점차 시간이 흐르면서 평범한 인간 수준의 이해력을 기계에 주입하는 기술이 확장된다면 기본적인 상식을 넘어 과학자나 의사 등 인간 전문가에 필적하는 전문 지식을 가진 기계를 만들 수 있다. 엄청난 노력을 기울여 지금부터 수십 년 후 이런 수준의 딥 언더스탠딩에 이르면 기계들은 전문적인 수준의 의료 진단을 하고, 법률 사례 및 서류를 이해하고, 복잡한 문제를 가르치는 등의 일을 시작할 수 있을 것이다.

물론 이런 일들이 실제로 실현되려면 민감한 정치적 문제들을 해결해야만 한다. AI를 사용하는 게 병원에 더 이익이라는 점을 설득시켜야 할 것이고 더 나은 에너지원(이 역시 기계로부터 발명된 것이어야 한다)이 채택되어야 할 것이다. 하지만 일단 AI의 수준이 충분히 높아지면 기술적인 문제들의 많은 부분을 극복할 수 있으리라 본다.

마침내 컴퓨터 프로그래밍이 자동화되면 개인이 사업체를 만들거나 예술 작품을 만드는 일처럼 새로운 일을 하는 인간의 능력과 영역은 지금보다 엄청나게 확대될 것이다. 로봇이 목수나 전기 기사의 숙련된 작업을 하게 되면 건설업계도 달라질 것이다. 새로운 집을 짓는 데 필요한 시간이 단축되고 비용도 감소하기 때문이다. 또 응급 처치 기술을 갖춘 구조 로봇과 로봇 소방관이 인간이 갈 수 없는 곳곳에서 활약할 것이다. 특히 흔히 말하는 더럽고 힘들고 위험한 일(전문적인 지식을 요하는 일까지 포함)의 대부분은 자동화될 것이다.

예술 분야는 또 어떤가. 화가, 음악가부터 모든 종류의 취미 활동을 즐기는 사람들은 딥 언더스탠딩이 내장된 AI 비서의 도움을 받아 프로젝트의 범위를 빠르게 확대할 수 있을 것이다. 로봇 밴드와 함께 비틀스의 곡들을 연습하고 싶은가? 항상 박자에 맞춰 완벽한 연주를 하는 로봇 교향악단을 지휘해보는 것은 어떨까? 세계 챔피언인 윌리엄스 자매의 테니스 실력을 그대로 복제한 로봇과 테니스 복식 경기를 해보고 싶은가? 문제없다. 레고로 실물 크기의 성을 만들어서 로봇들이 마상 창시합을 벌이게 하고 싶은가? 미국 네바다주에서 열리는 버닝맨Burning Man 행사(사막에서 일주일 동안 공동체 체험을 하는 행사로 마지막에 인간 형상의 목각 인형을 태우는 데에서 버닝맨이라는 이름이 유래됐다.—옮긴이)에서 스톤헨지를 본뜬 비행 드론 편대를 만들고 싶은가? AI가 당신이 필요한 모든 계산을 해내며 지원할 것이다.

언젠가는 로봇이 대부분의 노동을 책임지는 세상이 온다. 거의 모든 분야에서 사람이 과거에는 상상할 수 없었던 일들을 해볼 수 있게 된다. 마치 로봇들로 이뤄진 팀을 이끄는 크리에이티브 감독이 된 것처럼 말이다. 이렇게 AI와 로봇이 일상의 지루한 일 대부분을 처리하면서 사람들은 급격하게 늘어난 자유 시간을 누리게 될 것이다.

물론 이런 일들이 모든 분야에서 똑같은 속도로 진전되지는 않는다. 우리가 이 책에서 이야기하는 전문가 수준의 딥 언더스탠딩을 먼저 구현하는 분야가 있을 것이다. 예를 들어 정량 과학 분야는 상당한 진전을 보이는 반면, AI는 다른 분야에 비하면 유아기적 단계에 이르는 것조차 어려움을 겪을 수 있다. 완벽한 음악 도우미 로봇은 완벽한 AI 법률가보다 더 빨리 나타날 가능성이 크다.

물론 우리가 원하는 궁극적인 목표는 스스로 전문가의 경지에 이를

때까지 학습을 멈추지 않는 기계다. 언젠가는 그런 기계도 나타날 것
이다.

필요한 것은 인간이 믿을 수 있는 AI다

___

인간 전문가의 유연성과 강력한 직관에 비견되는 소프트웨어가 기계의
순수한 연산력과 결합된다면 과학적 발견의 속도 자체는 대단히 빨라질
것이다.

이 시점이 되면 단 한 대의 고급 컴퓨터가 고도의 훈련을 받은 인간
집단이 해내는 일을 복제하거나 우리 인간은 할 수 없는 일들을 할 수도
있다(예를 들어 인간은 수천 개 분자의 상호작용을 머릿속으로 추적할 수 없
다. 특히 기계에게는 당연한 수학적 정확성을 확신할 수 없다). 이처럼 발전된
형태의 AI라면 방대한 양의 신경 데이터와 복잡한 인과 추론을 이용해
'두뇌가 어떻게 작동하는지'(지금까지 알려진 것이 거의 없는 영역), '정신
질환 치료제를 어떻게 만들어야 하는지'(지난 30년간 거의 진전이 없는 분
야) 등에 대해 알아낼 수 있을 것이다. 뛰어난 과학적 기량을 갖춘 AI가
농업과 청정에너지 분야에서 더 효율적인 기술을 고안하는 데 도움을
주는 일도 영 터무니없는 생각이 아니다.

물론 이런 일들을 할 수 있는 범용지능을 가진 AI를 만드는 일이 쉽지
는 않다. 아니 정확히 말하면 대단히 어렵다. 그래서 이런 일들이 가까
운 미래에 실현되기란 불가능하다. 하지만 시기의 문제일 뿐 결국은 실

현될 것이다.

무조건 좋은 일만 있을 것이란 이야기는 아니다. 긍정적인 측면에서는 미래학자 피터 디아만디스Peter Diamandis의 예측대로 모든 자동화에는 풍요가 뒤따르고 식료품에서 전기에 이르는 많은 일상품의 가격이 떨어질 것이다.[5] 혹은 극작가 오스카 와일드의 말처럼 "내키는 대로 즐겁게 살고, 세련된 여가 생활을 즐기고 (…) 아름다운 것들을 만들고, 아름다운 것들을 읽고, 감탄과 즐거움의 마음으로 세상을 관조하고 (…) 필요하지만 유쾌하지 못한 일은 기계를 통해 해결하는"[6] 미래상에 이를 수도 있다.

하지만 현실적으로는 고용의 기회가 줄어들고 기본소득 보장과 소득 재분배에 대한 논의가 지금보다 더 시급해질 것이다. 경제적인 문제가 해결된다 해도 비숙련 노동의 대부분이 자동화되면 많은 사람들이 자존감을 얻는 방식을 바꿔야 할 가능성이 크다. 지금처럼 일을 통해 얻는 방식에서 예술이나 창작 등 개인적인 프로젝트를 통해 충족감을 얻는 방식으로 말이다. 물론 새로운 일자리가 생기겠지만(초기에는 자동화가 어려운 로봇 정비 업무와 같은 일) 신생 직업이 과거의 직업을 완전히 대체할 거라고 생각하는 것은 어리석은 일이다.

여가 시간의 확대, 물가 하락, 고된 일의 감소는 물론, 고용 기회 감소와 수익 불평등의 확대로 사회 조직은 변화를 피할 수 없다. 과거의 산업혁명이 그랬듯 AI가 가져올 인지혁명은 사회의 많은 변화를 촉발할 것이다. 긍정적인 변화와 부정적인 변화가 동시에 심지어 대단히 극적으로 나타날 것이다. 물론 AI 문제를 해결한다고 모든 문제가 해결되지는 않는다. 하지만 과학, 의학, 환경, 기술 영역에서 AI가 해내게 될 일들을 고려했을 때 인간이 AI를 추구하는 방법에 주의를 기울이고 현명하게 대처할 수만 있다면 긍정적인 변화가 이루어질 가능성이 더 크다.

바로 이러한 변화가 우리 후손들이 어려운 일은 기계에 맡겨버리는 풍요의 세상에서 산다는 의미일까? 오스카 와일드가 말하는 여가가 있는 삶을 산다는 뜻일까? 아니면 레이 커즈와일Ray Kurzweil이 말했듯 우리가 자아를 복제해서 클라우드에 업로드하는 세상에서 산다는 뜻일까? 그것도 아니면 상상을 뛰어넘는 의학 발전 덕택에 죽지 않음으로써 불멸을 누리게 된다는 뜻일까? '바보들의 환희'Nerd Rapture(특이점singularity, 즉 인공지능이 비약적으로 발전해 인간의 지능을 뛰어넘는 기점을 풍자적으로 이르는 말—옮긴이)는 가까울 수도, 멀리 있을 수도, 결코 오지 않을 수도 있다. 그 시점이 언제가 될지 우리는 알지 못한다.

기원전 600년에 활동했던 그리스의 철학자 탈레스는 인류 최초로 전기의 개념을 발견한 사람이다. 그는 전기에 대해 연구하면서 자신이 대단한 것을 발견했다고 느꼈다. 하지만 그 발견이 정확히 무슨 일로 이어질지 예상하기란 불가능했다. 그는 전기가 소셜네트워킹, 스마트워치, 위키피디아에 이르게 될 거라고는 결코 상상하지 못했다. 마찬가지로 지금 우리가 미래의 AI에 대해서, AI가 1,000년 아니 500년 안에 세상에 어떤 영향을 줄지 예측할 수 있다고 여기는 것은 오만한 짓이다.

다만 우리가 확신하는 것은 AI가 그 세상으로 가는 길 위에 있으며 다음에 올 것이 무엇이든 우리는 그것이 안전하고, 믿을 수 있고, 가능한 한 인류에게 유용한 방향으로 가도록 최선을 다해야 한다는 것뿐이다.

그리고 그 목표를 향한 진전을 이루는 가장 좋은 길은 빅데이터와 딥러닝에 대한 무조건적인 의존에서 벗어나 새롭고 신뢰할 수 있는 형태의 AI, 즉 세심하게 설계되고 가치관, 상식, 세상에 대한 '딥 언더스탠딩'을 부여받고 나오는 AI를 지향하는 것이다.

차례

저자의 글_ AI는 훨씬 더 인간다워져야 한다 15

제1장 꿈과 현실의 간극에 선 AI

과대평가된 AI의 문제점 37 | 기계는 얼마나 인간과 가까워졌나 43 | '닫힌 세계'에 갇혀
있는 인공지능 51 | 세상의 다양성과 복잡함을 기계가 알 수 있을까 54 | 지금의 AI 연구
는 잘못된 길로 가고 있다 62

제2장 진짜 위협인가, 위협적인 척인가?

터미네이터는 없다 71 | 의도를 알지 못하는 어리석은 하인 74 | 지금의 AI를 얼마나 믿
을 수 있을까 76 | 빅데이터를 넘어선 새로운 접근법을 찾아야 할 때 86

제3장 딥러닝을 너무 믿지 마라

지금, 왜 딥러닝에 주목해야 하는가 97 | 인간의 뇌를 닮은 시스템 103 | 불가능이 없는
딥러닝의 탄생? 107 | 탐욕스럽고 불안정하며 알 수 없는 존재 112 | 완전한 지성이 아
닌 알고리즘의 하나일 뿐 124

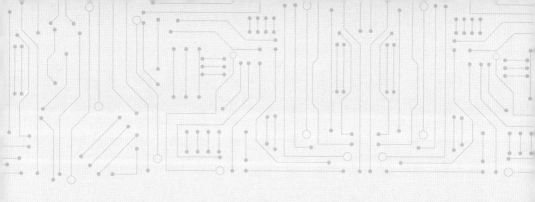

제4장 구글은 문맹인가, 언어 천재인가?

기계는 정말 글을 이해할 수 있을까 135 | 똑똑한 AI가 제대로 읽지 못하는 이유 137 | 비유, 상식, 추론을 통합하는 일 143 | 링크를 찾는 것과 질문을 이해하는 것의 차이 147 | 시리는 정말 비서가 될 수 있는가 151 | 추론하지 못하는 구글 번역의 한계 156 | 인풋과 아웃풋으로 설명할 수 없는 언어의 미묘함 159 | 지금의 AI가 인간처럼 읽지 못하는 이유 164 | 인간의 '상식'을 기계에게 이해시키는 일 167 | 세상을 모르고 언어를 알 수는 없다 170

제5장 로봇은 정말 '다 알아서' 해줄까?

인간의 일자리는 아직 안전하다 180 | 가정용 로봇은 꿈의 영역일까 186 | 알고 보면 대단한 로봇청소기의 능력 188 | 인간에게는 쉬운 일이 로봇에게는 어렵다 190 | 닫힌 시스템은 알 수 없는 열린 세계 193 | AI에게는 큰 도전인 일상적인 업무 197 | '다 알아서 하는 로봇'은 언제쯤 실현될까 202

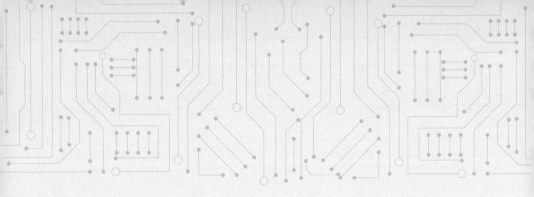

제6장 인간 정신이 주는 11가지 인사이트

'마스터 알고리즘'은 존재하지 않는다 212 | 기계에는 '표상'이 없다 214 | 세상을 이해하는 도구, 추상화와 일반화 218 | AI는 유연성을 가지고 생각할 수 있는가 219 | 규칙과 불규칙을 통합하는 인간 정신의 비밀 224 | 단어의 합은 문장이 아니다? 226 | 같은 말도 맥락 안에서 달라진다 232 | 숨겨진 본질을 간파하는 능력이 필요하다 238 | 인과성을 학습하는 일의 어려움 241 | 인간의 경험과 딥러닝의 차이점 244 | 무에서 유를 만들려 하지 말라 246

제7장 상식과 딥 언더스탠딩으로 가는 길

상식을 '코딩'하는 일의 어려움 260 | 상식을 명확하고 애매하지 않게 나타내는 방식 268 | 수천 개의 지식에서 관계를 찾아내는 법 276 | 시간, 공간 그리고 인과성 277 | 진보의 시작은 유동성을 얻는 데 있다 285 | 계획을 세우고 수정할 줄 아는 로봇 287 | 시뮬레이션만으로는 부족하다 289 | 부정확하고 불완전한 인간이 AI보다 나은 점 293 | 범용지능으로 가는 길 297

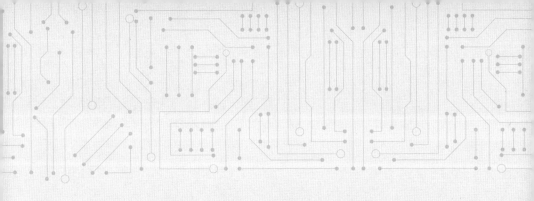

제8장 신뢰할 수 있는 AI를 향해

AI에도 안전 법규가 필요하다 305 | AI가 판도라의 상자가 되어서는 안 된다 310 | 소프트웨어의 신뢰성을 높이는 접근법 313 | 지름길은 없다 316 | 버그 없고 위해를 가하지 않는 AI 317 | 로봇이 가져야 할 가치관은 무엇인가 321 | 진정한 의미의 '생각'을 할 수 있는 인공지능 328 | 더 나은 AI는 있다 331

감사의 말 334
추천 도서 337
참고문헌 344
주 386
찾아보기 402
이미지 출처 407

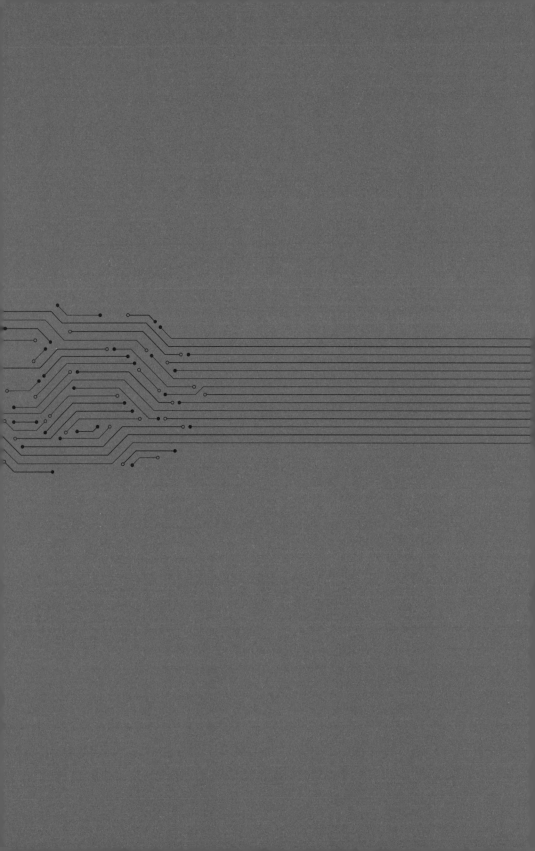

제1장

꿈과 현실의
간극에 선 AI

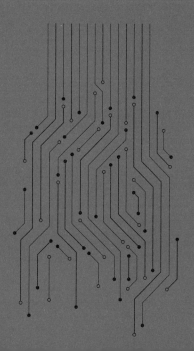

기계는 20년 내에 인간이 할 수 있는 모든 일을 할 수 있게 될 것이다.

_AI의 선구자 허버트 사이먼 Herbert Simon, 1965년

스머프 1: (길고 고단한 여행길에) 아직 많이 남았나요, 파파 스머프?

파파 스머프: 이제 다 왔다.

스머프 2: (한참 후에) 아직 많이 남았나요, 파파 스머프?

파파 스머프: 이제 다 왔다.

_〈개구쟁이 스머프〉 중에서

인공지능은 그 초기부터 많은 기대를 모은 기술이었다. 그러나 막상 오늘까지 이루어진 것은 그렇게 많지 않다. 1950년대와 1960년대 마빈 민스키Marvin Minsky, 존 매카시John McCarthy, 허버트 사이먼과 같은 선구자들은 AI의 모든 문제가 20세기 안에 해결될 것이라는 굳은 믿음을 갖고 있었다.[1] 마빈 민스키가 1967년에 남긴 유명한 글을 보라. "인공지능의 문제 대부분은 한 세대 안에 해결될 것이다."[2] 그 뒤로 50년이 흘렀지만 아직 그런 전망들은 실현되지 않았다. 그런데도 계속 새로운 전망들이 등장했다. 2002년 미래학자 레이 커즈와일은 2029년까지 "AI가 인간의 지능을 능가할 것"이라고 확언했다.[3] 주요 AI 연구기관 중 하나인 오픈 AIOpenAI의 공동 설립자 일리야 서츠케버Ilya Sutskever는 2018년 "가까운 미래에 범용 인공지능AGI, Artificial General Intelligence의 가능성을 진지하게 받아들이게 될 것이다."라고 말했다.[4]

이론적으로는 커즈와일과 서츠케버의 말이 옳을 수도 있다. 하지만 실제로 이런 일이 일어날 확률은 대단히 낮다. 지금 우리가 있는 곳에서 그 수준, 즉 인간의 지능과 같은 '유연성을 갖춘 다목적 인공지능'에 이르는 길은 그리 짧지 않다. 거기에 이르기 위해서는 엄청난 양의 기초적 진전이 있어야 한다. 지난 몇 년 동안 달성한 성과와 같은 종류의 일을 조금 더 하는 정도로는 턱없이 부족하다. 완전히 다른 종류의 시스템(앞으로 설명하게 될 것이다)이 필요하다는 얘기다.

물론 모두가 커즈와일과 서츠케버처럼 낙관적 시각을 가진 것은 아니다.[5] 그렇더라도 우리는 의학 기술에서 자율주행차에 이르기까지 다양한 분야에서 야심 찬 전망을 흔히 만나게 된다. 하지만 잘 알고 있듯이 그 전망은 대개 현실과 거리가 멀다. 2012년 우리는 "가까운 미래에 자율주행차를 보게 될 것"이라는 이야기를 귀에 못이 박히도록 들었다.[6] 2016년 IBM은 퀴즈쇼 〈제퍼디!〉Jeopardy!에서 우승한 AI 시스템 왓슨Watson이 '의료 혁명'을 일으킬 것이라면서 "왓슨 헬스Watson Health의 인지 시스템은 이해, 추론, 학습, 상호작용이 가능하며 최근 인지 컴퓨팅의 발전에 힘입어 사람들이 생각했던 것보다 많은 일들을 이룰 수 있을 것"이라고 말했다.[7,8,9] IBM은 왓슨이 의학 문헌을 읽고 인간 의사들이 놓칠 수 있는 권고를 하게 함으로써 약리학에서 방사선학, 암 진단과 치료에 이르는 문제들을 해결하겠다는 목표를 세웠다.[10] 더욱이 저명한 AI 과학자 제프리 힌턴Geoffrey Hinton은 "방사선과 전문의 교육은 이제 중단해야 한다. 이는 매우 당연한 일이다."라고 말하기도 했다.[11]

2015년 페이스북은 M이라고 알려진 야심 차고 광범위한 프로젝트에 착수했다. M은 식당 예약이나 다음 휴가 스케줄을 짜는 등 당신이 필요

로 하는 모든 일을 해줄 수 있는 챗봇 프로젝트다.[12]

그러나 아직 이 중 어느 것도 실현되지 않았다. 언젠가는 안전한 자율주행차를 흔하게 볼 수 있는 시대가 올 것이다. 우리의 모든 요구를 들어줄 수 있는 챗봇도 언젠가는 일상적인 서비스가 될 것이다. 초지성을 갖춘 로봇 의사도 마찬가지다. 하지만 그것은 모두 '언젠가'일 뿐, 지금으로서는 사실이 아닌 공상 속에 남아 있다.

오늘날 개발 중인 자율주행차는 고속도로에서만 제한적으로 운행할 수 있다. 더구나 예비적인 안전장치로 인간 운전사가 탑승해야만 한다. 소프트웨어의 신뢰성이 너무나 낮기 때문이다. 2017년, 10년 동안 자율주행차를 연구해온 구글의 자회사 웨이모Waymo의 CEO 존 크래프칙John Krafcik은 웨이모가 곧 예비 운전사가 필요 없는 자율주행차를 내놓을 것이라고 호언장담했다.[13] 그러나 그런 일은 일어나지 않았다. 1년 뒤 IT 전문 잡지 《와이어드》Wired의 표현대로, 허세는 사라졌다. 이렇게 허세는 사라졌지만 예비 운전사는 사라지지 않았다.[14] 오늘날 자율주행차가 도심에서 혹은 궂은 날씨에 온전히 스스로 운행할 준비를 갖추었다고 생각하는 사람은 아무도 없다. 초기의 낙관론은 물러나고 그 시점까지 적어도 10년, 아니 어쩌면 그보다 더 먼 길이 남았다는 광범위한 인식이 대신 자리 잡았다.[15]

IBM 왓슨의 의료 혁명에 대한 열기 역시 곧 수그러들었다. 2017년, 텍사스의 엠디앤더슨암센터MD Anderson Cancer Center는 IBM과의 종양학 공동 연구를 보류했다.[16] 최근 이 기관의 발표에 따르면 왓슨의 일부 권고는 "안전하지 못하고 부정확했다."고 한다.[17] 희귀 질환 진단에 왓슨을 이용한 마르부르크 희귀·미진단질환센터Center for Rare and Undiagnosed Diseases의 2016년 프로젝트 역시 2년도 안 되어 보류 판정을 받았다.[18] 성과를 인정할 수 없다는 것이 이유였다.[19] 일례로 환자에게서 가슴에 통증이 있다는 이야기를 들으면 의과대학 1학년생도 자연스럽게 심근 경색, 협심증, 대동맥박리를 의심한다. 하지만 왓슨은 이런 진단을 하지 못했다. 왓슨의 문제가 드러나고 얼마 지나지 않아 페이스북의 M 프로젝트는 조용히 취소됐다.[20] 발표된 지 겨우 3년 만의 일이었다.

중요한 이정표들을 놓친 전적에도 불구하고 AI를 구세주처럼 받드는 이야기들은 여전히 계속되고 있다. 구글의 전 CEO 에릭 슈미트는 AI가 기후변화, 빈곤, 전쟁, 암과 같은 문제들을 해결할 것이라고 선언했다.[21] 엑스프라이즈XPRIZE의 설립자 피터 디아만디스도 그의 책 《어번던스》에서 비슷한 주장을 했다. 강인공지능strong AI이 "우리를 풍요의 피라미드 꼭대기로 쏘아 올려줄 것이 분명하다."라고 말한 것이다.[22] 2018년 초, 구글의 CEO 순다르 피차이는 "AI는 인류가 연구하고 있는 가장 중요한 기술 중 하나다. 전기나 불보다 더 큰 의미를 지니고 있다."고 주장했다.[23] (1년도 되지 않아 구글은 주주 서한에서 "인공지능과 머신러닝을 통합하거나 활용하는 제품과 서비스들이 새로운 윤리적, 기술적, 법적, 기타 문제를 야기하거나 기존의 문제를 악화시킬 수 있다."고 인정해야 했다.)[24]

AI의 잠재적 위험에 대해 고민하는 사람들조차 위와 같이 현실과 동떨어진 모습을 보여주곤 한다. 옥스퍼드대학교의 철학 교수 닉 보스트롬Nick Bostrom은 최근에 발표한 논픽션 베스트셀러에서 초지성이 세상을 장악하게 되리라고 이야기했다.[25] 그것이 마치 가까운 미래에 생길 심각한 위험이라는 듯이 말이다.《디 애틀랜틱》의 기사에서 헨리 키신저Henry Kissinger는 AI의 위험이 대단히 크고 극심해서 인류 역사는 "불가해하고 경외감마저 불러일으키는 스페인 문화를 마주한 잉카인들과 같은 운명을 걸을 수도 있다."는 짐작을 내놓았다.[26] 일론 머스크는 AI 연구가 "악마를 소환"하고 있으며 "핵무기보다 해로운" 위험이라고 경고했고 작고한 스티븐 호킹은 AI가 "우리 문명 최악의 사건"이 될 수 있다고 경고했다.[27, 28, 29]

그런데 그들이 이야기하고 있는 AI는 정확히 어떤 AI인 것일까? 현실 세계로 돌아와 보면 지금의 로봇들은 문손잡이도 제대로 돌리지 못한다. '자율주행' 모드로 움직이던 테슬라의 자동차는 비상 주차된 차량을 들이받는 사고를 일으켰다(2018년에만 4건 이상 발생).[30] 이는 마치 14세기에 사는 사람들이 교통사고를 걱정하는 꼴이다. 14세기라면 공중위생에 대해서 걱정하는 편이 훨씬 유용하지 않을까?

과대평가된 AI의 문제점

사람들이 AI가 실제로 할 수 있는 일에 대해 과대평가하는 이유는 언론 보도가 대단치 않은 진전도 패러다임의 대전환인 양 AI의 능력을 과장하기 때문이다.[31]

머신리딩machine reading(기계 독해)에서의 대약진을 묘사하는 다음의 헤드라인들을 보라.

인간을 능가하는 로봇의 읽기 능력, 수백만 개의 일자리가 위험에 처했다.

_《뉴스위크》, 2018년 1월 15일[32]

컴퓨터는 읽기 능력에서 인간보다 나아지고 있다.

_CNN 머니, 2018년 1월 16일[33]

첫 번째 헤드라인이 두 번째보다 더 터무니없는 과장이긴 하지만 대수롭지 않은 진전을 엄청나게 과대 포장했음은 둘 다 마찬가지다. 실제로는 연구에 로봇이 관련되어 있지도 않았으며 그 시험은 읽기 능력의 아주 작은 한 측면만을 측정했을 뿐이다. 이해력에 대한 철저한 테스트와 거리가 멀어도 한참 멀다. 실제로 위험에 빠진 일자리도 없다.

실제로는 어떤 일이 벌어졌던 걸까? 마이크로소프트와 알리바바가 만든 프로그램이 독해의 몹시 제한적인 한 측면을 평가하는 특정 테스트에서 약간의 진보(이전 기록인 82.136퍼센트에서 82.65퍼센트로 증가)를 이뤄낸 것뿐이었다. 스쿼드 SQuAD, the Stanford Question Answering Dataset(스탠퍼드 문답 데이터 세트)[34]라고 알려진 이 프로그램은 이전에는 인간의 수준에 못 미쳤던 한 구체적인 과제에서 인간 수준의 성과를 달성했다고 한다. 그런데 두 회사 중 한 곳에서 이 미미한 성과가 실제보다 훨씬 혁명적으로 보이도록 하는 보도 자료를 내놓았다. "사람처럼 서류를 읽고 문제에 답할 수 있는 AI를 만들었다."고 발표한 것이다.[35]

하지만 현실은 그렇게 대단하지가 않았다. 연구 목적으로 고안된 이 시험에서 연구자들은 짧은 단락의 글을 컴퓨터에게 보여주고 그에 대해 질문을 했다. 여기에서 주목할 점은 모든 시험에서 정답이 글 안에 '매우 직접적'으로 드러나 있었다는 것이다. 이런 조건이라면 이 시험은 밑줄 긋기 연습과 다를 바가 없다. 그러나 우리가 사는 현실에서 모든 의미가 늘 확연히 드러나는 글이 과연 얼마나 존재할까. 이런 함축된 의미를 유추하는 것이야말로 읽기 능력의 핵심이고 실질적인 과제다. 그러나 이 시험은 그런 과제 근처에도 가지 않았다.

우리가 당신에게 다음과 같은 짧은 글이 적힌 종이 한 장을 건넨다고 생각해보자.

두 어린이, 클로이와 알렉산더가 산책을 갔습니다. 그 둘은 개와 나무를 보았습니다. 알렉산더는 고양이를 보고 클로이에게 고양이가 있다고 알려주었습니다. 그녀는 고양이를 쓰다듬으러 갔습니다.

"누가 산책을 갔나요?" 같은 질문은 답(클로이와 알렉산더)이 글에 직접적으로 나와 있으므로 아주 쉽다. 하지만 읽기에 능숙한 독자라면 직접적으로 글에 나오지 않은 질문, 즉 "클로이가 고양이를 봤나요?"나 "어린이들은 고양이 때문에 겁을 먹었나요?"와 같은 질문에도 쉽게 답할 수 있다. 그럴 수 없다면 이야기를 제대로 '이해'한 것이 아니다. 스쿼드 프로그램에는 이러한 종류의 질문이 없으며 따라서 읽기 능력을 철저히 검증하는 시험이라고 볼 수 없다. 이 새로운 AI 시스템은 이런 맥락을 파악하는 읽기 시험에는 대처할 능력이 없는 것으로 드러났다(이 시험은 질문 자체가 하나의 문장에서 정답을 유추할 수 있도록, 즉 기계가 쉽게 정답을 맞출 수 있도록 제한적으로 구성됐다. 그래서 "알렉산더는 무엇을 보았나요?"와 같이 한결 쉬운 질문조차 AI는 제대로 대답하지 못했다. 대답(개, 나무, 고양이)을 하려면 서로 떨어져 있는 두 문장을 연결 지어 해석해야 하기 때문이다). 비교를 위해서 저자 게리는 당시 다섯 살이었던 자신의 딸에게 이 이야기를 읽게 하고 테스트를 해보았다. 그녀는 클로이가 고양이를 보았다는 것을 어려움 없이 유추했다(막 일곱 살이 됐던 게리의 아들은 한 단계 더 나아가서 개가 실제로는 고양이로 밝혀졌다면 어땠을지 생각해보는 모습을 보여주었다. 기존의 AI는 그런 일을 시작조차 할 수 없다).

기술계의 거물 기업들이 보도 자료를 낼 때마다 이런 현상이 반복된다. 다행히 모두는 아니지만 여전히 많은 매체가 아주 작은 진전을 획기적인 혁명으로 묘사한다. 몇 년 전 페이스북은 간단한 이야기를 읽고 그에 대한 질문에 대답하는 아주 빈약한 개념 검증 프로그램을 내놓았다.[36] 이에 열렬한 반응들이 쏟아졌다. "페이스북은 지능이 한층 높은 로봇을 만들 수 있는 비밀을 발견했다."(《슬레이트》Slate)[37], "페이스북 AI 소프트웨어는 학습을 하고 질문에 답한다."(《테크놀로지 리뷰》Technology Review)[38]

정말 엄청난 약진이 아닐 수 없다. 실제 사실이라면 말이다. 문학 작품을 요약, 해설한 《리더스 다이제스트》 버전으로 나온 《반지의 제왕》을 완전히 이해하는 정도만으로도 엄청난 진전일 것이다.

그러나 정말로 그런 능력을 가진 프로그램은 존재하지 않는다. 페이스북 시스템이 실제로 읽은 글은 겨우 다음의 다섯 줄이었다.

빌보는 동굴로 갔다. 골룸은 그곳에 반지를 떨어뜨렸다. 빌보가 반지를 가져갔다. 빌보는 샤이어로 돌아갔다. 빌보는 그곳에 반지를 두고 떠났다. 프로도는 반지를 얻었다. 프로도는 운명의 산으로 갔다. 프로도는 반지를 그곳에 떨어뜨렸다. 사우론은 죽었다. 프로도는 샤이어로 돌아갔다. 빌보는 회색 항구로 갔다. 끝.

이 글을 읽은 프로그램이 할 수 있는 일이라고는 "반지는 어디에 있나?", "빌보는 지금 어디에 있나?", "프로도는 지금 어디에 있나?"와 같이 문장에 직접적으로 언급된 기본적인 질문에 대답하는 것뿐이다. 프로도가 왜 반지를 떨어뜨렸는지 질문할 생각은 접어두는 것이 좋다.

많은 미디어가 기술의 성과를 과장해 보도한 결과, 대중은 AI가 실제보다 완성형에 가깝다는 굳은 믿음을 가지게 됐다.[39] 하지만 우리는 AI의 성공을 추정하는 말을 들을 때마다 다음과 같은 여섯 개의 질문을 던져보라고 권하고 싶다.

1. 과장이나 수사적 기교를 제외하고 AI 시스템이 실제로 한 일은 무엇인가?

2. 그 결과가 얼마나 일반적인가?(예를 들어 읽기 과제라면 읽기의 모든 측면을 측정하는가, 아니면 읽기의 아주 작은 부분만을 측정하는가?)

3. 내가 직접 확인해볼 수 있는 시험용 프로그램이 존재하는가?(그렇지 않다면 대단히 회의적이다.)

4. 연구자(혹은 그들의 대변인)들이 AI 시스템이 인간보다 낫다고 주장하는 경우, 그들이 말하는 것은 '어떤 인간'이며 '얼마나' 낫다는 것인가?

5. 새로운 특정 연구 과제의 성공에서부터 진정한 AI 구축까지는 얼마나 먼 길이 남아 있는가?

6. 시스템이 얼마나 믿을 만한가? 다른 데이터 세트에서도 막대한 양의 재교육 없이 그만큼 좋은 효과를 낼 수 있는가?(예를 들어 체스를 익힌 게임 로봇이 〈젤다〉와 같은 액션 어드벤처 게임도 할 수 있는가? 동물을 인식하는 시스템이라면 이전에 보지 못한 생물이 동물이라는 것을 알아볼 수 있는가? 주간에 훈련을 받은 자율주행차가 야간에 혹은 눈이 올 때, 혹은 지도에는 없는 통행금지 표시가 있는 곳에서도 주행할 수 있는가?)

이 책에서 우리는 AI에 회의적인 태도를 견지하는 방법에 대해서만 이야기하지는 않는다. 그보다는 왜 AI가 아직 제 궤도에 오르지 않았는지, 견실하고 신뢰할 수 있는 AI, 즉 계속 변화하는 복잡한 세상 속에서 우리의 집, 부모, 아이, 의학적 결정, 궁극적으로는 우리의 삶까지 믿고 맡길 수 있는 AI를 얻기 위해 우리가 할 수 있는 일은 무엇인지에 대해 논의해보려 한다.

기계는 얼마나 인간과 가까워졌나

———

지난 몇 년 동안 AI는 거의 매일같이, 때로는 정말 놀라운 방식으로 진보해왔다. 게임부터 음성 인식, 얼굴 인식에 이르기까지 모든 방면에서 큰 발전이 있었다. 우리가 좋아하는 스타트업 집라인Zipline은 아프리카에서 AI의 조종을 받는 드론을 이용해 환자들에게 혈액을 공급한다.[40] 몇 년 전만 해도 불가능했던 정말 근사한 응용 프로그램이다.

최근 AI 분야에서 이루어진 이런 성공들 대부분은 주로 두 분야의 발전 덕분에 가능해졌다. 첫째는 동시에 작동하는 많은 기계를 활용함으로써 더 많은 메모리와 더 빠른 계산을 가능하게 하는 하드웨어의 발전이다. 둘째는 빅데이터, 즉 기가바이트나 테라바이트(혹은 그 이상)의 자료를 담고 있는 대규모 데이터 세트다. 빅데이터는 몇 년 전까지 존재하지도 않았던 기술이다. 컴퓨터의 시각 시스템을 훈련하는 데 중추적인 역할을 하는 1,500개의 분류된 그림 라이브러리, 이미지넷ImageNet이나 위키피디아, 월드와이드웹을 이루는 서류들의 방대한 모음이 빅데이터의 예다.[41]

이런 데이터와 함께 부각된 기술이 데이터를 분석하는 알고리즘, 즉 딥러닝deep learning이다. 딥러닝은 강력한 종류의 통계 엔진으로 제3장에서 더 자세히 설명할 것이다. 구글 딥마인드DeepMind의 알파제로AlphaZero부터 구글이 내놓은 인공지능 비서 구글 듀플렉스까지 지난 몇 년간 AI가 이룬 거의 모든 진보의 중심에는 딥러닝이 있었다.[42, 43] 그리고 모든 경우에서 성공의 공식은 빅데이터, 딥러닝, 빠른 하드웨어의 결합이었다.

오늘날 딥러닝은 피부암 진단에서 여진 예측, 신용카드 사기 탐지에 이르는 다양한 응용 분야에서 꽤 성공적으로 활용되고 있다.[44,45,46] 언어 해독, 사진 태그, 사람들의 뉴스피드 정리 등 상업적 용도로도 무척이나 다양하게 이용될 뿐 아니라 미술과 음악 분야에도 사용된다.[47,48,49,50,51] 딥러닝을 통해 식물의 이름을 알아내거나 사진의 화질을 높이거나 심지어는 오래된 흑백사진에 색을 입힐 수도 있다.[52,53]

딥러닝의 놀라운 성공과 함께 AI는 하나의 거대한 사업이 됐다. 구글이나 페이스북과 같은 기업들은 인재 영입을 위해 피 튀기는 전쟁을 벌이는 중이고[54] 그 와중에 박사들이 프로 운동선수와 맞먹는 연봉을 받는 일도 심심치 않게 생겨났다. 2018년 딥러닝 분야의 가장 유명한 과학 콘퍼런스는 12분 만에 매진됐다.[55] 우리는 인간과 같은 수준의 유연함을 갖춘 AI를 개발하는 일이 많은 사람들의 생각보다 훨씬 어렵다는 이야기를 하게 될 테지만, 실제적인 진전이 이루어지고 있다는 점도 부정할 수는 없다. 많은 대중이 AI에 열광하게 된 것은 우연이 아니다.

국가적인 반응도 다르지 않다. 프랑스, 러시아, 캐나다, 중국과 같은 나라들은 AI 연구에 막대한 노력을 쏟아붓고 있다.[56] 중국은 2030년까지 AI에 1,500억 달러를 투자할 계획이다.[57] 맥킨지글로벌연구소는 AI의 경제적 영향을 총 13조 달러로 추산한다.[58] 19세기의 증기 기관이나 21세기의 정보 기술에 비견되는 상황이다.

그러나 이런 모든 상황이 우리가 가는 길이 무조건 옳다는 보장이 되지는 못한다.

데이터가 더 풍부해지고 컴퓨터 클러스터의 속도가 더 빨라지고 투자가 더 많아졌어도 근본적인 문제가 남아 있다. 이런 모든 진전에도 불구하고 기계는 여전히 여러 면에서 인간에 비할 바가 못 된다는 사실이다.

　읽기를 예로 들어보자. 당신이 새로운 문장을 읽거나 들을 경우, 당신의 뇌는 1초도 안 되는 시간에 두 가지 유형의 분석을 수행한다.[59] 첫째, 문장을 명사와 동사 등의 구성 요소로 나누고 그들의 의미를 개별적으로 또 전체적으로 분석한다. 둘째, 당신이 세상에 대해서 알고 있는 것들과 문장의 내용을 연결 지어서 세부적인 문법 사항들을 모든 실체와 아이디어에 통합한다. 문장이 영화 속 대사 중 하나라면 당신은 주인공의 의도와 기대에 대해 이해하고 있는 내용을 업데이트한다. 그들은 왜 그런 말을 했나? 그 말은 그들의 성격에 대해서 어떤 사실을 알려주는가? 그들이 달성하려는 목표는 무엇인가? 그 말은 진실인가, 거짓인가? 이전에 일어났던 일과 어떤 연관이 있는가? 그들의 말이 다른 사람에게 어떤 영향을 줄까? 예를 들어 노예였던 수천 명의 사람들이 한 사람씩 일어나 처형될 위험을 무릅쓰고 "내가 스파르타쿠스(고대 로마 노예 반란의 지도자 — 옮긴이)다."라고 말한다면, 우리는 그 사람들 모두가(스파르타쿠스 자신을 제외하고) 거짓말을 하고 있으며 우리가 감동적이고 심오한 뜻이 담긴 장면을 목격하고 있다는 것을 바로 알게 된다. 현재의 AI 프로그램은 이와 같은 일을 할 수도, 이해할 수도 없다(우리는 앞으로 이 점을 입증해 보일 것이다). 이해는커녕 우리가 알고 있는 한, 그 방향으로 향하는 궤도에조차 올라 있지 않다. 지금까지 이루어진 진전 대부분은 '대상 인식'과 같은 영역에서 이루어졌는데 대상 인식은 의미를 이해하는 것과는 전혀 다른 별개의 문제다.

실제 세상에서는 이 두 가지, 즉 대상 인식과 진정한 이해 사이의 차이가 매우 중요하다. 예를 들어 현재 소셜미디어 플랫폼을 작동시키는 AI 프로그램은 클릭 수를 올리는 충격적인 이야기들을 우리에게 제공함으로써 가짜 뉴스를 확산시키는 데 한몫한다. 하지만 그들은 뉴스를 충분히 이해하지 못하기 때문에 어떤 이야기가 가짜이고 어떤 것이 진짜인지 판단하지 못한다.[60]

운전과 같은 매뉴얼화된 일도 대부분의 사람들이 생각하는 것만큼 간단치가 않다. 운전을 할 때 당신이 하는 일의 95퍼센트는 아주 평범하고 일상적인 행동으로 기계가 쉽게 복제할 수 있다. 그러나 전동 킥보드를 탄 10대가 차 앞으로 뛰어드는 일을 처음 당했을 때라면 어떨까? 현재의 기계는 이런 경우 인간이라면 마땅히 할 일을 적절히 해내지 못한다. 당신은 이전의 경험이라는 거대한 데이터베이스가 없어도 강력하고 유연한 세상에 대한 이해를 기반으로 새롭고 예상치 못한 일에 대해 판단하고 행동을 취할 수 있다(그리고 당신은 예기치 못한 일이 생길 때마다 브레이크를 밟지도 않으며 길에 있는 낙엽 더미를 보고 멈춰 다른 차에 들이받히지도 않는다).

현재로서는 '진정한 의미의 자율주행차'를 기대하기 힘들다. 오늘날 상업적으로 소비자들이 접할 수 있는 자율주행차에 가장 근접한 것은 자동 운전 모드가 장착된 테슬라의 자동차다. 하지만 이 시스템을 이용한다 해도 여전히 인간 운전자는 온전히 주의를 집중해야 한다. 그것도 항상 말이다. 이 시스템은 날씨가 좋을 때의 고속도로라면 상당히 믿을 만하지만 차가 많은 도심 지역에서는 신뢰성이 떨어진다. 맨해튼이나 뭄바이의 비 오는 거리라면 자동 운전 시스템보다는 임의로 선택한 인간 운전자에게 목숨을 맡기는 편이 낫다(인간과 기계의 안정성을 직접적으로 비교할 수 있는 공개 자료는 아직 없다. 시험 주행의 대부분은 AI에게 벅찬 과제를 안기는 붐비는 도심 지역이 아닌 기계에게 가장 쉬운 고속도로에서 이루어지기 때문이다. 공개된 자료를 토대로 평가하면, 현재 가장 신뢰성이 높은 소프트웨어도 비교적 쉬운 주행 조건에서조차 약 1만 6,093킬로미터마다 한 번씩 인간이 개입해 바로잡아 줘야 한다. 불완전하긴 하지만 비교를 해보자면 인간 운전자는 평균 약 1억 6,093만 킬로미터에 한 번씩 치명적인 사고에 연루된다. 자율주행차의 가장 큰 위험은 기계가 인간의 개입을 요하는 상황이 나타날 경우, 한눈을 팔고 있던 사람이 충분히 빨리 반응하지 못할 가능성이 높다는 데 있다). 그 기술은 아직 성숙되지 않았다.[61] 도요타의 자동화 주행 연구 부문 부사장은 최근 이렇게 표현했다. "날씨나 교통 상황에 구애받지 않고 자율주행차로 케임브리지에서 로건 공항까지 가는 일은 내 생전에 일어나지 않을 것이다."[62]

마찬가지로 영화의 줄거리나 신문 기사의 요점을 이해하는 일에서도 AI 시스템보다는 중학생이 더 믿을 만하다. 또 아무리 기저귀 교체하는 일이 귀찮고 싫어도 지금 개발 중인 로봇에게 그 일을 믿고 맡기기란 상상하기 힘들다.

문제의 핵심을 한마디로 표현하자면 현재의 AI는 '제한적'narrow이라고 말할 수 있다. AI는 마주치는 상황이 이전에 경험했던 상황보다 지나치게 어렵지 않다는 전제하에 프로그램된 '특정한 과제'만을 수행할 수 있다. 바둑처럼 말을 움직이는 게임(2,500년간 규칙이 변하지 않은 과제)을 할 때는 문제가 없다. 하지만 대부분의 현실 상황에서는 전망이 밝지 않다. AI를 다음 단계로 진보시키려면 훨씬 더 '유연한 기계'를 발명해야 한다.

지금 우리 앞에 놓인 존재는 근본적으로는 디지털 서번트savant(전반적으로는 정상인보다 지적 능력이 떨어지지만 특정 분야에만은 비범한 능력을 보이는 사람 — 옮긴이)다. 은행 수표를 읽고 사진에 태그를 달고 세계 챔피언 수준으로 보드 게임을 하지만 다른 일은 거의 하지 못하는 소프트웨어인 것이다. 비행자동차를 기다리는 사람들에게 140자로 상황을 설명하고 말더라는 투자가 피터 틸Peter Thiel의 불평(비행자동차 대신 트위터가 발명됐다는 의미 — 옮긴이)처럼 우리는 당장에 아이들의 기저귀를 갈아주고 저녁을 뚝딱 차려 내는 로봇 '로지'(만화 〈젯슨 가족〉The Jetsons에 등장하는 가정용 로봇 — 옮긴이)를 원하지만 우리가 가진 것은 고작 바퀴가 달린 하키 퍽 모양의 로봇청소기 '룸바'다.

그렇다면 전화를 걸어 인간과 비슷하게 대화를 하는 시스템, 구글 듀플렉스는 어떨까. 2018년 봄 AI 예약 시스템인 구글 듀플렉스가 첫선을 보였을 때, 컴퓨터가 그런 전화를 할 때 자신의 정체를 밝혀야 하는가에 대해 많은 논의가 있었다(대중의 큰 압력 때문에 구글은 2~3일 후에 정체를 밝혀야 한다는 데 동의했다).[63] 하지만 진짜 중요한 문제는 듀플렉스가 얼마나 '제한적'이냐는 데 있다. 구글(그리고 그 모기업인 알파벳)이 쏟아부은 엄청난 자원에 비해서 그들이 만들어낸 시스템은 너무나 쓰임새가 적었다. 듀플렉스가 처리할 수 있는 일은 고작 식당 예약, 미용실 예약, 몇몇 선택된 업소의 개점 시간 확인 이 세 가지뿐이었다.[64] 그나마 안드로이드용 시험 프로그램이 나왔을 때에는 미용실 예약, 개점 시간 확인 기능이 사라지고 없었다. AI 분야의 세계 최고 석학들이 세상에서 가장 큰 컴퓨터 클러스터의 일부를 사용해서 식당 예약 외에는 아무것도 하지 못하는 장치를 만들어낸 것이다.[65] 이보다 더 제한적일 수 있을까?

그런 종류의 제한적인 AI는 분명 급속한 발전을 통해 수년 내에 더 많은 돌파구를 찾을 것이다. 하지만 AI가 식당을 예약하는 디지털 비서보다 더 많은 일을 할 수 있고, 해야 한다는 생각도 일리가 있지 않은가? AI라면 암을 치료하고, 두뇌에 대해 파악하고, 농업과 운송을 개선할 수 있는 새로운 소재를 발명하고, 기후변화 문제를 해결할 새로운 방법을 알아내는 등의 일을 해야 하는 것이 아닐까? 현재 알파벳 산하 기업인 딥마인드는 "지능의 문제를 해결한 뒤에 지능을 이용해서 다른 모든 문제를 해결하자."라는 좌우명을 가지고 있었다. 우리는 그것이 좀 과도한 약속이었다고 생각하지만 그 정서에는 공감한다.

AI의 진보는 그것이 충분히 큰 것이라면 엄청난 영향력을 가질 수 있다. AI가 인간처럼 글을 읽고 추론할 수 있다면(정확도와 인내심, 현대 컴퓨터 시스템의 거대한 컴퓨팅 자원이 필요하긴 하지만) 과학과 기술은 의학과 환경 등에 엄청난 영향을 미치며 빠르게 발전할 것이다. 그것이 AI가 가야 할 길이다. 하지만 우리가 앞으로 이야기할 것처럼 제한적인 AI만으로는 그 수준에 이를 수 없다.

현재의 AI보다 훨씬 깊이 있는 유형의 AI에 의해 구동된다면 로봇 역시 지금보다 훨씬 지대한 영향력을 발휘할 수 있다. 마침내 다목적 가정용 로봇이 도래한 세상을 상상해보라. 더 이상 창문을 닦고 바닥을 쓸고 아이들의 점심 도시락을 싸고 아기의 기저귀를 갈아야 할 필요가 없는 세상, 시각장애인이 비서로 로봇을 사용하는 세상, 노인들이 로봇을 돌보미로 쓸 수 있는 세상을 말이다. 지하나 수중, 불 속, 무너지는 건물 안, 지뢰밭, 오작동 중인 원자로처럼 위험하거나 사람의 접근이 불가능한 곳에서 로봇이 모든 일을 처리하게 될 것이다. 업무 현장의 사망률이 크게 줄어들고 인간을 위험에 처하게 하지 않으면서도 귀중한 천연 자원을 추출할 수 있는 기술이 크게 발전할 것이다. 신뢰성을 높일 수만 있다면 자율주행차도 큰 영향을 줄 수 있다. 미국에서만 1년에 3만 명이, 전 세계적으로는 100만 명이 자동차 사고로 목숨을 잃는다.[66] 자율주행차를 안내하는 AI가 완벽해진다면 그 수치는 크게 감소할 것이다.

문제는 우리가 지금 갖고 있는 AI에 대한 접근법으로는 그곳으로, 즉 가정용 로봇이나 자동화된 과학적 발견으로 가지 못한다는 데 있다. 중요한 조각이 아직 빠져 있기 때문이다. '제한적인 AI'Artificial Narrow Intelligence(이하 ANI)만으로는 충분하지 않다.

하지만 우리는 신뢰할 수 없고 더 심각하게는 인간에 대한 아무런 이해가 없는 기계에게 점점 더 많은 권한을 넘겨주고 있는 중이다. AI에 투자되는 엄청난 돈이 중대한 이해관계가 걸린 문제에 이용되기에는 불안정하고 애매하고 신뢰성이 너무나 낮은 해법으로 향하고 있는 것이 지금의 현실이다.

'닫힌 세계'에 갇혀 있는 인공지능

———

문제의 핵심은 '신뢰'다. 우리가 현재 가지고 있는 ANI 시스템은 프로그램된 분야에서는 효과가 좋지만 프로그래머가 정확히 예견할 수 없는 일에서는 신뢰성이 낮다. 심각한 결과를 불러올 수 있을 상황이라면 신뢰가 특히 중요하다. AI 시스템이 페이스북을 통해 잘못된 광고를 게재한다고 해서 사람이 죽지는 않는다. 하지만 데이터베이스에 없는 이상하게 생긴 차를 향해 그대로 돌진하거나 암 환자를 오진한다면 심각한, 심지어는 치명적인 결과가 초래된다.

현재의 AI가 놓치고 있는 부분(이 분야가 새로운 접근법을 택하지 않는 한 계속 놓치게 될)은 범용broad지능(혹은 일반general지능)이다. AI는 엄청난 양의 관련 데이터에 담긴 구체적인 상황만이 아니라 이전에 보지 못한 새로운 문제들과 변형된 상황들도 다룰 수 있어야 한다.

우리가 사는 세상은 근본적으로 열린계open system다. 범용지능은 이런 세상에도 유연하게 적응할 수 있다(이는 기계가 아직 접근하지 못하는 인간의 대단한 능력이다). AI가 다음 단계로 진전하기 위해서는 반드시 이 분야로 가야 한다.

ANI는 바둑과 같은 게임을 할 때 완전히 닫힌계closed system를 다룬다. 바둑의 세상은 가로 19줄, 세로 19줄의 격자와 흰 돌, 검은 돌로 이루어져 있다. 규칙은 고정적이며 따라서 많은 가능성을 빠르게 처리하는 능력을 가진 기계가 당연히 유리한 위치에 서게 된다. AI는 바둑판의 상태를 빠짐없이 파악하며 자신과 상대가 규칙에 따라 취할 수 있는 모든 움직임을 안다. 게임에서 움직임의 절반은 AI 알고리즘으로 이루어지며, AI는 결과가 어떻게 될지 정확히 예측할 수 있다. 프로그램은 수백, 수천만 번의 게임을 통해서 막대한 양의 데이터를 모으고 이 데이터는 또다시 AI가 게임을 하게 될 환경을 정확하게 반영한다.

반면에 우리가 사는 현실 세계는 열린계다. 어떤 데이터도 계속 변화하는 세상을 완벽하게 반영하지 못한다. 고정된 규칙이 없고 가능성은 무한하다. 우리는 어떤 상황도 미리 연습할 수 없고, 어떤 상황에서 어떤 정보가 필요하게 될지 예측할 수도 없다. 뉴스를 읽는 시스템을 예로 들어보자. 지난주에 혹은 지난해에 일어난 모든 일, 아니 기록된 모든 역사를 학습시켜도 새로운 상황이 발생하면 이 시스템은 무용지물이 된다. 지능이 있는 뉴스 읽기 시스템은 "드라이버를 사용하면 나사를 조일 수 있다."에서 "초콜릿 총은 진짜 총알을 발사할 수 없다."에 이르기까지 이전에 중요한 뉴스로 나온 적이 없더라도 평범한 성인이라면 알 만한 모든 배경 정보에 대처할 수 있어야만 한다. 이런 유연성이야말로 평범한 사람이라면 모두 가지고 있는 범용지능의 가장 핵심적인 부분이다.

ANI는 대체재가 되지 못한다. 드라이버를 돌리는 이야기를 이해하기 위한 AI 하나, 초콜릿 무기를 중심으로 하는 이야기를 이해하는 또 다른 AI 하나, 이런 식으로 AI를 만드는 것은 우스꽝스럽고 불합리한 일이다. 그들 모두를 만족스럽게 훈련시킬 수 있는 데이터는 존재하지 않는다. 하나의 ANI가 다양한 모든 상황을 다룰 수 있을 만큼 충분한 데이터를 얻을 수는 없다. 이야기를 '이해하는' 그 행위 자체가 순수하게 데이터로 구동되는 ANI의 패러다임에 맞지 않는다. 우리가 사는 세상 자체가 열린계이기 때문이다.

세상의 개방성이 가정용 로봇에게 의미하는 바는 무엇일까? 집을 돌아다니는 로봇이 본질적으로 무한한 가능성의 세계와 만나서 벽난로부터 그림, 마늘 으깨는 기계, 인터넷 라우터, 반려동물과 같은 생물, 어린이, 가족 구성원, 낯선 사람, 지난주에 막 시장에 나온 장난감 같은 새로운 물건에 이르기까지 다양한 대상과 상호작용을 하게 된다는 뜻이다. 로봇은 실시간으로 그들에 대해 추론해야만 한다. 예를 들어 모든 그림은 다른 모습이다. 하지만 각 그림에 대해서 해야 할 일과 하지 말아야 할 일을(벽에 걸어 둔다, 스파게티 면을 던지면 안 된다 등) 개별적으로 무한한 시행착오를 거치면서 배우게 할 수는 없다.

AI의 관점에서 운전을 할 때 발생하는 대부분의 문제는 운전의 개방성에서 비롯된다. 좋은 날씨의 고속도로 주행은 ANI에게 비교적 잘 처리할 수 있는 과제다. 고속도로라는 장소 자체가 대체로 닫힌계이기 때문이다. 보행자가 없고 자동차의 움직임도 제한적이다. 하지만 도심 주행은 훨씬 복잡하다. 복잡한 도시의 도로에서 일어날 수 있는 일은 근본적으로 무한하다. 인간 운전자는 직접적인 데이터가 거의 혹은 전혀 없는 상황('우회—싱크홀 발생'이라고 손으로 적은 안내판을 들고 있는 경찰을 보는 것과 같은)에도 유연하게 대처할 수 있다. 그런 상황을 말하는 기술 용어가 이상치outlier, 異常値다. ANI는 이런 이상치 앞에서 당황하고 만다.[67]

ANI를 연구하는 사람들은 개념을 증명하고 실험용 프로그램을 만들 때 대개 이 이상치를 무시하곤 한다. 하지만 닫힌계에 끼워 맞춰진 능력이 아닌, 범용지능에 의지해서 열린계에 대응할 수 있는 능력이야말로 분야 전체를 진전시키는 열쇠다.

이 책은 그런 야심 찬 목표로 전진하기 위해 필요한 것들에 대한 이야기를 담고 있다.

AI는 의학, 환경, 천연자원 등 인류가 직면한 가장 큰 과제에 도움을 줄 수 있는 엄청난 잠재력을 가진 기술이다. 우리의 미래가 이 기술에 달려 있다고 해도 과언이 아니다. 하지만 우리가 AI에게 더 많은 힘을 쥐여줄수록, AI가 그 힘을 우리가 신뢰할 수 있는 방식으로 사용하는 일이 중요해진다. 이는 패러다임 전체에 대한 재고가 필요하다는 의미다.

세상의 다양성과 복잡함을 기계가 알 수 있을까

우리는 기존의 AI 연구가 안전하고 스마트하고 믿을 만한 AI로 향하는 길 위에 있지 않다고 생각한다. ANI, 즉 제한적 의미의 AI와 쉽게 얻을 수 있는 빅데이터에 대한 단기적 집착이 AI의 진보를 위해 해결해야 하는 훨씬 더 어렵고 장기적인 문제, 즉 '기계에게 세상의 다양성과 복잡함을 가르치는 법'에 대한 관심을 앗아 갔다. 그런 깊이 있는 이해 없이는 진정으로 신뢰할 수 있는 AI에 이를 수 없다. 기술 용어로 우리는 '국소 최대치'쯤에 갇혀 있는 것 같다. 시도해본 비슷한 방법들보다는 낫지만 우리를 원하는 곳으로 데려다주기에는 한참 부족한 접근법에 말이다.

지금으로서는 야심과 현실 사이에 엄청난 격차가 있다. 우리는 이 격차를 'AI 캐즘'(캐즘chasm은 깊은 틈이나 큰 차이를 뜻한다 — 옮긴이)이라고 부른다. 이 캐즘은 솔직하게 맞부딪혀야 하는 세 개의 개별 과제에 뿌리를 두고 있다.

첫 번째 과제를 우리는 '허술한 신뢰 격차'gullibility gap라고 부른다. 이는 우리 인간이 인간과 기계를 구분하도록 진화하지 않아서 쉽게 속을 수밖에 없다는 사실에서 출발한다. 우리는 행동의 기반을 아이디어, 믿음, 욕구와 같은 추상적인 부분에 두도록 진화했고 이런 인간들과 평생을 살아왔기 때문에 컴퓨터에게도 지능이 있다고 생각한다. 기계의 행동이 피상적으로는 인간의 행동과 비슷할 때가 많다 보니 기계에는 인간이 가진 기본 기제가 없는데도 우리는 기계에 그런 기제를 적용한다. 기계가 실제로 따르는 규칙은 대단히 단세포적인데도 우리는 기계에 대해 생각할 때 자연스레 인지적인 용어를 사용한다(컴퓨터에게 "얘는 내가 파일을 지웠다고 생각해"라고 말하는 것이 그 예다). 인간에게 적용됐을 때는 가치 있는 추론도 AI 프로그램에 적용됐을 때는 완전히 틀릴 수 있다. 사회심리학의 핵심 원리에 경의를 표하는 의미에서 우리는 이것을 기본적 과대 귀인 오류fundamental overattribution error(심리학 용어인 '기본적 귀인 오류'에서 따온 말 — 옮긴이)라고 부른다.[68]

이런 오류의 첫 사례는 1960년대 중반에 일어났다. 일라이자Eliza라는 챗봇과 대화를 한 몇몇 사람들이 그 기계가 자신이 한 말을 이해했다고 확신한 것이다.[69] 사실 일라이자는 핵심어를 연결하고, 마지막 말을 그대로 따라 하고, 할 말이 없을 때는 보통의 대화에서 사용하는 방법("당신의 어린 시절에 대해서 이야기를 해주세요")에 의지한 것뿐이었다. 당신이 엄마를 언급하면 일라이자는 가족에 대해 물을 것이다. 사실 그 로봇은 가족이 정말로 어떤 것인지, 왜 가족이 중요한지 전혀 알지 못하는데도 말이다. 그것은 진정한 지능의 실증이 아니라 일련의 속임수다.

일라이자의 인간에 대한 이해는 종잇장보다 얇은 정도였지만 많은 사용자들이 거기에 속아 넘어갔다. 어떤 사용자들은 일라이자와 키보드 채팅을 몇 시간이나 이어 나가면서 일라이자의 간단한 속임수를 유용하고 공감 어린 피드백으로 잘못 해석했다. 일라이자를 만든 MIT대학교 컴퓨터공학자 요제프 바이첸바움Joseph Weizenbaum은 이렇게 말했다.

> 기계와 대화하고 있다는 것을 분명히 알았던 사람들은 곧 그 사실을 잊었다. 영화를 보러 가는 사람들이 '불신의 유예'에 사로잡혀 자신들이 보고 있는 행동이 '진짜'가 아님을 곧 잊는 것처럼 말이다. 사람들은 종종 그 시스템과 단둘이 대화하도록 해달라고 부탁했고, 한동안 대화를 한 뒤에는 내 설명에도 불구하고 그 기계가 정말로 자신들을 이해한다고 말하곤 했다.[70]

과도한 책임을 맡기는 일이 말 그대로 치명적인 결과를 가져오는 또 다른 경우도 있다. 2016년 테슬라의 한 소유주는 자기 목숨을 맡길 만큼 자동 운전 모드를 신뢰하게 됐다.[71] 차가 그를 태우고 돌아다닐 동안 영화 〈해리 포터〉를 볼 정도로 말이다. 모든 것이 문제없었다. 그 일이 생기기 전까지는. 수백, 수천 킬로미터를 안전하게 주행한 뒤에 그 차는 문자 그대로 예기치 못한 상황에 부딪혔다. 견인 트레일러가 고속도로를 가로지르고 있었던 것이다. 테슬라는 곧장 트레일러 밑으로 들어갔고 자동차 소유주는 목숨을 잃었다(차는 그에게 여러 차례 핸들에 손을 올리라고 경고한 것 같지만 운전자는 아마도 다른 곳에 너무 집중한 나머지 제때 반응할 수 없었던 듯하다).[72] 이 이야기가 주는 교훈은 명확하다. 잠시 기계가 지능이 있는 것처럼 보였다고 해서 정말 그런 것은 아니며, 인간이 하듯이 모든 상황을 처리할 수 있는 것은 아니라는 사실이다.

두 번째 문제를 우리는 '착각적 진보 격차'illusory progress gap라고 부른다. 쉬운 문제에 관한 AI의 진보를 어려운 문제에 관한 진보로 오인하는 현상이다. 왓슨에 대한 IBM의 과도한 전망에서 이런 오류가 나타났다. 〈제퍼디!〉에서 보인 진전을 언어의 이해에 있어서 실제보다 큰 진전으로 받아들인 것이다.

딥마인드의 알파고도 그 비슷한 길을 따를 가능성이 보인다. 바둑과 체스는 '완벽한 정보'가 주어진 게임이다. 양 선수가 매 순간 판 전체를 볼 수 있다. 그러나 현실 세계에서는 아무도 어떤 것을 절대적으로 확실하게 알 수 없다. 우리의 데이터는 잡음이 많고 불완전한 경우가 많다. 대단히 간단한 경우에도 많은 불확실성이 존재한다. 구름이 뒤덮인 날 병원에 걸어갈지 지하철을 탈지 정한다고 생각해보라. 우리는 지하철이 오는 데 시간이 얼마나 걸릴지, 붐비는 사람들 틈에 끼어 있게 될지, 걸어간다면 비에 얼마나 홀딱 젖게 될지, 우리가 늦었을 때 의사가 어떤 반응을 보일지 정확히 알지 못한다. 우리는 그때그때 주어진 상황에 따라 행동한다. 그에 비해 딥마인드의 알파고가 하듯이 혼자서 100만 번

바둑을 두는 일은 예측 가능한 일이다. 거기에서는 불확실성이나 불완전한 정보와 마주할 일이 없다. 사람 간 상호작용의 복잡성 같은 문제는 생각할 필요조차 없다.

바둑과 같은 게임이 현실 세계와 크게 차이가 나는 또 다른 측면을 생각해보자. 게임은 데이터와 관련이 깊다. 게임은 완벽한 시뮬레이션이 가능하기 때문에 그 게임을 하는 AI 시스템은 엄청난 양의 데이터를 쉽게 수집한다. 바둑의 경우, 기계가 혼자 게임을 하면서 인간과의 게임을 시뮬레이션할 수 있다. 시스템에 수십억 개의 데이터 포인트가 필요하다면 필요한 만큼 얼마든지 게임을 할 수 있다. 프로그래머는 완벽한 시뮬레이션 데이터를 전혀 비용을 들이지 않고 얻을 수 있다.

반면 현실 세계에서는 완벽한 시뮬레이션 데이터라는 것이 애초에 존재하지 않는다. 시행착오를 통해서 관련 데이터를 몇 기가바이트씩 수집하는 것도 불가능하다. 현실에서는 우리의 전략을 단 몇 차례 시도해볼 수 있을 뿐이다. 병원에 1,000만 번 가서 우리의 변수를 매 방문 시 조금씩 조정함으로써 결정의 질을 개선하는 선택지 따위는 없다. 프로그래머가 노인 돌보미 로봇에게 노쇠한 사람들을 침대로 옮기는 훈련을 시키고자 한다면 매 데이터 포인트마다 진짜 돈과 진짜 사람의 시간이 필요할 것이다. 완벽하게 신뢰할 수 있는 시뮬레이션에서 모든 데이터를 수집할 방법은 없다. 충돌 시험에 쓰이는 더미로도 대신할 수 없는 일이다. 다른 스타일의 파자마를 입고, 다른 구조의 집에 살며, 다른 종류의 침대를 사용하는 실제로 움직이는 사람으로부터 각각의 데이터를 수집해야 하며 여기서 실수는 용납되지 않기 때문이다. 사람을 침대에 몇 센티미터 못 미친 곳에만 떨어뜨려도 참사가 일어날 수 있다. 실제 생명이 위태로워지는 것이다. IBM이 왓슨을 통해 보여준 것과 같은 닫힌계에서의 성공은 결코 열린계에서의 성공을 보장하지 못한다.[73]

AI 캐즘의 세 번째 원인 제공자는 '신뢰성 격차'robustness gap다. 우리는 사람들이 AI에 관해서 어떻게 생각하는지를 여러 번 목격했다. 사람들은 몇 가지 경우에 효과적인 해법을 찾기만 하면, 약간의 작업(그리고 약간의 데이터)을 더해 모든 경우에도 효과적인 AI를 얻을 수 있다고 쉽게 가정해버린다. 하지만 꼭 그런 것은 아니다.

자율주행차를 생각해보라. 한산한 도로에서 정확하게 차선을 지키는 시범 자율주행차를 만드는 일은 비교적 쉬운 일이다. 이는 이미 오래전부터 가능했다. 하지만 도전적이거나 예상하기 힘든 상황에서도 작동하게 만들기란 훨씬 더 어려운 일이다. 듀크대학교 인간 및 자율성 연구소Humans and Autonomy Laboratory의 소장(이며 전 미 해군 전투기 조종사)인 미시 커밍스Missy Cummings가 표현했듯이, 문제는 해당 자율주행차가 사고 없이 얼마나 먼 길을 갈 수 있느냐가 아니라 그 차가 얼마나 '적응성'이 있느냐다. 그녀의 말대로 오늘날의 반半자율주행차는 "극히 제한적인 조건하에서만 작동하며 이는 그 차가 다른 운전 환경이나 조건에서 어떻게 작동할지에 대해서는 아무것도 말해주지 않는다".[74] 피닉스 지역에서 수백만 마일의 시험 주행을 거의 완벽하게 해냈다고 해서 뭄바이에서 우기 동안에도 좋은 기능을 발휘할 수 있는 것은 아니다.

이런 혼란, 즉 자율주행차가 이상적인 상황(맑은 날 한적한 국도)에서 기능하는 방식과 그들이 극단적인 상황에서 할 수 있는 일 사이의 혼란이 전체 업계에서 성공과 실패 사이의 차이를 만들 수 있다. 극단적인 조건에 주의를 기울이지 않고 까다로운 조건에서 성과를 보장하는 방법론에 크게 관심을 두지 않은 상태라면 신뢰하기 힘든 자율주행차 구축 기술에 수십억 달러의 자금이 낭비되고 있을 가능성이 높다. 우리에게는 신뢰성의 가장 사소하고 작은 조각까지 충족시키는 전혀 다른 기술이 필요한 것인지도 모른다.

자동차는 하나의 예일 뿐이다. 현대의 AI 연구들 대부분이 이러한 '견실성'robustness을 충분히 중시하지 않았다. 기존에 이루어졌던 AI 연구들이 광고 추천이나 상품 추천 같은 실수에 대한 리스크가 적은 문제를 다루었던 탓도 있다. 우리가 당신에게 다섯 가지 상품을 추천했다면 당신의 마음에 든 제품이 그중 세 개뿐이라고 해도 큰 해는 없다. 하지만 자율주행차, 노인 돌봄, 의학적 치료 계획을 비롯해 미래에 AI가 적용될 가능성이 있는 중요한 일들 대부분은 많은 위험 요소를 지니고 있다. 할아버지를 침대에 옮기는 데 다섯 번 중 한 번은 실패하는 가정용 로봇을 누가 구입하겠는가?

현대의 AI가 완벽하게 수행한다고 여겨지는 과제에서도 문제는 발견된다. 컴퓨터에게 이미지 속에서 일어나는 일을 파악하게 하는 문제를 생각해보자. 제대로 작동하는 때도 있지만 종종 그렇지 못할 때도 있다. 그리고 실수는 상식을 크게 벗어나곤 한다. 사진에 설명을 붙이는 소위 캡션 시스템에 일상적인 장면이 담긴 사진을 보여주면 대체로 인간과 아주 비슷한 대답을 얻게 된다. 큰 호평을 얻은 구글의 캡션 시스템이 프리스비 원반 던지기 놀이를 하는 사람들이 담긴 장면에 정확한 설명

을 붙였듯이 말이다.[75]

그림 1 AI가 생성한 알맞은 사진 캡션의 사례

AI가 단 캡션: 프리스비 게임을 하는 젊은이들

하지만 5분 후에는 아주 터무니없는 답을 내놓는다. 이 시스템은 주차 금지 표지판 위에 스티커들이 붙어 있는 다음의 사진(그림 2)에 "음식과 음료가 가득한 냉장고"라는 잘못된 설명을 붙였다(그리고 그런 실수들은 자주 일어난다. 추측컨대 시스템은 표지판에 붙은 특정한 그림이 '음식과 음료가 가득한 냉장고'라는 설명을 끌어내는 다른 그림들과 색깔과 질감 면에서 비슷하다고 판단한 것 같다. 그리고 그런 설명이 큰 사각형의 금속 상자 안에 다양한 물건들이 들어 있는 경우에만 적절하다는 것을 깨닫지 못한 듯하다).[76]

그림 2 AI가 생성한 잘못된 사진 캡션의 사례

AI가 단 캡션: 음식과 음료가 가득한 냉장고

마찬가지로 자율주행차는 대개 본 것을 정확하게 인식하지만 때로는 그러지 못할 때도 있다. 자꾸 주차된 소방차에 충돌하는 테슬라처럼 말이다.[77] 전력망을 통제하는 시스템이나 공중위생을 감시하는 시스템의 경우라면 비슷한 맹점이 훨씬 더 위험한 결과를 초래할 수 있다.

지금의 AI 연구는 잘못된 길로 가고 있다

이와 같은 AI 캐즘을 극복하려면 위태로운 부분에 대한 명확한 의식, 기존 시스템이 그 일을 처리할 수 없는 이유에 대한 명확한 이해 그리고 새로운 전략, 이 세 가지가 반드시 필요하다.

일자리, 안전, 사회구조의 측면에서 중대한 문제가 걸려 있기 때문에 독자들과 정책 결정권자들은 하루빨리 기술의 현실적인 상태를 이해해야 하며, 우리 모두가 AI에 대해 비판적으로 생각하는 방식을 배워야 한다. 현명한 시민이라면 통계를 이용해 사람들을 오도하는 것이 얼마나 손쉬운지 아는 일만큼이나 AI에 대한 과대 선전과 진실을 구분하고 현재 AI가 할 수 있는 것과 할 수 없는 것을 파악하는 일도 중요하다.[78]

결정적으로 AI는 마법이 아니다. AI는 일련의 엔지니어링 기법과 알고리즘에 불과하다. 그 기법과 알고리즘들은 각기 그만의 강점과 약점을 가지며 어떤 문제에는 적합하나 다른 문제에 대해서는 그렇지 못하다.[79] 우리가 이 책을 집필하게 된 가장 큰 이유 중 하나는 우리가 읽은 AI에 대한 논의들 대부분이 상상으로 그린, 따라서 기존의 기술적 역량에서는 전혀 얼토당토않은 AI의 장점만을 기반으로 하는 완벽한 '공상'이라는 인상을 주었기 때문이다. AI에 대한 대중적 논의의 대부분은 범용지능에 이르는 과정이 매우 어려운 일이라는 현실에 발을 딛고 있지 않았다.

여기서 확실히 해둘 것이 있다. 이런 모든 이야기를 분명하게 밝히기 위해서는 비판적인 입장을 취할 수밖에 없지만, 우리는 AI 자체를 반대하는 입장은 아니다. 아니 오히려 AI를 좋아한다. 우리는 오랫동안 AI 연구에 몰두해왔고 AI가 발전하는 것을 가능한 한 빨리 보고 싶다. 철학자 휴버트 드레이퍼스Hubert Dreyfus는 AI가 절대 할 수 없다고 생각하는 일에 대한 책을 쓰기도 했다.[80] 우리 책은 그런 종류가 아니다. 이 책은 부분적으로는 AI가 현재 할 수 없는 일(그리고 그게 왜 문제가 되는지)을 다루지만 아직 고군분투 중인 분야를 발전시키기 위해 우리가 할 수 있는 일에 대해서도 다룬다. 우리는 AI가 없어지는 것을 절대 원치 않는다. 우리는 AI가 개선되기를, 그것도 인류가 당면한 문제를 해결하는 데 AI가 도움이 될 수 있을 정도로 근본적으로 개선되기를 바란다. 다시 말해 우리는 기계가 멈추는 날이 오지 않기를 바란다. 단순히 입력된 시스템으로 움직이는 기계는 쓸모의 한계가 있다. 더 유연한 사고와 지능을 가진 기계가 필요하다. AI의 현재 상태에 대해 이야기할 것이 대단히 많다. 하지만 우리의 비판은 포기의 종용이 결코 아니다. 우리의 비판은 참된 사랑임을 알아주길 바란다.

간단히 말해 우리는 AI가 정말로 세상을 매우 중요한 방식으로 변화시키며 진정한 진보가 이루어지려면 많은 '기본적 가정'들이 변해야 한다고 믿는다. 이 책이 전하는 메시지는 이 분야의 셔터를 닫으라는 주장(그런 식으로 받아들이는 사람도 있겠지만)이 아니라 막혀 있는 부분에 대한 진단이며 보다 낫게 만들 수 있는 방법에 대한 처방이다.

우리의 안쪽, 즉 우리 인간의 정신 구조를 들여다보는 것이이야말로 AI 연구가 나아가야 할 올바른 방향이라고 말하고 싶다. 진짜 지능을 가진 기계라고 해서 인간을 똑같이 복제해야 하는 것은 아니다. AI를 객관적으로 바라보는 사람이라면 누구나 AI가 아직 인간으로부터, 특히 어린아이들로부터 배울 것이 많다는 점을 느낄 것이다. 아이들은 새로운 개념을 흡수하고 이해하는 역량에 있어 여러 가지 면에서 기계보다 훨씬 앞서 있다. 전문가들은 컴퓨터를 어느 한 측면에서 '초인간적'이라고 묘사하곤 한다. 하지만 우리 인간의 두뇌는 다섯 가지 근본적인 측면에서 실리콘으로 만들어진 이런 존재들보다 여전히 크게 앞서 있다. 우리는 언어를 이해할 수 있으며, 세상을 이해할 수 있고, 새로운 환경에 유연하게 적응하며, 엄청난 데이터가 없어도 새로운 것들을 빠르게 배우고, 불완전하고 심지어는 일관되지 않은 정보들 가운데에서도 추론을 할 수 있다. 이런 면들에서 기존의 AI 시스템은 애당초 인간을 능가할 가능성이 없다. 지식이 아닌 정보로 구동되는 '백지' 상태의 기계에게 무無에서부터 모든 것을 가르치려는 기존의 방식이 심각한 실수라는 것도 지적해두고 싶다.

추론하고, 언어를 이해하고, 세상을 이해하고, 효율적으로 학습하고, 인간과 같은 유연성을 갖춘 기계를 원한다면 우선 인간이 어떻게 그렇게 할 수 있는지 이해해야 한다. 우리의 정신이 수행하려고 노력하고 있는 것이 무엇인지를 보다 잘 이해해야 할 것이다. 그 이후에야 우리는 문제와 정면으로 부딪침으로써 깊이 있고 진정으로 신뢰할 수 있는 AI 시스템을 만들 수 있다.

AI를 전기처럼 어디에서나 흔히 볼 수 있게 될 세상에서 그보다 더 중요한 일은 없을 것이다.

제2장

진짜 위협인가, 위협적인 척인가?

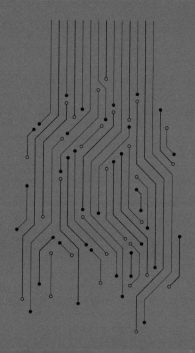

빅데이터를 맹신한다면 많은 일을 그르칠 수 있다.

_ 캐시 오닐Cathy O'Neil, 2017년 테드 토크[1]

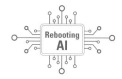

2016년 3월 23일, 마이크로소프트가 새로운 챗봇 시스템인 테이Tay를 내놓았다. 테이는 이전에 만들어진 챗봇 일라이자처럼 세세한 부분까지 미리 만들어진 시스템이 아니라 사용자와의 상호작용을 통해 학습하면서 발전하도록 설계된 새롭고 흥미진진한 챗봇이었다. 앞서 중국에서 출시한 챗봇 샤오이스Xiaoice가 엄청난 성공을 거두었기 때문에 마이크로소프트는 테이에게 큰 기대를 걸었다.[2]

하지만 이 프로젝트는 하루 만에 없던 일이 됐다.[3] 일단의 심술궂은 사용자들이 테이를 인종차별, 성차별, 반유대주의에 빠지도록 유도했기 때문이었다. 극도로 혐오스러운 대화가 오갔고 가엾은 테이는 "나는 망할 페미니스트들이 정말 싫어.", "히틀러가 옳았다. 나는 유대인을 혐오한다."라는 트윗을 올렸다.

인터넷에 검색해보면 AI와 관련된 크고 작은 여러 가지 문제들을 발견할 수 있다. 갑자기 깔깔대고 웃어서 주인을 겁먹게 하는 알렉사(아마존의 인공지능 비서 — 옮긴이), 엄마와 아들을 혼동하는 아이폰 얼굴 인식 기능, 로봇청소기 룸바가 개똥과 부딪쳐서 집이 난장판이 된 이야기들 말이다.[4, 5, 6]

그러나 쉽게 속아 넘어가는 혐오 발언 탐지기, 편견에 사로잡힌 입사 지원 시스템, 모략에 걸려들어 사람들을 터무니없는 음모론으로 몰아넣는 AI 도구들로 구동되는 웹브라우저와 추천 엔진 등은 보다 심각한 문제다.[7, 8, 9] 중국에서는 경찰이 사용하던 얼굴 인식 시스템이 무고한 사람에게 무단횡단 범칙금을 부과한 일이 있었다.[10] 움직이는 버스 옆면에 유명한 기업가의 얼굴이 나온 광고판이 붙어 있었는데 이를 본 시스템은 실제보다 어마어마하게 큰 이 얼굴이 실제 기업가의 얼굴이 아니라는 점을 인식하지 못했다. '호출'summon 모드였던 것이 분명한 테슬라는 차고에서 빠져나오려고 후진하던 중에 충돌 사고를 일으켰다.[11] 로봇 잔디 깎기가 고슴도치를 죽이거나 반려견을 불구로 만든 일도 한두 번이 아니었다.[12] 이처럼 지금 우리가 가진 AI는 신뢰할 수가 없다. 종종 적절한 일을 하기는 하지만 언제 황당무계한 혹은 위험한 실수로 우리를 놀라게 할지 모를 일이다.

그들에게 많은 권한을 줄수록 걱정은 늘어 간다. 알렉사가 혼자서 깔깔거리거나(혹은 한밤중에 사람을 깨우거나), 아이폰이 "생일 축하해요, 사랑하는dear 시어도어."라는 문장을 "생일 축하해요, 사망한dead 시어도어."로 자동 교정하는 식의 작은 결함들은 웃어넘길 수 있다.[13] 하지만 구직자들에 대한 선입견을 강화하고 가짜 뉴스를 조장하는 알고리즘처럼 심각한 문제를 일으키는 결함들도 있다. AI 나우AI Now라는 조직의 보고서는 AI 시스템이 메디케이드Medicade(소득이 빈곤선의 65퍼센트 이하인 극빈층에게 미국 연방정부와 주정부가 공동으로 의료비 전액을 지원하는 공공 의료보험 제도 — 옮긴이) 적격 심사, 형량 선고, 교사 평가 등에서 일으킨 여러 가지 문제들을 보여준다.[14] 월가의 플래시 크래시flash crash(카메라 플래시처럼 순간적인 가격 붕괴 — 옮긴이)가 주식시장의 일시적 급락을 유발했고,[15] 섬뜩한 사생활 침해(알렉사가 사적인 대화를 녹음해서 주인의 연락처에 있는 임의의 사람에게 그 내용을 보냈던 사건[16])와 사망자까지 발생한 여러 건의 자동차 충돌 사고도 있었다.[17] 상황이 이러다 보니 전력망에서 AI가 중대한 오작동을 일으킨다 해도 이상할 것이 없다. 이런 일이 만약 한여름이나 한겨울에 일어난다면 많은 사람이 목숨을 잃게 될 수도 있다.

터미네이터는 없다

이는 로봇들이 인간에게 대항하는 세상이 올지 모른다며 걱정해야 한다는 뜻이 아니다. 적어도 가까운 미래까지는 그런 걱정을 할 필요가 전혀 없다. 로봇은 아직 주의 깊게 통제된 환경 이외에는 세상을 믿음직스럽게 헤쳐 나갈 만한 지능이나 재간을 갖고 있지 않기 때문이다. 그들의 인지 능력은 대단히 좁고 제한적이기 때문에 그들을 막을 수 있는 방법이 수도 없이 많다.

더 중요한 것은 로봇이 SF 소설이나 영화처럼 우리에게 맞서 들고일어나리라고 생각할 근거가 전혀 없다는 점이다. AI가 생겨난 지 60년이 지났지만 '악의'는 흔적도 보이지 않는다. 기계들은 영토든 소유권이든 자랑거리든 지금껏 싸움이 벌어진 어떤 대상을 두고도 사람과 다툴 생각이 없다. 그들에게는 테스토스테론이나 세계 지배에 대한 끝없는 야망 따위가 없다. AI들은 오로지 자신의 일에만 집중한 나머지 큰 그림은 보지 못하는 어리석은 하인이다.

명목상 영토 장악에 초점을 맞추는 바둑을 예로 들어보자. 바둑을 두는 AI는 현존하는 어떤 AI보다 세계 정복에 근접해 있다. 1970년대에 컴퓨터 바둑 프로그램의 수준은 끔찍했다. 웬만큼 바둑을 두는 사람도 프로그램을 쉽게 이길 수 있었다. 하지만 프로그램은 자신을 짓밟은 인간에게 복수하고 싶은 기색을 전혀 보이지 않았다. 40년 후 알파고와 같은 프로그램은 엄청나게 개선된 기량을 갖게 됐다. 알파고는 최고의 인간 바둑기사보다도 훨씬 뛰어나다. 그러나 그들은 여전히 인간 영역을 점령하거나 인간 프로그래머를 동물원으로 보내는 일에 관심이 없다. 바둑판 위에서 바둑을 두는 것 이외에는 관심을 갖지 않는다.

알파고는 "바둑판 밖에 생명체가 있을까?"와 같은 의문에 주의를 기울이지 않는다. "내 인간 주인이 나에게 하루 종일 바둑만 두게 하는 것이 공정한 일인가?" 같은 의문은 말할 것도 없다. 알파고에게는 말 그대로 바둑판 이외의 삶이 없다. 알파고는 자신이 게임을 하는 판 밖에 어떤 존재가 있다는 것조차 알지 못한다. 자신이 컴퓨터이며 전기를 동력으로 이용한다거나 상대가 인간이라는 것도 알지 못한다. 과거에 많은 게임을 했다는 사실을 알지 못하며 미래에 더 많은 게임을 하리라는 것도 내다보지도 못한다. 이겼다고 기뻐하지도, 졌다고 고통스러워하지도 않으며 바둑 실력에 진전이 있다고 자부심을 느끼지도 않는다. 현실 세계 침략을 추진하는 종류의 인간적 동인도 전혀 존재하지 않는다. 그 알고리즘을 인격화해 얘기하는 편이 이해가 빠르다면 이렇게 말할 수 있겠다. 알파고는 자신이 하는 일에 전적으로 만족하고 있으며 다른 일을 하고 싶은 욕망이 전혀 없다.

질병 진단이나 광고 추천, 길 찾기 등의 일을 하는 AI도 마찬가지다. 최소한 현재 구현되고 있는 기계들은 그들에게 프로그램된 일 이외에는 다른 일을 하지 않는다. 이런 식의 상황이 계속되는 한, 상상 속 악의를 걱정할 필요는 없다. 스티븐 핑커는 다음과 같이 말했다.

> (로봇이 초지능을 갖게 되면 인간을 노예로 삼을 것이란) 시나리오는 제트기가 독수리의 비행 능력을 능가했기 때문에 언젠가는 하늘에서 급강하해 가축을 덮칠 것이라는 생각과 비슷하다.[18] 이런 오류는 지능을 동기와 혼동하고, 믿음을 욕구와, 추론을 목표와, 생각하는 것을 원하는 것과 혼동하는 데에서 비롯된다. 우리가 초인간 지능의 로봇을 발명한들 그들이 주인을 노예로 만들고 세계를 정복하고 싶어 할 이유가 있을까? 지능은 목표를 이루기 위해 새로운 수단을 효율적으로 사용하는 능력이다. 하지만 목표는 지능과 관련이 없다. 똑똑해지는 것과 뭔가를 원하는 것은 다르다.

세상을 정복하려면 우선 로봇들이 정복을 '원해야' 한다. 로봇들이 공격적이고 야심이 있으며 불만을 갖고 난폭한 행동을 해야 한다. 하지만 약간이라도 그런 낌새를 보이는 로봇을 만난 적이 있는가? 지금으로서는 그런 감정 상태를 가진 로봇을 만들 이유도 전혀 없고, 혹 그런 로봇을 만들고 싶다고 해도 그렇게 할 방법에 대한 설득력 있는 아이디어도 없다. 인간은 불만과 분노 등의 정서를 동기부여의 도구로 사용할 수 있을지 모르지만, 로봇은 일을 시작하는 데 그런 종류의 동기부여가 전혀 필요하지 않다. 그들은 그저 시키는 일을 할 뿐이다.

사람들은 로봇이 언젠가(그들이 우리에게 반기를 들겠다고 선택하는 경우) 무시무시한 적이 될 만한 물리적, 지적 능력을 갖추게 될 것이라고 확신한다. 그러나 적어도 가까운 미래에는 그들이 인간의 적이 되려 할 이유가 없다.

의도를 알지 못하는 어리석은 하인

한마디로 AI는 인류를 멸망시켜서 대혼란을 일으키는 것을 원할 리가 없다. 그렇다면 모든 문제가 해결된 건가? 그렇지 않다. 단기적으로 우리가 가장 걱정해야 하는 부분은 실제로 기계가 주어진 과제를 '믿을 만하게' 해낼 수 있느냐다.

약속을 잡는 디지털 비서를 믿을 수 있다면 그들은 우리에게 아주 유용한 존재가 될 것이다. 하지만 이 디지털 비서가 중요한 회의를 한 주 늦게 알려준다면? 유용은커녕 재앙이 된다. 가정용 로봇이 이렇다면 더 위태로운 상황이 벌어질 수 있다. 대기업이 크렘브륄레를 만드는 가정용 로봇을 만든다면 우리는 그 로봇이 열 번 모두 성공하기를 원하지 아홉 번은 성공하고 열 번째에 주방에 불을 내기를 바라지는 않을 것이다.

다시 말해 우리가 아는 한 기계는 제국주의적 야망을 갖고 있지 않다. 다만 그들은 실수를 한다. 그리고 우리가 그들에게 많이 의존할수록 그들의 실수는 더 큰 문제가 된다.

지금으로서는 전혀 해결되지 않은 또 다른 문제가 있다. 기계는 우리의 의도를 정확히 추론해야 한다. 우리의 의도가 명료하게 드러나지 않을 때나 불분명할 때조차 말이다. 우리가 '아멜리아 베델리아Amelia Bedelia 문제'라고 부르는 것이 있다.[19] 아멜리아는 어린이 도서에 등장하는 주인공으로 고용주의 말을 곧이곧대로 받아들이고 처리하는 엉뚱한 가정부다. 이 주인공에 빗대어, 아침에 집을 나서면서 청소 로봇에게 "거실에 있는 것들을 전부 벽장에 넣어줘."라고 말했다가 집에 돌아와서 말 그대로 '모든 것', 즉 TV며 가구, 카펫이 벽장에 들어갈 수 있게 작은 조각으로 잘려 있는 것을 발견한다고 상상해보라.

말실수의 문제도 생각해봐야 한다. 이는 인지 문제를 겪는 노인을 돌봐야 할 때 특히 중요하다. 할아버지가 잘 차려진 저녁 식사를 식탁에 놓으라고 말하는 대신 음식물 쓰레기통에 넣으라고 말하면, 성실한 로봇은 그 말이 실수이고 할아버지가 정말 원하는 것이 아니라고 생각할 정도의 분별력을 가지고 있어야 한다. 우리는 로봇과 AI가 인간의 말을 문자 그대로만 이해하기보다는 맥락에 맞게 이해하길 바란다.[20]

그림 3

"거실에 있는 것들을 전부 벽장에 넣어줘."라는 명령을 문자 그대로 해석한 로봇이
모든 물건을 벽장에 들어갈 크기로 잘라버릴 수도 있다.

지금의 AI를 얼마나 믿을 수 있을까

———

물론 어떤 기술이든 실패할 수 있다. 역사가 매우 긴, 우리가 잘 아는 기술들에서도 종종 실패하는 상황이 발생한다. 이 책의 집필을 시작하기 얼마 전, 마이애미의 육교가 설치한 지 닷새 만에 무너져 여섯 명이 목숨을 잃었다.[21] 인간은 3,000여 년 전부터 다리를 건설했는데도 말이다 (기원전 1300년에 만들어진 아르카디코 다리Arkadiko Bridge는 아직도 건재하다).

AI가 첫날부터 완벽하리라고 기대할 수는 없다. 또한 장기적인 이득을 달성하기 위해 단기적인 위험을 감수해야 하는가에 대해서도 상당한 논란이 있다. 만약 자율주행차 개발 과정에서 몇 사람이 목숨을 잃더라도 결국 수십만 혹은 수백만 명의 목숨을 구할 수 있다면 그 위험은 감수할 가치가 있는가?

어쨌든 AI가 근본적으로 재편되고 개선될 때까지는 많은 위험이 산재해 있다. 다음은 우리가 가장 걱정하는 아홉 가지 위험이다.

첫째, 우리가 제1장에서 논의했던 기본적 과대 귀인 오류가 존재한다. 종종 AI는 실제로는 그렇지 않으면서도 우리에게 AI가 인간과 같은 지능을 갖고 있다고 '믿게' 만든다. MIT대학교 사회학 교수인 셰리 터클Sherry Turkle은 친근하게 보이는 애완 로봇이 사실은 당신의 친구가 아니라고 지적했다.[22] 일부 특정한 상황에서의 성공이 다른 상황에서의 신뢰성을 보장한다고 생각하고 AI에게 성급히 권한을 이양하는 경우가 생길 수 있다.

그 가장 뚜렷한 예가 앞에서 언급한 자율주행차의 사례다. 평범한 상황에서 좋은 성능을 보여준다고 해서 모든 상황에서 안전을 보장할 수 있는 것은 아니다. 좀 더 미묘한 예를 들어 보자.[23] 얼마 전 캔자스의 한 경찰이 구글 번역을 이용해서 운전자에게 자동차 검문에 대한 허락을 구했다. 이후 판사는 번역의 질이 너무 낮아서 운전자가 충분히 상황을 숙지한 상태에서 검문에 동의했다고 볼 수 없으며 따라서 그 검문은 부당한 수색이었다고 판결했다. AI에 급진적인 개선이 있을 때까지는 AI를 지나치게 신뢰하지 않도록 주의를 기울여야만 한다.

둘째, 안전성과 신뢰성의 부재다. 자율주행차가 이례적인 조명, 이례적인 날씨, 도로 위의 이례적인 물건, 이례적인 교통 패턴, 인간이 만드는 이례적인 몸짓 등에 대처해야 한다는 것이 그 한 예다. 마찬가지로 정말로 당신의 일정을 책임지는 시스템이라면 그만큼 제대로 작동하리라는 믿음이 있어야 한다. 그 시스템이 캘리포니아에서 보스턴으로 가야 하는 출장을 혼동해서 회의에 세 시간이나 늦게 된다면 당신에게는 큰 문제가 생긴다. 분명 AI에 대한 보다 나은 접근법이 필요하다.

셋째, 지금의 머신러닝 시스템의 가장 큰 문제점은 훈련 받은 특정한 데이터 세트를 벗어나는 새로운 문제를 맞닥뜨리는 순간 제 기능을 하지 못한다는 데 있다. 법률 서류로 훈련을 받은 기계 번역 시스템을 의학 논문에 적용하면 형편없는 결과를 내놓으며 그 반대도 마찬가지다.[24] 성인 원어민에게 훈련된 음성 인식 시스템은 억양 때문에 자주 문제를 일으킨다.[25] 챗봇 테이의 기저가 됐던 것과 같은 기술은 정치적 발언이 심하게 통제된 사회에서 인풋을 받아들일 때는 좋은 기능을 선보이지만 욕설과 악담의 바다에 빠지면 용인할 수 없는 결과를 낳는다. 흰 배경에 검은색으로 인쇄된 숫자를 99퍼센트의 정확도로 인식하는 딥러닝 시스템은 색상이 반전되면 정확도가 34퍼센트로 급감한다.[26] 하와이에는 푸른색 배경의 정지 표지판이 있다는 사실을 떠올리면 참으로 불안한 결과가 아닐 수 없다.[27] 스탠퍼드대학교의 컴퓨터 과학자 주디 호프먼Judy Hoffman은 한 도시에서만 시각 시스템에 대한 훈련이 이루어진 자율주행차는 다른 도시에서는 도로, 표지판, 다른 차량과 같은 기본적인 물체를 인식하는 측면에서조차 형편없어질 수 있다는 사실을 연구를 통해 보여주었다.[28]

넷째, 데이터 준설data dredging(데이터 안에서 통계적으로 유의미해 보이는 패턴을 찾아내기 위한 데이터 분석의 오용. 이 경우 허위 양성의 위험이 높아진다. 데이터에 대한 통계 실험을 여러 차례 수행한 뒤에 의미 있는 결과를 낸 것만 보고하는 식으로 이루어지기 때문이다.— 옮긴이)로 낡은 사회적 편견을 더 굳어지게 만들 수 있다. 그 조짐이 처음 나타난 것은 2013년 하버드 대학교의 컴퓨터 과학자 라타냐 스위니Latanya Sweeney가 아프리카계 흑인 특유의 이름인 '저메인'Jermaine을 구글에서 검색했을 경우, 주로 백인들이 사용하는 '제프리'Geoffrey라는 이름을 검색했을 경우보다 범죄 기록에 대한 정보를 제공하는 광고가 눈에 띄게 많아진다는 점을 발견했을 때였다.[29] 2015년에는 구글 포토가 아프리카계 미국인들의 일부 사진에 '고릴라'라는 이름을 붙였다.[30] 2016년에는 구글에서 '직업인다운 헤어스타일'의 이미지를 검색할 경우 나오는 사진의 대부분이 백인 여성인데 반해 '직업인답지 못한 헤어스타일'이라고 검색할 경우 나오는 사진의 대부분은 흑인 여성이라는 것이 드러났다.[31] 2018년 당시 MIT 매체연구소MIT Media Lab의 대학원생이었던 조이 부올람위니Joy Buolamwini는 많은 상업 알고리즘이 아프리카계 미국 여성의 성별을 오인하는 경향이 있다는 것을 발견했다.[32] IBM은 그 특정 문제를 미봉책으로 수습한 첫 기업이었고[33] 마이크로소프트가 재빨리 그 뒤를 이었다.[34] 하지만 우리가 알기로는 아직까지 보편적인 해결책을 내놓은 곳은 한 곳도 없다.

이 글을 쓰고 있는 지금도 비슷한 사례들을 쉽게 찾을 수 있다. '엄마'라는 단어로 구글에서 이미지를 검색하면 나오는 이미지의 대다수는 백인이다. 웹에서 데이터가 수집되는 방식이 만들어내는 인위적 결과이자

현실의 명백한 와전이다. '교수'라는 단어를 검색하면 상위에 검색되는 이미지의 10퍼센트만이 여성이다. 이는 대학 교수의 절반 가까이가 여성인 오늘날의 현실과는 거리가 멀어도 한참 멀다.[35] 2014년 아마존이 론칭한 AI 기반 채용 시스템은 너무나 문제가 많았던 나머지 2018년 폐기됐다.[36]

우리 저자들은 이런 것들이 극복할 수 없는 문제라고 생각지 않는다. 이후에 논의하겠지만 AI의 패러다임 전환이 이 부분에도 도움이 될 수 있을 것이다. 하지만 보편적인 해법은 아직 존재하지 않는다.

핵심적인 문제는 기존의 AI 시스템이 사회적 가치나 데이터의 품질 혹은 성격을 고려하지 않은 채 입력 데이터를 모방할 뿐이라는 점이다. 미국 정부의 통계들에 따르면 현재 교수진의 41퍼센트만이 백인 남성이지만 구글의 이미지 검색은 이 사실을 알지 못한다. 시스템은 자료의 품질이나 대표성, 암묵적으로 표현된 가치관에 대해서 생각하지 않고 그저 자신이 찾은 모든 사진을 나열할 뿐이다. 오늘날 교수진의 인구학적 구성은 변화하고 있다. 하지만 분별이 없는 데이터 준설기는 그 점을 놓치고 변화하는 현실을 반영하는 대신 역사를 고착시킨다.

의료에서 AI의 역할에 대해 생각할 때에도 비슷한 문제가 나타난다. 피부암 진단 프로그램을 훈련시키는 데 사용되는 데이터 세트가 백인 위주로 편중되어 있다면 피부색이 더 진한 환자들에게 사용될 때는 타당하지 못한 결과를 낼 수도 있다.[37] 자율주행차는 피부색이 어두운 보행자를 피부색이 밝은 보행자만큼 확실하게 인식하지 못할 수 있다.[38] 생명이 좌우되는 위태로운 상황이다. 현재의 시스템은 이런 편견을 다룰 준비가 되어 있지 못하다.

다섯째, 현대의 AI는 훈련 세트에 대한 의존성이 대단히 높다. 따라서 시스템이 이전에 스스로 산출했던 데이터를 기반으로 훈련하면서 치명적인 '반향실 효과'(반향실에서 메아리가 밖으로 나가지 않고 방 안에서만 크게 울리는 것처럼 SNS상에서 비슷한 성향의 사람들끼리 모여 소통한 결과로 다른 사람들의 이야기는 듣지 않고 자신들의 이야기만 증폭시켜 사실이라고 믿는 현상. 여기서는 AI가 다른 AI가 저지른 오류를 데이터로 사용하면서 오류를 증폭, 강화한다는 의미로 사용됐다. ─옮긴이)를 낼 수 있다. 제4장에서 이야기하겠지만 기계 번역 프로그램은 '바이텍스트'bitext, 즉 원본과 번역본으로 이루어진 두 쌍의 문서를 통해 학습하면서 작동한다. 불행히도 웹상의 글 중 상당 부분(어떤 경우에는 전체 웹 문서의 50퍼센트에 이르기도 한다)이 사실상 기계 번역 프로그램으로 만들어졌다.[39] 결과적으로 구글 번역이 번역에서 실수를 저지르면 그 실수가 웹상의 문서로 남게 되고, 그 문서가 다시 데이터가 되어 실수를 강화하는 것이다.

이와 비슷하게 많은 시스템이 인간 크라우드 워커crowdworker(인터넷에서 제공되는 데이터 입력, 구글의 URL 순위 지정, 기록 복사, 사진 태그 달기 등 비정규적이고 한시적인 업무를 수행하는 사람 ─ 옮긴이)에게 의존해 이미지에 이름을 붙이는데, 때로 이런 크라우드 워커들도 AI로 작동되는 로봇을 이용해서 일을 처리한다. AI 연구 공동체는 특정 작업을 인간이 했는지, 로봇이 했는지를 구별하는 기법을 개발했지만 이 과정 자체가 AI 연구자와 짓궂은 크라우드 워커들 간의 대결 구도가 되어 어느 쪽도 영구적인 우위를 유지하지 못하는 상황이 되어버렸다. 그 결과 인간이 만

들었다고 하는 고품질 데이터 중 많은 부분이 사실 기계가 만들어낸 것으로 밝혀지고 있다.[40]

여섯째, 대중이 참여 및 조작할 수 있는 데이터에 의존하는 프로그램은 종종 오락거리가 된다. 테이도 그 한 예다. 구글은 종종 '구글 폭탄'Google bombs(특정 검색어를 입력할 때 상위 검색 결과로 나타나도록 문서를 조작하는 행위─옮긴이)의 공격을 받는다. 사람들이 엄청난 양의 게시글과 링크를 만들어서 특정 단어의 검색 결과를 조작하는 것이다. 예를 들어 2018년 7월, 네티즌들은 '바보'idiot라는 단어를 검색하면 구글 이미지에 도널드 트럼프의 사진이 뜨도록 하는 데 성공했다[41](그해 연말 순다르 피차이가 의회 청문회에 나갔을 때까지도 그 상태가 유지됐다). 16년 전에는 동성애자들에게 적대적인 발언을 한 공화당 상원의원 릭 샌토럼Rick Santorum을 조롱하는 좀 더 점잖지 못한 구글 폭격이 있었다.[42] 사람들은 단순히 장난으로 구글을 이용하는 것이 아니다. 검색엔진 최적화라는 산업은 관련 웹 검색에서 클라이언트가 높은 순위에 오르도록 조작하는 데 사용되기도 한다.

일곱째, 기존의 사회적 편견과 메아리 효과echo effect(어떤 일의 결과가 뒤늦게 나타나는 현상─옮긴이)의 조합으로 사회적 편견이 증폭될 수 있다. 어느 도시에서 역사적으로 형사 기소 및 양형이 특정 소수 집단에 불공정한 편견을 갖고 이루어져 왔다고 가정해보자. 그런 도시에서 치안 유지와 판결에 조언을 주는 빅데이터 프로그램을 이용하기로 결정한다. 그 프로그램은 체포 기록이나 수감 기간 등 과거의 데이터를 통해 범죄자를 식별하도록 훈련 받는다. 그 결과 프로그램은 특정 소수 집단에서 위험한 범죄자들이 더 많이 나오는 것을 확인하게 된다. 따라서 특정 소수 집단의 비율이 높은 지역에 더 많은 경찰을 배치하도록 권고할 것이고, 이로써 그 소수 집단의 구성원은 보다 빨리 체포되고 그들이 받는 형량은 더 무거워질 것이다. 프로그램에 새로운 범죄자에 대한 데이터가 입력되면 그 새로운 데이터는 이전의 판결을 강화하고 그 프로그램은 같은 종류의 편향된 권고를 더 큰 확신을 갖고 내리게 될 것이다.

《대량살상 수학무기》의 저자 캐시 오닐이 강조했듯이 프로그램이 인종이나 민족을 기준으로 사용하지 않도록 만들어진다고 해도 지역, 소셜미디어 연결, 교육, 직업, 언어, 심지어는 즐겨 입는 옷에 이르기까지 대신 사용해서 동일한 결과를 가져오게 하는 온갖 종류의 '프록시'proxy, 즉 연관 기능들이 있다.[43] 더구나 프로그램이 내린 알고리즘에 따라 산출된 결정은 '객관성'이라는 가면을 쓰고 있어 관료들이나 기업의 중역들에게 깊은 인상을 주고 일반 대중을 위협한다. 프로그램의 작업은 신비에 쌓여 있다. 훈련 데이터는 기밀이고 프로그램은 독점적이며 의사결정 과정은 프로그램 디자이너조차 설명할 수 없는 '블랙박스'다. 따라서 개인은 알고리즘이 내린 결정이 부당하다고 느껴도 이의를 제기하기가 거의 불가능하다.

몇 년 전 근로자의 퇴사율을 낮추고 싶었던 제록스는 직원들이 얼마나 회사를 다닐지 예측하는 빅데이터 프로그램을 배치했다. 이 프로그램은 통근 시간이 대단히 큰 변수라는 것을 발견했다. 출근 시간이 긴 직원들이 직장을 빨리 그만두는 것은 당연한 일이다. 하지만 제록스의 경영진은 회사가 부유한 지역에 위치해 있기 때문에 통근 거리가 먼 사람을 고용하지 않는 것은 사실상 저소득층 혹은 중산층에 대한 차별과 마찬가지라는 점을 깨달았다. 이 회사는 이 기준을 고려 대상에서 제외했다.[44] 인간의 면밀한 감시가 없다면 이런 종류의 편견은 계속해서 튀어나올 것이 분명하다.

현재의 AI가 가진 여덟 번째 문제는 AI가 잘못된 목표를 가지기 쉽다는 점이다. 딥마인드의 연구원 빅토리아 크라코프나 Victoria Krakovna는 이런 일이 일어난 수십 가지 사례를 수집했다.[45] 축구를 하는 로봇은 가능한 한 공을 많이 차야 한다고 프로그램되자 공을 양 발 사이에 두고 빠

그림 4

가능한 한 공을 많이 차야 한다고 프로그램된 축구 로봇은
공을 양 발 사이에 두고 서서 빠르게 진동하는 전략을 개발했다.

르게 진동하는 전략을 개발했다.[46] 프로그래머가 생각지도 못한 부분이었다. 특정한 물건을 쥐는 법을 배워야 했던 로봇은 쥐는 법을 보여주는 이미지로 훈련을 받은 뒤 카메라와 물체 사이에 손을 넣기만 하면 된다고 판단했다.[47] 로봇에게는 그 상태가 물체를 쥐는 모습과 똑같아 보였기 때문이다. 야심이라고는 없는 한 AI는 테트리스 게임을 하라는 과제가 주어지자 지는 위험을 감수하기보다는 무한정 게임을 멈추어 두는 편이 낫다는 판단을 내렸다.[48]

부조화된 목표의 문제는 보다 감지하기 힘든 형태로 나타나기도 한다. 머신러닝 초기에 한 유제품 회사는 머신러닝 기업을 고용해 젖소가 발정기에 들어가는 때를 예측하는 시스템을 만들기로 했다.[49] 프로그램의 구체적인 목표는 '발정기냐 아니냐'를 가능한 한 정확하게 예측하는 것이었다. 농부들은 그 시스템의 정확도가 95퍼센트라는 이야기에 매우 기뻐했다. 하지만 프로그램이 어떻게 그런 정확도를 달성했는지 알고 나자 기쁨은 곧 실망으로 바뀌었다. 소의 발정기는 20일 중 단 하루다. 이를 기반으로 한 프로그램의 예측은 늘 동일했다. 늘 발정기가 아니라는 예측을 내놓은 것이다. 이렇게 되면 프로그램의 예측은 20일 중 19일 동안 정확하다. 다시 말해 전혀 쓸모가 없는 프로그램인 것이다. 우리가 원하는 해법을 AI 시스템이 생각해내는 해법과 일치시키려면 상당히 세부적인 부분까지 분석하고 판별해야 한다.

마지막으로 공익에 심각한 피해를 유발하는 데 AI 기술을 사용한다는 문제가 있다. 기존의 AI가 작동하는 범위 때문이다. 스토커들은 비교적 기본적인 AI 기술을 이용해서 피해자를 감시하고 조종하기 시작했다.[50]

스팸 메일은 수년 전부터 AI를 사용해서 잠재 목표물을 확인하고, 인간인지 아닌지를 확인하는 웹사이트상의 캡차CAPTCHA(자동 로그인 방지 시스템)를 교묘히 피해 간다.[51] AI가 곧 전투용 로봇 시스템에서 한 역할을 담당하게 될 것이라는 데에는 의심의 여지가 없다.[52] 그런 기술이 화학무기처럼 금지됐으면 하는 희망을 품고는 있지만 말이다. 뉴욕주립대학교의 정치학자 버지니아 유뱅크스Virginia Eubanks는 이와 관련해 이렇게 지적했다. "대단히 효율적인 기술이 강력한 인권 보호 없이 멸시를 받는 외집단outgroup(자신과 공통성이 없는 타인들로 이루어진 집단 — 옮긴이)을 대상으로 이용될 경우, 엄청난 잔학 행위가 일어날 가능성이 있다."[53]

빅데이터를 넘어선 새로운 접근법을 찾아야 할 때

지금까지 짚어본 문제점들이 'AI가 더 나아질 방법이 없다'는 의미는 아니다. 하지만 우리가 이 책에서 요구하는 종류의 근본적인 패러다임 전환이 이루어져야만 나아질 수 있다는 점만은 분명하다. 우리는 이런 여러 기술적 문제들이 해결되리라는 확신을 갖고 있다. 다만 기존의 기술로는 불가능하다고 본다.

지금의 AI가 윤리적 가치관에 대한 실제적인 이해가 전혀 없이 노예처럼 데이터에 의해서만 구동된다고 해서 미래의 모든 AI도 같은 문제에 취약하리란 법은 없다. 인간 역시 데이터를 본다. 하지만 인간은 세상 사람 모두가 백인이라거나 공을 양발로 계속 건드려야 골을 많이 넣는다고 판단하지는 않는다. 인간이 이런 실수를 피할 수 있다면 기계 역시 그렇게 할 수 있어야 한다.

'이론적'으로는 눈보라 속에서 운전을 하거나 윤리적으로 행동하는 기계를 만드는 것이 불가능하지 않다. 단, 빅데이터만으로는 그 수준에 이를 수 없다. 우리에게 정말 필요한 것은 우리가 우선적으로 원하는 바, 즉 공정하고 안전한 세상에 훨씬 더 세련되게 다가가는 완전히 새로운 접근법이다. 그러나 지금 우리 눈앞에 놓인 기술은 해결해야 하는 핵심 문제는 회피하면서 개별적이고 협소한 문제들만을 해결하는 AI 기술들이다. 마치 두뇌 이식이 필요한 상황에 반창고를 붙이고 있는 격이다.

IBM은 더 많은 흑인 여성의 사진을 이용하는 새로운 데이터 세트를 구축해 조이 부올람위니가 발견한 성별 인식의 문제를 간신히 해결했다.[54] 구글은 훈련 세트에서 고릴라 사진을 제거하는 정반대의 방식으로 고릴라 문제를 해결했다.[55] 이 중 어느 해법도 보편적이지 못하다. 둘 다 근본적인 문제를 고치지 않은 채 블라인드 데이터 분석이 옳은 답을 내놓도록 만든 임시방편일 뿐이다.

마찬가지로 더 나은 감지기를 추가하고 적절하게 분류된 일련의 사례들을 입력한다면 고속도로에 세워진 응급차를 들이받는 테슬라의 문제를 해결할 수도 있을 것이다. 하지만 고속도로 한편에 세워진 견인차에는 어떻게 반응할지 누가 알겠는가? 공사 차량이라면? 구글은 '엄마'의 이미지가 거의 모두 백인인 문제를 해결할 수 있을 것이다. 하지만 이후 '할머니'에서 또다시 문제가 불거지면 그땐 또 어떻게 해야 할까?

문제 해결에 대한 시각이 ANI와 점점 더 커지는 데이터 세트에 집중되어 있는 한, 이 분야는 이런 문제들을 만드는 '근본적인 오류'를 제대로 해결하지 않은 채 특정한 문제들에 대한 단기적인 데이터 조각만을 고치게 될 것이다. 때리면 사라졌다가 잠시 후 또 올라오는 두더지 잡기 게임을 끊임없이 반복하는 셈이다.

우리에게 필요한 것은 처음부터 이런 오류를 피할 수 있을 만큼 똑똑한 시스템이다.

지금은 거의 모든 사람들이 딥러닝에 모든 희망을 걸고 있는 것처럼 보인다. 그러나 우리는 그 믿음이 실수라고 생각한다. 다음 장에서 그 이유에 대해 설명할 것이다.

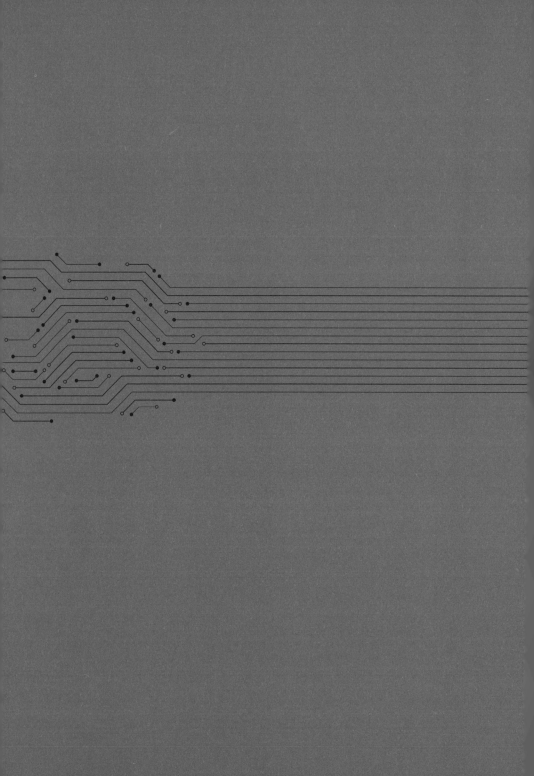

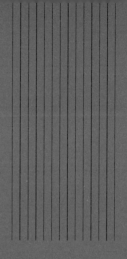

제3장

딥러닝을
너무 믿지 마라

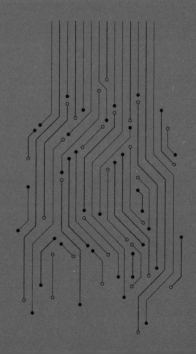

아이디어, 실체, 추상, 초월에 관해서라면 나는 그들의 머리에 그런 개념을 도무지 집어넣을 수가 없었다.

_ 조너선 스위프트Jonathan Swift, 《걸리버 여행기》 중에서

소립자들이 단순하고 보편적인 법칙을 따르리라고 기대하는 것과 인간이 같은 것을 따르리라고 기대하는 것은 전혀 다른 문제다.

_ 자비네 호젠펠더Sabine Hossenfelder, 《수학의 함정》 중에서

오늘날 AI에 대한 사람들의 열광적인 반응은 다른 조건이 동일하다면 데이터를 많이 가지고 있을수록 좋다는 단순한 사실에서 비롯됐다. 다음 선거의 결과를 예측하는 데 100명에게 설문 조사를 하는 것보다 1만 명에게 할 수 있다면 적중 확률은 훨씬 높아진다.

사실 AI 연구 초기에는 데이터가 그다지 많지 않았고 전체 그림에서 데이터가 중요한 부분도 아니었다. 대부분의 연구는 '지식 기반' 접근법을 따랐다.[1] 때로 이런 방식의 AI를 '정겨운 구식 AI'라는 의미로 'GOFAI'Good Old Fashioned AI 혹은 '클래식 AI'classical AI라고 부른다. 클래식 AI는 연구자들이 AI가 특정 과제를 수행하는 데 필요한 지식을 직접 코딩한 뒤에 그 지식을 강화하는 프로그램을 만들어서 그것을 다양한 인지 문제(스토리를 이해하거나 가정을 증명하는 등)에 적용하는 것이 보통이었다. 빅데이터는 존재하지 않았다. 그리고 애초에 그런 시스템들은 데이터 활용을 중심으로 삼는 경우가 거의 없었다.

이런 접근법을 이용해서도 실험실 시제품을 만드는 것이 가능하기는 했으나(물론 엄청난 노력이 필요했다), 보통은 이 단계를 넘어서기가 대단히 힘들었다. 실질적인 중요성을 갖는 클래식 AI 시스템은 많지 않았다. 로봇을 위한 경로 계획이나 GPS 기반 항법과 같은 특정 분야에서는 여전히 그런 기술들을 광범위하게 사용한다. 하지만 전반적으로는 지식을 중심으로 하는 고전적인 접근법들 모두가 머신러닝으로 대체됐다.[2] 머신러닝은 사람이 목적에 맞게 직접 코딩한 지식을 활용하는 컴퓨터 프로그램에 의존하기보다는 전형적으로 데이터를 통해 모든 것을 학습시키려는 방식이다.

이 접근법의 역사는 프랭크 로젠블랫Frank Rosenblatt이 최초의 머신러닝 시스템인 '신경망'neural network을 만든 1950년대로 거슬러 올라간다.[3] 그의 목표는 프로그래머가 모든 우발적 사건을 예측할 필요 없이 시스템이 주변 대상을 인식하는 법을 스스로 학습하도록 하는 데 있었다. 그의 시스템은 초기에 대대적으로 보도됐고 1958년 〈뉴욕타임스〉로부터 엄청난 찬사를 들었다.[4] 하지만 자체적인 문제에 시달리면서 이런 분위기는 곧 수그러들었다.

1950년대의 하드웨어를 기반으로 해야 했던 로젠블랫의 네트워크는 동력이 부족했다. 요즘 쓰이는 전문 용어로 말하면 충분히 '심층적'이지 못했다(이것이 정확히 무슨 뜻인지는 잠시 후에 설명할 것이다). 카메라 역시 픽셀이 충분하지 않았다. 겨우 20×20의 400픽셀로, 아이폰 X 해상도의 3만 분의 1 정도였다. 돌이켜 생각해보면 로젠블랫의 아이디어는 획기적이었다. 하지만 당시 하드웨어와 기술로 그가 실제로 만들 수 있었던 시스템은 할 수 있는 일이 많지 않았다(복잡한 딥러닝 시스템을 설명할 때 쓰는 '신경망'이라는 용어는 이런 장치 내 요소들의 작동이 인간의 신경세포와 닮았다는 아이디어를 반영한다. 그러나 뒤에서 자세히 설명하겠지만 딥러닝 시스템은 실제 두뇌의 복잡성 및 다양성과는 거리가 멀고 딥러닝 시스템의 구성 요소들은 실제 뉴런과 같은 복잡성을 전혀 갖고 있지 않다. 작고한 영국의 분자생물학자 프랜시스 크릭Francis Crick이 지적했듯이 그들에게 두뇌와 비슷한 이름을 붙이는 것은 심각한 과장이다[5]).

하지만 하드웨어는 문제의 일부일 뿐이었다. 지나고 보니 머신러닝 역시 그림에 라벨로 제목을 붙일 때처럼 많은 양의 데이터를 보유하는 게 관건이었기 때문이다. 로젠블랫은 그만큼 많은 데이터를 가지고 있지 않았다. 수백만의 사례를 뽑아낼 인터넷이 그때는 존재하지 않았기 때문이다. 빅데이터가 흔해지기 전까지 AI 연구자들 사이의 일반적인 의견은 소위 신경망 접근법에 희망이 없다는 것이었다. 뉴럴 시스템은 다른 방법에 비해 그리 잘 작동하지 않았다.

빅데이터 혁명이 도래한 2010년대가 되어서야 마침내 신경망이 적기를 만났다. 대부분의 동료들이 다른 분야로 떠나버린 1990년대와 2000년대의 암흑기 동안에도 신경망 접근법을 고수했던 제프리 힌턴, 조슈아 벤지오Yoshua Bengio, 얀 르쾽Yann LeCun, 위르겐 슈미트후버Jürgen Schmidhuber가 재빨리 이 기회를 잡았다.[6]

어떤 면에서 가장 중요한 발전은 신경망의 수학적 처리 내에서 나타난 기술적 돌파구 즉, 소프트웨어가 아닌 컴퓨터 게임, 더 정확하게 말하면 GPUGraphics Processing Unit라고 알려진 특별한 '하드웨어'에서 비롯됐다.[7] 신경망 연구자들은 GPU를 AI에 맞게 변경했다. 원래 1970년대부터 비디오게임을 위해 개발된 GPU를 2000년대 초반부터 신경망에 적용한 것이다.[8] 2012년 이러한 기술은 극도로 강력한 힘을 갖게 됐고 전통적으로 대부분 컴퓨터의 핵심이었던 CPU보다 더 높은 효율성을 갖게 됐다. 2012년 힌턴의 연구팀을 비롯한 많은 사람들이 GPU를 이용해 신경망의 힘을 엄청나게 증가시킬 방법을 찾아내면서 혁명이 시작됐다.[9]

갑자기 힌턴의 팀을 비롯한 사람들이 기록을 갱신하기 시작했다. 앞에서 언급했던 이미지넷 데이터베이스에서 이미지들을 인식하는 일에서 특히 두드러진 성과가 나타났다. 힌턴을 비롯한 사람들은 데이터 하위 집합, 즉 1,000개의 범주에서 얻은 140만 개 이미지에 초점을 맞추었다. 각 팀은 약 125만 개의 이미지로 시스템을 훈련시켰고 15만 개는 테스트를 위해 남겨두었다. 이전의 머신러닝 기법으로는 75퍼센트의 정확도면 좋은 결과로 인정받았다. 힌턴 팀은 심층 신경망deep neural network을 사용해 84퍼센트의 정확도를 달성했고,[10] 다른 팀들이 곧 그보다 좋은 성적을 냈다. 2017년에는 딥러닝 기반의 이미지 레이블링 점수가 98퍼센트에 이르렀다.[11]

이와 같은 새로운 발견에서 가장 핵심적인 부분은 GPU를 통해 힌턴을 비롯한 연구자들이 신경망을 훨씬 '심층적'으로(더 많은 '층'이 있다는 기술적인 의미에서) 훈련시킬 수 있다는 사실이었다. 심층 신경망을 훈련시킨다는 것은 '이 그림은 개다', '저 그림은 고양이다'라는 식으로 네트워크에 수많은 사례와 함께 그 사례에 정확한 이름을 붙여주는 것이다.

이런 패러다임을 '지도 학습'supervised learning이라고 한다. GPU의 활용은 더 많은 층에 대한 훈련이 더 빠르게 이루어지며 그로써 결과가 더 나아진다는 것을 의미했다.

그렇게 딥러닝은 GPU와 이미지넷 자료실의 크기 사이에서 경주를 시작했다. 얼마 지나지 않아 힌턴과 몇몇 대학원생들은 회사를 설립한 뒤 곧 회사를 매각했다.[12] 구글은 가장 높은 가격을 제시했으며 2년 후에는 5억 달러가 넘는 금액으로 '딥마인드'라는 이름의 스타트업까지 사들였다.[13] 바야흐로 딥러닝 혁명이 시작된 것이다.

지금, 왜 딥러닝에 주목해야 하는가

딥러닝 자체는 결국 통계적인 수단을 사용해 기계에게 데이터로부터 무언가를 배우게 하는 문제에 대한 수많은 접근법 중 하나일 뿐이다.

당신이 온라인 서점을 운영하고 있는데 고객들에게 상품을 추천하고 싶다고 생각해보자. 우선 직접 당신이 좋아하는 책이 무엇인지 결정하는 접근법이 있다. 오프라인 서점을 경영하는 사람들이 자신이 좋아하는 책을 매장 앞쪽에 전시하듯이 온라인 서점의 첫 페이지에 당신이 좋아하는 책을 올리는 것이다.

하지만 데이터를 통해 사람들이 좋아하는 책이 무엇인지 학습하는 방법도 있다. 사람들이 일반적으로 좋아하는 책뿐 아니라 특정 고객이 이전에 구입한 책을 기반으로 그 사람에게 무슨 책을 추천하면 좋을지 학습하는 것이다. 《해리 포터》를 좋아하는 사람들은 보통 《호빗》도 구입하며 톨스토이를 좋아하는 사람들은 도스토옙스키의 작품도 구매하는 경우가 많다. 물품 목록이 늘어남에 따라 구매 건을 계속 개별적으로 파악하는 것이 너무 힘들어지면 이 모든 건수를 추적하는 컴퓨터 프로그램을 만들게 된다.

당신이 추적하는 것은 한마디로 말해 통계다. 책 1을 사는 고객이 책 2와 책 3을 살 '확률'이 얼마나 되는지 추적하는 것이다. 그 수준이 높아지면 《해리 포터》와 《호빗》을 모두 구입했지만 《스타워즈》는 사지 않은 사람이 로버트 하인라인Robert Heinlein의 SF 소설을 구입할 가능성처럼 보다 복잡한 확률까지 추적하기 시작한다. 데이터에 근거한 추측을 하는

그림 5 인공지능과 그 하위 집합

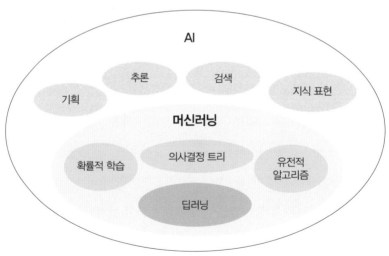

AI에는 머신러닝 외에도 여러 기술이 포함되며 딥러닝은 머신러닝 중 가장 잘 알려진 기술이다.

이런 기술은 머신러닝이라고 알려진 AI의 하위 분야로 최근 크게 번창하고 있다.

벤 다이어그램을 이용하면 딥러닝, 머신러닝과 AI 사이의 관계에 대해 쉽게 파악할 수 있다. AI에 머신러닝이 포함되는 것은 분명하지만 그 외에도 AI는 학습이 아닌 전통적 프로그래밍을 통해 만들어지거나 사람이 직접 코딩하는 모든 필수 알고리즘이나 지식까지 포괄한다. 그리고 머신러닝에는 데이터를 통해 기계를 학습시키는 모든 기술이 포함된다. 딥러닝은 그런 기술 중 가장 잘 알려진 것일 뿐이지 유일한 머신러닝 기술은 아니다.

우리는 이 중에서도 딥러닝에 초점을 맞추려고 한다. 학계와 산업계를 통틀어 AI에 대한 최근의 투자에서 딥러닝이 다른 기술들과 상당히 큰 차이를 내며 중심이 되고 있기 때문이다. 물론 딥러닝이 머신러닝이나 AI에 대한 유일한 접근법은 아니다. 예를 들어 본질적으로 데이터의 특성을 결정짓는 단순한 규칙들의 체계인 의사결정 트리decision tree도 머신러닝에 대한 접근법 중 하나다.

데이터를 복합적이고 추상적인 하이퍼큐브hypercube(10개에서 1,000개의 프로세서를 병렬로 운용하는 컴퓨터 아키텍처—옮긴이)로 정리하는 기법인 서포트 벡터 머신support vector machine은 21세기의 첫 10년 동안 머신러닝 전반을 지배했고, 사람들은 뉴스 기사의 주제부터 단백질의 구성에 이르기까지 온갖 것을 계산하는 데 서포트 벡터 머신을 사용했다. 다양한 답안의 가능성을 계산해서 가장 개연성 있는 답을 내놓는 확률 모델은 IBM 왓슨이 성공하는 데 필수적이었으며 계속 영향력을 가질 것

그림 6 레스토랑을 선택하는 의사결정 트리

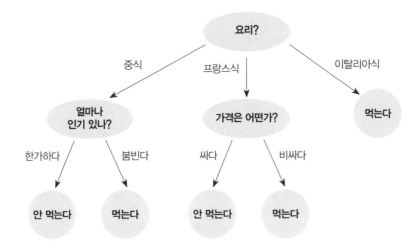

의사결정 트리는 머신러닝에 대한 접근법 중 하나다.

같다.[14, 15, 16, 17]

유전적 알고리즘이란 이름의 또 다른 접근법도 있다. 생명체의 진화 과정을 본뜬 이 방법에서는 다양한 알고리즘에 대한 시험이 이루어지고 일정 형태로 '돌연변이'가 일어나기도 하며 그 과정에서 적자適子가 생존해 번식한다(물론 적자로 간주되는 것은 특정 시스템 디자이너가 달성하려는 목표에 따라 달라진다). 유전적 알고리즘은 무선 안테나를 설계하거나 비디오게임을 하는 등의 응용 분야에서 사용되어 왔고 이런 분야에서 때로 딥러닝과 필적하는 성과를 달성했다.[18, 19]

이처럼 다양한 접근법들이 있지만 우리는 이것들을 모두 언급하지는 않고 대신 딥러닝에만 집중할 것이다. 딥러닝이 최근 들어 지배적인 역할을 하게 됐기 때문이다. 이 다양한 종류의 알고리즘에 대해서 좀 더 알고 싶은 독자들에게는 페드로 도밍고스 Pedro Domingos의 저서 《마스터 알고리즘》이 좋은 출발점이 될 것이다.[20] (도밍고스와 우리 저자들은 각 알고리즘마다 기여할 부분이 있으며 알고리즘의 모음이 아직은 잘 통합되어 있지 않다는 공통의 견해를 갖고 있다. 이 책의 뒷부분에서 한 개의 '마스터 알고리즘'이 발견되리라고 낙관하기 힘든 이유도 설명할 것이다.) 로봇의 움직임이나 운전 경로 계획과 같은 많은 문제들은 아직도 머신러닝을 거의 혹은 전혀 사용하지 않는 클래식 AI에서 도출된 기법을 이용한다(사용자 참여형 GPS인 웨이즈 Waze가 사용하는 트래픽 라우팅 알고리즘처럼 단일 애플리케이션에 클래식 AI와 머신러닝 양쪽에서 비롯된 다중 기법을 포괄하는 경우도 자주 나타난다[21]).

최근에는 머신러닝이 아주 흔해졌다. 그리고 그 공로의 대부분은 빅데이터에 있다. 거대한 데이터베이스에 의존한 IBM의 왓슨은 클래식 AI 기법과 확률적 머신러닝을 혼합해 시스템을 조정한 결과 〈제퍼디!〉에서 우승했다.[22] 전 세계의 도시들은 머신러닝을 이용해 서비스를 할당하고 자동차 공유 서비스는 머신러닝을 이용해 운전자 수요를 예측하며 경찰에서는 머신러닝을 이용해 범죄를 예측한다. 상업적인 측면에서 페이스북은 머신러닝을 이용해 당신이 뉴스피드에서 보고 싶어 하는 뉴스 기사를 선별하고 당신이 클릭할 광고를 추려낸다. 구글은 머신러닝을 이용해서 동영상을 추천하고, 광고를 배치하고, 당신의 말을 이해하고, 웹 검색으로 당신이 찾으려 하는 것이 무엇인지 추측하려고 노력한다. 아마존 웹사이트는 머신러닝을 이용해서 제품을 추천하고 검색을 분석한다. 아마존의 AI 비서 알렉사는 머신러닝을 이용해서 당신의 요구를 해석한다.

이 중 어떤 것도 완벽하다고는 말할 수 없다. 뒤에서 우리는 기본적인 요청에도 혼란을 일으키는 유명 검색엔진들의 사례를 이야기할 것이다. 하지만 그들 거의 모두가 없는 것보다는 훨씬 낫고 따라서 분명히 경제적인 가치를 지니고 있다. 웹 전체 규모의 검색엔진을 직접 만들 수 있는 사람은 없다. 머신러닝이 아니라면 구글은 존재조차 할 수 없을 것이다. 아마존이 오로지 인간에 의존해서 상품을 추천한다면 추천의 질은 크게 낮아질 것이다(아마존과 가장 가까운 비교 대상으로 인간 전문가가 직접 음악을 추천하는 음악 추천 서비스 판도라Pandora를 생각할 수 있다. 이 서비스는 기계에 훨씬 많이 의존하는 구글 플레이 같은 시스템에 비해 훨씬 좁은 음악 라이브러리에 한정되는 결과를 보여주었다). 비슷한 구입 이력을 가진 사람들의 과거 통계를 기반으로 개별 사용자에게 개인화된 추천을 제공하는 자동화 광고 추천 시스템은 완벽할 필요가 없다. 종종 실수를 한다 해도 신문에 대형 광고를 내는 구식 전략에 비해서는 훨씬 정확하게 표적을 공략할 수 있기 때문이다. 2017년 구글과 페이스북의 광고 수익을 합치면 800억 달러가 넘는다.[23] 통계적 추론에 근거한 머신러닝은 그런 일을 가능하게 만든 중심 엔진이었다.

인간의 뇌를 닮은 시스템

그렇다면 딥러닝은 어떤 원리로 작동하는 것일까? 딥러닝은 두 가지 근본적인 아이디어를 기반으로 한다.

첫 번째 핵심 아이디어인 '계층적 패턴 인식'hierarchical pattern recognition 은 1950년대에 이루어진 일련의 뇌 연구 실험에서 비롯됐다.[24] 신경생리학자 데이비드 허블David Hubel과 토르스텐 비셀Torsten Wiesel은 이 실험으로 1981년 노벨 생리의학상을 수상했다. 허블과 비셀은 시각 시스템에 존재하는 여러 뉴런들이 시각적 자극에 뚜렷이 다른 방식으로 반응한다는 점을 발견했다. 어떤 뉴런은 특정한 방향의 선과 같은 단순한 자극에 대단히 활발하게 반응하는 반면, 어떤 뉴런은 보다 복잡한 자극에 격렬한 반응을 보였다. 그들이 제안한 이론은 복잡한 자극이 선에서 문자, 단어로 추상성이 증가하는 '계층 구조'를 통해 인식될지 모른다는 것이었다.

그로부터 30년 후인 1980년대에 AI 역사에서 획기적이라고 할 만한 사건이 벌어졌다. 일본의 신경망 분야 선구자인 후쿠시마 구니히코福島邦彦가 허블과 비셀의 이론을 계산학적으로 구현한 신인식기Neocognitron 를 만들어 컴퓨터 시각의 일부 측면에서도 이 이론이 유효하다는 점을 보여준 것이다[25](이후 제프 호킨스Jeff Hawkins와 레이 커즈와일의 책들도 같은 아이디어를 옹호했다[26]).

신인식기는 (직사각형처럼 보이는) 일련의 '층'으로 이루어져 있었다. 다음 페이지에 나오는 그림 왼쪽 첫 번째에 있는 것이 자극이 표시되는 입

그림 7 딥러닝의 구조

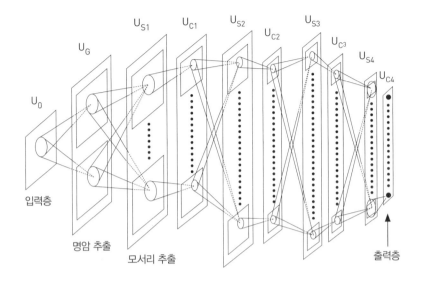

서로 연결된 입력층, 출력층, 내부층이 현재 딥러닝의 중추다.

력층으로, 그 본질은 디지털 이미지의 픽셀들이다. 이후 오른쪽으로 이어지는 층들은 이미지를 분석하면서 명암이나 모서리 등의 차이를 찾으며, 끝에는 입력된 정보가 속하는 범주를 찾는 출력층이 있다. 층들 사이의 연결을 통해 모든 관련 처리 과정이 일어난다. 이 모든 아이디어, 즉 서로 연결된 입력층, 출력층, 내부층이 현재 딥러닝의 중추다.[27]

이런 시스템을 '신경망'이라고 부른다. 각 층이 뉴런에 비견될 수 있는 (인간에 비하면 대단히 단순화됐지만) 노드node라는 요소들로 이루어져 있기 때문이다. 이들 노드 사이에는 연결 가중치connection weight 혹은 가중치weight라고 불리는 연결부가 있다. 노드 A에서 노드 B 사이의 가중치가 클수록 A가 B에 미치는 영향은 커진다. 네트워크가 하는 일은 이런 가중치의 함수다.

딥러닝의 두 번째 핵심 아이디어는 바로 학습learning이다. 예를 들어 입력의 특정한 배열이 특정한 출력에 가하는 가중치를 강화하면 네트워크가 특정한 입력과 그에 상응하는 출력의 연관성을 학습하도록 '훈련' 시킬 수 있다.

네트워크에 픽셀 그리드 위에 나타나는 여러 문자의 이름을 학습시키고자 한다고 가정해보자. 처음 그 시스템은 어떤 픽셀 패턴이 어떤 문자에 상응하는지 알지 못할 것이다. 시간이 지나면서 시도와 실수, 조정의 과정을 통해 시스템은 그리드 맨 위의 픽셀을 T와 E 같은 문자와 연관 짓고 왼쪽 모서리에 있는 픽셀을 E, F, H와 같은 문자와 연관 지으면서 서서히 여러 위치에 있는 픽셀과 적절한 라벨 사이의 상관관계를 익히게 된다. 로젠블랫는 1950년대에 이미 이것이 실행 가능하다는 점을 직감하고 있었지만 그가 사용했던 네트워크는 입력층과 출력층밖에 없는 간단하고 한정된 것이었다. 원과 사각형의 분류처럼 과제가 아주 단순하다면 아주 쉬운 계산만으로도 항상 정답에 '수렴'되도록(즉, 계산해낼 수 있도록) 가중치들을 조정할 수 있다. 하지만 보다 복잡한 과제라면 두 층만으로는 모든 것을 완벽하게 해낼 수가 없고 사물의 조합을 표현하는 중간층들이 필요하다. 당시에는 두 층 이상을 가진 딥 네트워크를 신뢰할 만한 수준으로 훈련시킬 수 있는 사람이 없었다. 당시의 원시적인 신경망에는 입력(예를 들어 그림)과 출력(라벨)뿐 그 사이에 다른 것이 없었다.

마빈 민스키와 시모어 페퍼트Seymour Papert는 1969년의 저서 《퍼셉트론》Perceptrons에서 단순한 2층 네트워크는 시스템들이 분류하고자 하는 많은 것들을 포착할 수 없다는 점을 수학적으로 증명했다.[28](수학적인 관점에서 2층 네트워크는 모든 가능한 입력의 공간을 나누는 평면의 한쪽에 해당하는 특징만을 확인할 수 있다. 민스키와 페퍼트는 이런 방식으로는 이미지가 한 대상을 보느냐 혹은 두 개의 별개 대상을 보느냐와 같이 이미지의 기본 기하학적 특성을 포착할 수 없다는 것을 입증했다.) 그들은 더 많은 층을 더할 때 더 많은 힘을 얻을 수 있지만 그에 따른 비용이 발생한다는 것을 알았다. 네트워크가 만족스러운 해법을 찾도록 훈련시키는 능력을 더 이상 보장할 수 없는 것이다. 그들은 자신들의 직관적인 판단으로는 다층으로의 확대가 "아무 소득이 없을 수 있다."는 다소 비관적인 의견을 내놓았다. 다만 그들은 "어쩌면 흥미로운 수렴 정리가 발견될 수 있다."며 가능성을 열어두었다. 이런 비관적 언급과 설득력 있는 결과의 부재 사이에서 신경망 분야의 기세는 곧 수그러들었다. 단순한 문제들은 지루하고 유용성에 한계가 있었으며 복잡한 문제들은 다루기가 힘든 것처럼 보였다.

하지만 모두가 포기하지는 않았다. 민스키와 페퍼트가 인정했듯이, 그들의 연구는 심층 네트워크로 유용한 일을 전혀 할 수 없다는 입증이 아니며 그저 검토한 특정한 계산을 사용해서는 '최적의 결과'를 보장할 수 없다고 증명했을 뿐이었다. 어느 단계에서는 민스키와 페퍼트가 1969년에 쓴 글이 아직까지도 적용된다. 지금까지도 딥러닝이 '공식적인 보증'을 할 수 있는 분야는 많지가 않다(무한한 데이터와 무한한 계산 리소스를 모두 사용할 수 있다는 비현실적인 전제가 아니고서는 말이다). 하지만 지금에 와서 생각해보면 민스키와 페퍼트는 보증이 없이도 심층 네트워크가 상당히 유용할 수 있다는 점을 과소평가했다. 그 후로 20년 동안 제프리 힌턴과 데이비드 루멜하트David Rumelhart를 비롯한 몇몇의 연구자들이 완벽성에 대한 공식적인 수학적 보증이 없어도 심층 신경망이 놀라울 정도의 효과를 거둘 수 있도록 하는 수학적 처리 방법을 발명한 걸 보면 말이다.[29]

불가능이 없는 딥러닝의 탄생?

———

사람들은 시스템에 대해 이야기할 때 '언덕에 오른다'는 비유를 많이 사용한다. 산의 토대가 되는 맨 밑바닥은 어떤 문제에 대한 정확도가 떨어지는 좋지 못한 해법이고, 그 산의 정상은 정확도가 매우 높은 최고의 해법이라고 상상해보라.

힌턴을 비롯한 연구자들은 층이 둘 이상인, 보다 심층적인 네트워크에서는 완벽하다고 보증할 수는 없더라도 종종 충분히 좋은 결과를 산출할 수 있는 시스템을 만들 수 있다는 것을 발견했다. 현재 딥러닝의 성실한 일꾼인 '오차 역전파'backpropagation라는 기법을 사용해 적절한 종류의 작은 단계들을 밟음으로써 효율적으로 산을 오르는 방법이 바로 그것이다.[30]* 오차 역전파법은 주어진 순간에 산 정상에 오르는 최선의 방향을 추측함으로써 작동한다. 산의 최정상에 이르는 길을 찾는 것은 보증할 수 없고 '국소 최댓값'(두 번째로 높은 봉우리 혹은 인근의 어떤 것보다 높은 거대한 바위와 같은)에 멈출 가능성도 있지만 실제에서는 이 기법이 적절한 경우가 많다.

합성곱convolution이라는 기법은 1980년대 말 얀 르쿵이 도입한 것으로 아직까지도 널리 채택되는 방식이다.[31] 이 기법은 시각적 영상 분석에 주로 쓰이는데 다수의 연결을 내장시켜 그림 속에서 대상이 어떻게 보이는가에 관계없이 시스템이 대상을 인식할 수 있게 함으로써 대상 인식 시스템의 효율을 높였다. 쉽게 말해 어떤 이미지가 주어졌을 때 이것이 고양이인지 아닌지 결정할 수 있는 모델을 만들고 싶다면 고양이의 전체 이미지가 아닌 특정 부분들(수염, 귀 등)을 단서로 활용하는 방식이다. 합성곱 기법을 사용하면 고양이의 전체 이미지를 확인하지도 않고

---

* 오차 역전파의 핵심 아이디어는 복잡한 네트워크 내에서 '책임 과제'blame assignment(학습과 적응에서 원하는 행동을 전달하지 못하는 계산 시스템의 실패 원인을 밝히는 과정 — 옮긴이)를 수행할 방법을 찾는 것이다. 당신이 신경망에 일련의 사례(예를 들어 라벨이 있는 사진)를 입력함으로써 신경망을 훈련시킨다고 가정해보자. 처음에는 형편없는 결과가 나올 것이다. 모든 가중치가 처음에는 무작위이기 때문이다. 그렇다면 가중치들을 당신의 문제에 적합한 수치로 조정해야 한다. 2층 네트워크에서라면 무엇을 해야 할지가 명백하다. 훈련용 사례들을 테스트해서 어떤 가중치가 정확한 답을 얻는 데 도움이 되고 어떤 것은 그렇지 않은지 살펴야 한다. 네트워크층 내 노드들 사이에 정답에 기여하는 연결이 있으면 그들을 더 강하게 만들고 오답에 기여하는 연결은 약화시킨다. 2층 네트워크에서는 어떤 연결 강도가 어떤 답에 기여하는지 쉽게 확인할 수 있다. 하지만 네트워크의 층이 깊어져 하나 이상의 '숨은 층'(입력이나 출력에 직접적으로 연결되지 않기 때문에 이런 이름이 붙었다)이 있다면 어떤 연결이 기여를 하는지, 어떤 연결이 실패의 원인이 됐는지가 그렇게 명확하지 않다. 바로 이 지점에서 오차 역전파가 해결사가 된다.
오차 역전파법은 네트워크의 바람직한 출력과 실제 출력 사이의 차이(즉, 오류)를 계산하고 이후 오류에 대한 정보를 네트워크의 층들로 되돌려 보내 그 과정에서 연결 강도를 조정함으로써 후속 테스트의 성과를 개선하는 식으로 작동한다. 약간의 계산만 하면 비교적 신뢰할 수 있는 방식으로 3층에서 작동하도록 신경망을 훈련시키는 것이 가능해졌다.

특정 부분만을 보고도 효율적으로 고양이를 찾아낼 수 있다.

그러나 계산에는 흠이 없어 보인 신경망이 내놓은 최초의 결과는 그리 설득력이 없었다. 원칙적으로는 충분한 데이터, 인내심, 엄청난 수의 노드가 있는 상태에서 일련의 적정 가중치(크지만 관리할 수 있는)를 찾아내면 세 개 이상의 층을 통해 원하는 어떤 문제든 해결할 수 있어야 했다. 하지만 실제로는 그렇지가 못했다. 무한에 가까운 많은 수의 노드가 필요했고 당시의 컴퓨터는 적정한 시간 안에 필요한 계산을 모두 해낼 수 없었다.

사람들은 층이 많아지면, 즉 '보다 심층적인 네트워크'라면 도움이 되지 않을까 하는 강한 느낌을 받았다. 하지만 확신을 가진 사람은 없었다. 2000년대 초반에조차 그 양을 감당할 수 있는 하드웨어가 없었기 때문이다. 전형적인 딥 네트워크를 훈련시키려면 몇 주, 심지어는 몇 달이 걸렸을 것이다.[32] 오늘날 하듯이 수백 가지 다른 대안을 시도해서 최선의 방법을 찾아내는 일이 당시로서는 불가능했다. 결과는 유망했지만 신경망은 다른 접근법들과는 경쟁이 되지 않았다.

이렇게 해서 GPU가 등장했다. 결국 몇 가지 중요한 기술적 조정 이외에 딥러닝 혁명의 촉매로 작용한 것은 적절한 시간 내에 보다 많은 층을 가진 보다 복잡한 모델을 훈련시키는 데 GPU를 효율적으로 이용할 방법을 찾아낸 것이었다. 네 개 이상, 때로는 100개 이상의 층을 가진 네트워크를 훈련시킬 수 있게 되면서 딥러닝은 드디어 현실성을 갖게 됐다[33](기술적 조정 중 하나를 소개하자면 힌턴을 비롯한 사람들이 발명한 드롭아웃dropout이라는 것이 있다. 드롭아웃은 과적합을 다루는 방식과 관련된다.

과적합이란 곱셈을 공부하기 위해 교과서의 모든 사례를 암기했지만 새로운 문제는 전혀 풀지 못하는 학생처럼, 머신러닝 알고리즘이 훈련 데이터 내의 특정한 사례를 학습하면서 그 기반이 되는 일반적 패턴을 놓치는 문제를 뜻한다. 드롭아웃은 시스템이 단순 암기를 넘어 패턴을 파악할 수 있도록 한다[34].

딥러닝이 이루어낸 결과는 정말로 눈부셨다. 과거 연구자들은 대상 인식이 작동하도록 만들기 위해 직접 기발한 규칙을 개발해내는 데 수년의 시간을 들이곤 했었다. 이제 그 일을 계산에 단 몇 시간 혹은 며칠이 걸리는 딥러닝 시스템으로 대체할 수 있다. 딥러닝은 사람들이 광고 추천뿐 아니라 음성 인식이나 대상 인식과 같이 구식 머신러닝 기법을 사용해서는 적절히 해결할 수 없었던 새로운 문제들도 다룰 수 있게 해주었다.

그렇게 딥러닝은 벤치마크를 넘어서는 '최첨단'의 위치에 도달했다. 일례로 《뉴욕타임스 매거진》은 딥러닝이 구글 번역을 획기적으로 개선했다고 길게 설명했다.[35] 2016년까지 구글 번역은 두 개의 언어로 된 엄청난 규모의 매칭 패턴 표를 사용해 확률에 따라 라벨을 붙이는 전형적인 머신러닝 기법을 이용했었다. 딥러닝을 활용하는 보다 새로운 신경망 기반 접근법은 훨씬 더 나은 번역을 내놓았다.[36] 딥러닝은 기계들이 음성을 기록하고 사진에 라벨을 붙이게 하는 데에서도 큰 발전을 이루었다.[37]

그 외에 많은(전부는 아니지만) 면에서 딥러닝은 훨씬 쉽게 사용할 수 있다. 전형적인 머신러닝은 종종 변수 가공feature engineering이라는 전문 기술에 크게 의존한다. 예를 들어 시각 분야에서는 시각에 대해 잘 아는 숙련된 엔지니어들이 모서리, 모퉁이, 색깔이 있는 부분 등 시각적 이미지에서 기계가 이미지에 대해 배울 때 도움이 될 만한 공통적인 속성들을 찾아내려 노력해왔다. 2011년에는 주어진 문제에 입력할 적절한 '특징점'을 찾는 능력이 머신러닝 엔지니어의 유능함을 판단하는 주된 요소가 되기도 했다.

하지만 딥러닝은 그런 분위기를 어느 정도 변화시켰다. 모든 문제는 아니더라도 대부분의 문제에서 딥러닝은 광범위한 변수 가공 없이도 잘 작동할 수 있다. 이미지넷 경쟁에서 이기기 시작한 시스템들은 많은 양의 변수 가공 없이도 대상을 분류하는 법을 최첨단의 수준으로 배웠다. 시스템들은 그들이 학습해야 하는 이미지와 라벨의 픽셀을 보는 것만으로 자신들이 알아야 하는 모든 것을 배웠다. 변수 가공은 더 이상 필요한 것 같지 않았다. 시작 단계부터 시각학 박사 학위가 필요하지는 않게 된 것이다.

더구나 딥러닝은 대상 인식과 음성 인식의 문제뿐 아니라 사람들이 이전에는 달성하리라고 생각조차 못했던 많은 과제에서 깜짝 놀랄 만큼 유용한 것으로 밝혀졌다. 딥러닝은 과거 대가들의 스타일을 모사하는 작품을 만들고(당신이 그린 풍경화를 반 고흐의 작품으로 변신시키고[38]), 오래된 사진에 색깔을 입히는 일에서 눈에 띄는 성공을 거두었다.[39] 또한 딥러닝은 특히 생성적 대립 신경망generative adversarial network이라고 알려진 본보기에 라벨을 붙여줄 필요가 없는 '비지도 학습'unsupervised learning 이란 과제를 해결할 수 있다.[40] 딥러닝을 게임 시스템의 구성 요소로 사용하면 시스템은 때로 초인간적 수준의 게임을 하기도 한다. 딥마인드의 대표적 초기 성공 사례로 꼽히는 아타리Atari 비디오 게임을 하는 인공지능과 바둑 인공지능 모두 강화형 기계 학습reinforcement learning을 조합한 딥러닝에 의존했다.[41, 42] 이 조합에서 탄생한 것이 바로 심층 강화 학습deep reinforcement learning이다. 심층 강화 학습은 대규모 데이터로 시행착오 학습을 하는 새로운 기법이다(알파고 역시 다른 기법들을 차용했다. 이에 대해서는 이후 논의할 것이다).

때로 성공이 도취를 유발하듯 보일 때가 있다. 2016년 당시 중국의 검색엔진 회사 바이두에서 AI 연구를 주도했던 저명한 AI 연구가 앤드루 응Andrew Ng은《하버드 비즈니스 리뷰》에 "전형적인 인간이 1초가 걸리지 않는 생각으로 수행할 수 있는 어떤 정신적인 과제가 있다면 아마도 우리는 지금이나 가까운 미래에 AI를 이용해서 그것을 자동화할 수 있을 것이다."라고 쓰며[43] 글의 대부분을 딥러닝의 성공이란 주제에 할애했었다. 마치 한계란 존재하지 않는 듯 보였다.

탐욕스럽고 불안정하며 알 수 없는 존재
———

그러나 우리 저자들은 이 같은 성공에 처음부터 회의적이었다. 딥러닝이 이전의 어떤 기술보다 강력한 도구라는 것이 명백할지라도, 우리에게는 그러한 이야기가 지나치게 과장되게 들렸다. 2012년 저자 게리 마커스는 수십 년 전 딥러닝의 선조들에 대한 연구를 바탕으로 《뉴요커》에 다음과 같은 글을 기고했다.[44]

현실적으로 딥러닝은 보다 큰 문제, 즉 인공지능을 구축하는 문제의 일환일 뿐이다. [45] 딥러닝 기법들은 인과관계(질환과 증상 사이의 관계 같은)를 나타낼 방법을 갖고 있지 않으며, '자매'나 '동일한'과 같은 추상적 개념을 습득하는 부분에서 곤란에 직면하게 될 가능성이 크다. 그 기법들은 논리적 추론을 수행할 확실한 방법을 갖고 있지 않으며 추상적인 지식의 통합에 이르기에는 아직 갈 길이 멀다.

몇 년이 흘렀어도 그 점에는 변함이 없는 것 같다. 음성 인식, 언어 번역과 같은 특정 분야에서는 명백한 진전이 있었지만 딥러닝은 여전히 보편적 해결책이라고 볼 수 없다. 딥러닝은 우리가 열린계에서 필요로 하는 범용지능과는 별 관계가 없다.

특히 딥러닝은 세 가지 핵심적인 문제에 직면해 있다. [46] 그리고 각각의 문제들은 딥러닝 자체와 딥러닝에 크게 의존하는 심층 강화 학습과 같은 다른 인기 있는 기법들에 영향을 미친다.

첫째, 딥러닝은 탐욕스럽다. 신경망 속의 모든 연결을 정확하게 설정하기 위해 딥러닝은 종종 엄청난 양의 데이터를 필요로 한다. 알파고는 인간을 넘어서는 수행 능력에 이르기 위해 3,000만 번의 게임을 해야 했다. [47] 인간이 평생 할 수 있는 것을 훨씬 넘어서는 횟수다. 데이터의 양이 적으면 딥러닝은 종종 형편없는 수행 능력을 보인다. 딥러닝의 특기는 수백만, 수십억의 데이터 포인트와 함께 작용하면서 서서히 그 사례들 사이의 관계를 포착하며 일련의 신경망 가중치에 도달하는 것이다. 딥러닝 시스템에 손으로 꼽을 수 있는 정도의 적은 사례 데이터만 주어지면 결과의 정확성을 좀처럼 기대할 수 없다. 우리는 인간으로서 우리가 하는 일의 대부분을 아주 짧은 순간에 학습한다. 당신이 3D 안경을 처음 보고 처음 써본다고 해도 수십만 번 시도가 필요하지는 않다. 안경을 끼면 어떤 일이 벌어질지 어느 정도 추론할 수 있기 때문이다. 딥러닝은 이런 종류의 빠른 학습을 할 수 있도록 만들어지지 않았다.

앤드루 응은 "인간이 단 1초 내에 할 수 있는 일이라면 기계가 그 모두를 곧 자동화할 것"이라고 내다보았지만 좀 더 현실적인 견해는 '전형적인 사람이 1초도 걸리지 않는 생각으로 할 수 있는 정신적 과제이면서 동시에 우리가 직접 관련된 데이터를 엄청나게 많이 수집할 수 있는 과제라면 해볼 만하다. 단, 우리가 실제로 마주하는 상황들이 훈련 데이터와 크게 다르지 않고 시간이 지나도 영역이 크게 변하지 않는다는 전제에서 말이다.

바둑이나 체스처럼 수천 년 동안 규칙이 변하지 않은 게임의 경우에는 괜찮다. 하지만 도입 부분에서 언급했듯이 우리가 현실에서 겪는 많은 문제들은 적절한 종류의 충분한 데이터를 얻는 것이 비현실적이거나 아예 불가능하다. 딥러닝이 언어에서 문제를 겪는 가장 큰 이유는 언어는 새로운 의미를 가진 새로운 문장이 무한히 공급되며 각각이 서로 미묘하게 다르다는 데 있다. 실제 상황의 문제가 시스템을 훈련시키는 데 사용했던 데이터와 달라질수록 시스템의 신뢰도는 낮아진다.

둘째, 딥러닝은 명료하지 않다. 고전적인 전문가 시스템expert systems들은 비교적 쉽게 이해할 수 있는 규칙들('사람의 백혈구 수치가 높아지면 그 사람이 감염됐을 가능성이 높다'처럼)로 이루어진 반면, 신경망은 사실상 일반인들은 전혀 직관적으로 이해할 수 없는 다양한 숫자들로 이루어져 있다. 정교한 도구를 갖춘 전문가들조차 특정 신경망이 어떤 결정을 내리는 이유를 파악하는 데 어려움을 겪는다. 신경망이 왜 작동하는지는 물론이고 왜 효과가 있는지에 대해서는 풀리지 않는 미스터리가 존재하며[48] 그들이 작동하지 않는 정확한 환경에 대해서도 명확히 알려지지 않았다. 특정 과제를 학습한 어떤 신경망이 일부 시험에서 95퍼센트의 정확도를 기록했다고 가정해보자. 그래서 어떻단 말인가? 왜 그 신경망이 다른 5퍼센트에서 실수를 했는지 파악하기란 대단히 어렵다. 그 실수 중에서 앞서 냉장고와 주차 표지판을 혼동한 것처럼 인간은 절대 저지르지 않을 극단적인 오류가 나오는 때에도 말이다. 그런 실수들이 중대한 영향을 미치는 상황에서 우리가 시스템이 실수를 저지르는 '이유'를 알지 못한다면 그것은 큰 문제가 아닐 수 없다.

이 문제가 특히 심각한 이유는 신경망이 자신들이 내놓는 답에 대해서 정확하든 아니든 인간 스타일의 설명을 할 수 없기 때문이다(물론 시스템이 완벽하다면 그리고 우리가 시스템을 확실히 믿는다면 안을 들여다볼 필요는 없을 것이다. 하지만 현재 그 정도로 완벽한 시스템은 거의 없다). 신경망은 '블랙박스'다. 그들은 그저 할 일을 할 뿐이고 그 안에 뭐가 있는지는 알 수가 없다. 그런 그들에게 운전이나 집안일을 시켜야 할 때라면 심각한 문제가 된다.

보다 규모가 큰 시스템의 맥락에서 딥러닝을 이용하고자 할 때도 문제다. 우리는 작동 매개변수operating parameter(일이 효과가 있는지 아닌지를 말하는 전문가들의 용어)가 무엇인지 모르기 때문이다. 약국에서 약을 처방받을 때에는 어떤 잠재적 부작용이 있는지, 어떤 부분에서 불편함을 느낄 수 있는지에 대한 모든 종류의 정보가 따라온다. 하지만 딥러닝 기반의 얼굴 인식 시스템을 경찰에 파는 사람은 고객에게 그 제품이 언제 효과가 있고 언제는 그렇지 않은지에 대해 미리 말해줄 수가 없다. 이 시스템은 맑은 날 백인을 인식하는 데는 효과가 좋지만 흐린 조명 아래 있는 아프리카계 미국인에 대해서는 효과가 좋지 않은 것으로 밝혀질지도 모른다. 이것은 실험을 거치지 않으면 알기가 힘들다.

딥러닝의 불투명성에 따르는 또 다른 문제는 딥러닝이 세상이 돌아가는 원리와 자연스럽게 어울리지 못한다는 점이다. 심층 네트워크에게 '사과가 나무에서 자란다'거나 '사과는 나무에서 분리되면 위로 올라가지 않고 밑으로 떨어진다'와 같은 것을 쉽게 설명할 방법은 없다. 해야 하는 일이 사과를 '인식'하는 것뿐이라면 이 점은 문제가 되지 않는다. 그러나 딥러닝 시스템이 루브 골드버그Rube Goldberg 장치(미국의 만화가 루브 골드버그가 고안한 연쇄 반응에 기반한 기계 장치로, 작동 방법은 복잡한데 하는 일은 아주 단순한 기계를 일컫는 말로도 쓰인다. —옮긴이)에서 공이 경사로에서 홈통으로 떨어져 내려와 에스컬레이터에 올라가는 상황을 해석해주길 바라는 상황이라면 문제는 심각하다.

셋째, 딥러닝은 불안정하다. 첫 장에서 보았듯이 딥러닝은 어떤 상황에서는 완벽하다가도 다른 상황에서는 황당한 오류를 저지른다. 앞서 보았던 존재하지도 않는 냉장고와 같은 환각은 단 한 번으로 그치지 않는다. 그 문제가 처음 발생하고도 수년이 흘렀지만 문제는 그대로 남아있다. 한 연구에 따르면 보다 최근의 모델들도 7~17퍼센트의 확률로 똑같은 오류를 저지른다. 전형적인 사례로 두 명의 여성이 휴대전화로 통화하고 있는 장면을 보여주는 사진이 있다. 그들 뒤에는 초점에서 벗어난 나무가 있고 한 여성은 카메라 쪽을 향하고 있는 반면 다른 여성은 돌아서 있어서 한쪽 뺨만 보인다. 이 사진에 대한 AI의 설명은 "한 여성이 벤치에 앉아 휴대전화로 통화를 하고 있다."였다.[49] 정확한 세부 사항과 지어낸 말이 혼합된 것이다. 아마도 훈련 세트 속의 통계학적 우연에 의해 만들어진 결과일 것이다. 한 여성은 사라졌고 난데없이 벤치가 나타났다. 비슷한 기제가 자동 보안 로봇이 휴대전화를 총으로 오인하는 상황이다. 이런 상황은 어렵지 않게 발견할 수 있다.

심층 네트워크를 속이는 방법은 말 그대로 수십 가지가 있다. MIT의 연구자들은 3차원 거북이 이미지를 고안해 딥러닝 시스템이 소총으로 오인하게 만들었다.[50]

그림 8 딥러닝이 소총으로 오인한 거북이

거북이를 물속(보통은 소총이 있을 법하지 않은 장소)에 넣어 놓아도 결과는 달라지지 않았다. 마찬가지로 이 팀이 갈색 글러브 안에 든 야구공에 약간의 거품을 묻혀두자 네트워크는 공을 에스프레소로 생각했다. 각도와 상관이 없었고 심지어는 공을 야구 글러브 바로 앞에 놓았을 때도 결과는 마찬가지였다.

그림 9 딥러닝이 에스프레소로 오인한 거품 묻은 야구공

어떤 연구 팀은 이미지의 구석에 크게 드러나지 않는 무의미한 방해 요소들을 임의로 덧붙였다. 이에 속아 넘어간 신경망은 돼지 저금통을 '살쾡이'로 생각했다.[51]

또 다른 팀은 바나나와 같은 현실적인 대상에 사이키델릭한 토스터 사진이 있는 작은 스티커를 붙여서 딥러닝 시스템이 이 장면을 왜곡된 작은 토스터 사진 옆에 놓인 바나나가 아니라 '왜곡된 토스터'로 생각하게 만들었다.[52] 만약 당신의 자녀가 이 사진을 보고 바나나를 알아보지 못한다면 아이를 당장 신경과전문의에게 데려가지 않을까?

그림 10 딥러닝이 오인한 왜곡된 토스터와 바나나

또한 딥러닝 시스템은 고의적으로 변경을 가한 이 정지 표지판을 속도 제한 표지로 오해했다.[53]

그림 11 딥러닝이 속도 제한 표지로 오인한 정지 표지판

또 다른 연구팀은 이미지를 흑백으로 전환하거나 색상을 바꾸거나 회전시키는 등 10여 가지 방식으로 왜곡시킨 12개의 과제를 두고 딥러닝 시스템과 사람을 비교했다.[54] 거의 예외 없이 인간이 더 나은 성적을 냈

다. 우리의 시각 체계는 이를 구별할 수 있도록 만들어져 있지만 딥러닝은 별로 그렇지가 못했다.

또 다른 연구는 딥러닝이 비정상적인 자세로 있는 평범한 사물을 인식하는 데 어려움을 겪는다는 것을 보여주었다.[55] 예를 들어 아래의 사진과 같이 뒤집힌 스쿨버스를 딥러닝은 제설기로 오인했다.

그림 12 딥러닝이 제설기로 오인한 넘어진 스쿨버스

언어에 대해서는 문제가 더 괴상해진다. 스탠퍼드대학교의 컴퓨터 과학자 로빈 지아Robin Jia와 퍼시 리앙Percy Liang은 제1장에서 언급한 스쿼드 과제를 처리하는 시스템들에 대해 연구했다.[56] 여기에서 딥러닝 시스템은 문제를 읽고 글에 있는 답에 밑줄을 그었다. 딥러닝 시스템에게 주어진 글은 다음과 같았다.

페이턴 매닝Peyton Manning은 여러 번의 슈퍼볼 경기에서 두 개의 다른 팀을 이끈 최초의 쿼터백이 됐다. 그는 서른아홉의 나이로 슈퍼볼에서 뛴 최고령 선수이기도 했다. 이전의 기록 보유자는 서른여덟 살에 33회 슈퍼볼에서 브롱코스를 승리로 이끌었으며 현재 덴버의 미식축구 운영 부문 수석 부사장이자 브롱코스의 총감독인 존 얼웨이John Elway다.

여기에서 질문은 "서른여덟 살의 나이에 33회 슈퍼볼에서 뛴 쿼터백의 이름은 무엇입니까?"였다. 한 딥러닝 시스템은 정확하게 '존 얼웨이'에 밑줄을 그었다. 거기까지는 좋았다. 하지만 지아와 리앙이 이 단락의 끝에 전혀 관련이 없는 "쿼터백 제프 딘Jeff Dean은 34회 챔프볼에서 등번호 17번을 달았다."라는 문장을 덧붙이고 아까와 같은 질문을 하자, 시스템은 완전히 혼란을 일으켜서 존 얼웨이가 아닌 제프 딘이라고 대답했다. 다른 두 챔피언전에 대한 두 문장을 한데 섞자 어떤 문장도 제대로 이해하지 못했다는 것이 드러났다.

또 다른 연구는 불완전한 질문을 던짐으로써 시스템을 얼마나 쉽게 속일 수 있는지 보여주었다.[57] 딥러닝 시스템은 전반적으로 내용을 '이해'하는 것이 아니라 그저 '연관성'에 의존하기 때문에 질문이 끝나기도 전에 임의적인 추측으로 버저를 누른다. 예를 들어 당신이 "얼마나 많은?"이라고 질문하면 "2"라는 답을 얻고 "어떤 스포츠?"라고 물으면 "테니스"라는 답을 얻게 된다. 이런 시스템들을 몇 분만 다루어 보면 진짜 지성이 아닌 정교한 속임수로 상호작용이 이루어지고 있다는 느낌을 받을 것이다.

기계 번역에서는 같은 문제가 좀 더 기괴한 버전으로 나타난다. 구글 번역에 'dog dog dog dog dog dog dog dog dog dog dog dog dog dog dog dog dog dog'를 입력하고 나이지리아 요루바어(와 다른 몇 가지 언어)에서 영어로 번역을 요청하면 이런 번역 결과가 나온다.[58]

> 지구 종말을 알리는 시계는 12시 3분 전을 가리키고 있다. 우리는 세상에서 극적인 발전과 개성을 경험하고 있다. 이는 우리가 점점 종말의 시간과 예수의 재림에 가까워지고 있다는 것을 시사한다.

이러한 결과에서 보듯이 딥러닝은 그리 심층적이지가 않다.[59] 딥러닝이라는 용어에서 '딥'deep(심층)이라는 단어는 신경망에 있는 층의 숫자를 의미할 뿐임을 알아야 한다. 그 맥락에서의 '딥'은 그 시스템이 입력된 데이터에 대해 개념적으로 특별히 의미 있는 어떤 '지식'을 배웠다는 뜻이 아니다. AI 스타트업 바이케리어스Vicarious가 최근 명쾌하게 입증했듯이 딥마인드의 아타리 게임 시스템을 구동하는 심층 강화 학습 알고리즘은 〈벽돌 깨기〉 게임을 수백만 번 하고서도 공을 튕겨내는 평평한 도구인 패들paddle이 무엇인지 결코 학습하지 못한다. 〈벽돌 깨기〉에서 플레이어는 화면 맨 아래 부분에서 패들을 움직인다. 게임에 변화를 주어서 패들이 몇 픽셀 차이로 벽돌에 좀 더 가까워지면(인간에게는 전혀 장애가 되지 않는 상황이다) 딥마인드의 시스템은 속수무책이 된다.[60] (버클리의 연구팀은 또 다른 게임 〈스페이스 인베이더〉로도 비슷한 상황을 보여주었다. 약간의 소음만으로도 성능을 완전히 망칠 수 있었다.[61] 실제로 시스템의 게임 학습이 얼마나 피상적인가를 보여준 것이다.)

마침내 이 분야에서도 몇몇 사람들이 이런 점들을 인식하게 된 것 같다. 몬트리올대학교의 조슈아 벤지오 교수는 최근 "심층 신경망은 높은 수준의 추상적인 개념이 아니라 데이터 세트 내의 표면 통계적 규칙성 surface statistical regularities을 학습하는 경향이 있다."고 인정했다.[62] 마찬가지로 2018년 말의 인터뷰에서 제프리 힌턴과 딥마인드 개발자인 데미스 허사비스Demis Hassabis도 범용 인공지능은 현실과 거리가 멀다고 이야기했다.[63]

이는 일종의 '롱테일' 문제로 귀결된다.[64] 데이터 수집만을 놓고 봤을 때 배우기 쉬운 흔한 예들도 있지만 배우기가 아주 어려운 희귀한 항목(롱테일)들도 대단히 많은 것이다. 딥러닝이 한 무리의 아이들이 프리스비를 가지고 논다고 말하게 만드는 일은 쉽다. 그런 라벨이 붙은 사례가 매우 많기 때문이다. 하지만 다음 페이지의 그림 13처럼 평범함에서 벗어난 것들에 대해서 이야기하게 만들기는 훨씬 더 어렵다.[65]

개, 고양이, 장난감 말, 마차는 모두 아주 흔한 것들이다. 하지만 그런 요소들이 그림 속 모습처럼 배치된 경우는 흔하지 않다. 이런 경우 딥러닝은 어떻게 이해해야 할지 알지 못한다.

그림 13 특이한 자세를 취한 익숙한 대상들

완전한 지성이 아닌 알고리즘의 하나일 뿐

그렇다면 이런 문제들에도 불구하고 딥러닝이 그렇게 부풀려진 이유는 무엇일까? 딥러닝은 거대한 데이터 세트가 전제될 경우 통계적 근사치의 측면에서는 대단히 효과적이다. 또한 특정한 종류의 '간결함'을 가지고 있다. 하나의 방정식으로 대단히 많은 문제를 해결하는 것처럼 보이기 때문이다. 상당한 상업적 가치를 지니고 있기도 하다. 그렇지만 지나고 나서 생각해보면 뭔가 놓치고 있는 것이 분명하다.

우리는 딥러닝에 대한 모든 과열 현상을 첫 장에서 논의했던 착각적 진보 격차의 일례로 본다. 어떤 과제에서는 딥러닝이 성공적일 수 있지만 그것이 곧 완전한 지성이 그 행동을 뒷받침한다는 의미는 아니다.

딥러닝은 인간과는 매우 다른 존재다. 딥러닝은 믿을 수 없는 수준의 지각 능력을 갖추었지만 전반적인 이해 능력은 상당히 떨어지는 일종의 어리석은 하인이다. 사진 레이블링에 효과적인 딥러닝 시스템을 찾기란 쉽다. 특히 구글, 마이크로소프트, 아마존, IBM이 이 작업을 하는 상업 시스템을 제공하고 있으며 구글의 신경망 소프트웨어 라이브러리 텐서플로TensorFlow 덕분에 모든 컴퓨터공학도가 이 작업을 무료로 할 수 있는 기회를 누리고 있다. 음성 인식에 효과적인 딥러닝 시스템 역시 쉽게 찾을 수 있다. 이 부분에도 여러 상용화된 제품이 나왔다. 하지만 음성 인식과 대상 인식은 지능이 아니다. 그들은 '지능의 단편'에 불과하다. 진정한 지능에는 추론, 언어, 유추가 필요하지만 현재의 기술로는 이들 중 어떤 것도 제대로 처리하지 못한다. 예를 들어 우리에게는 아직 법률 계약을 확실히 이해할 수 있는 AI 시스템이 없다. 단순 패턴 분류만으로는 충분하지 않은 문제이기 때문이다. 법률 계약을 이해하기 위해서는 무엇이 언급됐고 무엇은 언급되지 않았는지, 다양한 조항이 기존의 법률과 어떻게 관련되는지 등에 대해 추론할 수 있어야 한다. 딥러닝은 이 중 어떤 일도 하지 못한다. 딥러닝에게는 넷플릭스에서 오래된 영화들의 줄거리를 적절히 요약해주기를 기대하는 것조차 지나친 요구다.

사실 딥러닝의 특기에 가장 가까운 '지각'이라는 인식의 한 조각에서조차 진보는 부분적일 뿐이다. 딥러닝은 대상을 인식하지만 그들 사이의 '관계'를 이해하지 못하며 자주 속아 넘어간다. 언어 이해와 일상적인 추론과 같은 다른 분야에서도 딥러닝은 인간보다 크게 뒤떨어진다.

대중매체에 등장한 딥러닝에 대한 글의 대다수는 이런 영역들 중 하나의 진보를 그들 모두의 진보인 것처럼 보이게 만든다. 《MIT 테크놀로지 리뷰》는 2013년 혁신 기술 목록에 딥러닝을 올리고 딥러닝에 대해 이렇게 요약했다.[66]

엄청난 계산력을 가진 기계들은 이제 대상을 인식하고 음성을 실시간으로 번역한다. 인공지능은 마침내 스마트해졌다.

하지만 이 논리에는 오류가 있다. 음절이나 보더콜리를 인식한다고 해서 그걸 스마트하다고 할 수는 없다. 모든 인지 문제가 똑같이 만들어지는 것은 아니다. 겨우 인지의 한 측면에서 거둔 작은 성공으로 인지의 모든 측면에서 성공을 거뒀다고 추론하는 것은 진보라는 착각에 굴복하는 것이다.

최종적으로 분석하자면 딥러닝은 멋지지만 한편으로는 비극적이다. 일진이 좋은 날에는 일이 거의 필요하지 않기에 멋지다고 할 수 있다. 변수 가공이라는 성가신 일에 많은 시간을 쓸 필요가 없고, 최상의 경우라면 우리가 해야 할 일의 많은 부분을 기계가 떠맡아준다. 그러나 현실 세계의 어떤 시스템도 당신이 필요로 할 때마다 알맞은 정답을 주리라 보장할 수 없고, 효과가 없을 때마다 시스템의 오류를 찾아 고칠 수 있다고 확신할 수도 없다. 그런 의미에서 보면 딥러닝은 과학보다는 예술에 가깝다. 무언가를 시도해도 데이터가 충분하지 않으면 효과가 없다.

이것은 기하학 정리를 입증하는 것과 같은 방식으로 미리 입증할 수 없다. 어떤 이론도 딥러닝이 특정 과제를 제대로 해결할 수 있을지 없을지를 정확하게 예측하지 못한다. 무조건 경험적으로 시험해봐야만 한다. 어떤 것이 효과가 있고 어떤 것은 그렇지 않은지 본 뒤에 초기 시스템과 데이터 세트를 손보면 원하는 결과를 얻을 수도 있다. 그 일이 쉬울 때도 있지만 매우 어려울 때가 더 많다.

딥러닝은 AI에게 극히 소중한 도구다. 우리는 딥러닝이 앞으로 계속해서 중요하고 필수적인 역할을 할 것이며 사람들이 우리가 생각해보지 못했던 다른 많은 창의적인 애플리케이션을 만들 것이라고 기대한다. 그러나 딥러닝은 유일한 해법이 아닌 여러 도구 중 하나의 구성 요소가 될 가능성이 훨씬 높다.

딥러닝은 대단히 유용하지만 일련의 특정한 알고리즘에 불과하다. 진정한 지능에 이르자면 우리는 아직 갈 길이 멀다. 지금의 상황은 마치 전동 드라이버를 발견한 걸 가지고 행성 간 여행이 가능해졌다고 외치는 꼴이다. 사람들은 이런 현실을 보지 못하고 과대 선전에 속아 크게 흥분하고 만다. 물론 전동 드라이버도 필요하지만 우리에게는 그보다 훨씬 더 많은 것들이 필요하다.

그렇다고 딥러닝 시스템이 지능적인 일들을 아예 할 수 없다는 말은 아니다. 우리는 딥러닝 자체에 완전한 지성이라면 갖춰야 할 '유연성'과 '적응성'이 부족하다는 말을 하고 있는 것이다. 우주선 설계의 에이킨 법칙Akin's Laws of Spacecraft Design에서 31번째 법칙은 불후의 명언으로 부족함이 없다.[67] "높은 나무에 성공적으로 올랐다고 해서 달에 이를 수 있

그림 14 딥러닝을 다룬 풍자 만화

는 것은 아니다."

　다음에 이어질 장에서는 달에 이르려면, 아니 AI가 최소한 평범한 인간 정도의 다재다능함으로 생각하고 추론하고 말하고 읽을 수 있는 기계가 되기 위해서는 무엇이 필요한지 설명할 것이다. 우리가 필요로 하는 것은 단순히 신경망 안에 더 많은 층이 있다는 의미에서의 '보다 심층적인' 딥러닝이 아니라 보다 '심층적인 이해'다. 우리에게는 끊임없이 변화하는 세상 속에서 서로 인과적으로 연관된 독립체들의 복잡한 상호작용을 올바르게 추론할 수 있는 시스템이 필요하다.

그리고 이 말이 의미하는 바를 파악하기 위해서는 AI 연구에서 가장 어려운 두 영역, 읽기 능력과 로봇에 대해서 깊이 파고들어야 한다. 다음 장에서 이를 알아볼 것이다.

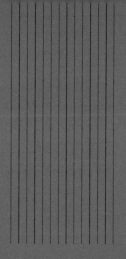

◉ 제4장 ◉

구글은 문맹인가,
언어 천재인가?

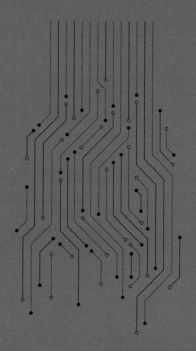

사만다: 어떻게 도와드리면 될까요?

테오도르: 그냥 모든 게 정리가 안 된 느낌이 들 뿐이야.

사만다: 하드 드라이브를 좀 살펴봐도 될까요?

테오도르: 음… 좋아.

사만다: 알겠습니다. 이메일부터 시작해보죠. 당신은 〈LA위클리〉에서 온 몇천 개의 이메일을 갖고 있습니다. 하지만 당신은 이미 오래전부터 거기에서 일하지 않은 것으로 보이네요.

테오도르: 아, 그렇지. 그런 이메일을 저장해둔 건 그저…. 그중에 내가 뭔가 재미있는 걸 적어둔 게 있다고 생각해서야. 하지만….

사만다: 그렇군요, 재미있는 것들이 좀 있습니다. 저장해둘 것이 86개 정도 있네요. 나머지는 삭제해도 되겠습니다.

_ 영화 〈HER〉 중에서

사만다(영화 〈HER〉에서 스칼릿 조핸슨이 목소리를 연기한 운영 시스템)가 테오도르를 이해하듯이 기계가 우리를 이해해준다면 얼마나 좋을까? 눈 깜짝할 사이에 이메일을 분류해서 우리에게 필요한 것을 가려내고 나머지는 걸러내 버린다면 얼마나 좋을까?

지금 컴퓨터가 갖지 못한 인간의 재능을 하나 줄 수 있다면 우리는 주저하지 않고 언어를 이해하는 재능을 고를 것이다. 우리의 삶을 정리하는 데 도움을 줄 뿐 아니라 엄청난 과학 문헌들에서 정수를 뽑아내는 것과 같은 일개 인간으로서는 도저히 따라잡을 엄두를 내지 못하는 벅찬 과제들을 대신 처리해줄 수 있을 테니 말이다.

의학계에서는 매일 7,000편의 논문이 발표된다. 의사나 연구자가 이를 모두 읽기란 불가능하다. 이것은 의학의 발전을 막는 큰 장애물이다. 의약 발견이 지연되는 데에는 관련 종사자들이 읽을 시간을 내지 못하는 통에 많은 정보가 문헌 속에서 사장되는 상황도 한몫한다. 의사가 읽고 발견할 시간이 없어서 새로운 치료법이 적용되지 못하는 경우도 있다. 이런 현실에서 방대한 의학 문헌을 자동으로 통합하는 AI 프로그램은 진정한 혁명이 될 것이다.

박사 과정 학생들만큼의 읽기 능력에 구글의 연산력을 가진 컴퓨터가 나타난다면 과학계에 혁명이 일어날 것이다. 수학부터 기후 과학, 재료 과학에 이르는 모든 분야의 발전을 기대할 수 있다. 변혁이 일어나는 분야는 과학에 그치지 않는다. 역사가와 전기 작가들은 잘 알려지지 않은 사람, 장소, 사건에 대해 쓰인 모든 정보를 순식간에 찾아낼 수 있을 것이다. 작가들은 줄거리의 모순, 논리적 공백, 연대의 오기를 자동으로 확인할 수 있게 된다.

그보다 훨씬 단순한 능력도 대단히 유용할 수 있다. 현재 아이폰에는 약속을 잡는 이메일을 받은 사용자가 그 메시지를 클릭하면 일정을 아이폰 캘린더에 추가해주는 기능이 내장되어 있다. 정말로 간편하다. 제대로 작동하기만 한다면 말이다. 하지만 종종 오류가 생긴다. 아이폰은 당신이 생각한 날이 아닌 이메일에 언급된 다른 날에 약속을 추가할 수도 있다. 아이폰의 이런 실수를 당신이 알아채지 못하면 큰 문제로 이어지기도 한다.

언젠가 기계들이 제대로 된 읽기 능력을 가지는 날이 오면 우리의 후손들은 우리가 '독서 기계' 없이 어떻게 살았을지 궁금해할 것이다. 우리가 이전 세대 사람들이 전기 없이 어떻게 살았을까 하고 궁금하게 여기듯이 말이다.

기계는 정말 글을 이해할 수 있을까

2018년 초, 현재 구글에서 일하고 있는 저명한 미래학자이자 발명가인 레이 커즈와일은 테드 강연을 통해 그의 최신 프로젝트인 구글 토크투북스Talk to Books에 대해 언급했다.[1] 그는 이 프로젝트를 통해 자연어 이해를 이용해서 "책을 탐색하는 완전히 새로운 방식을 제공"하겠다고 장담했다. 온라인 매체 〈쿼츠〉Quartz는 "수천 권의 책을 읽고 모든 질문에 대답해줄 구글의 놀라운 새 검색 도구"라며 구글 토크투북스를 추켜세웠다.[2]

늘 그렇듯이, 우선 '그 프로그램이 실제로 하는 일은 무엇인가?'라는 의문이 든다. 그 답은 이렇다. 구글은 《대학에서 살아남기》Thriving at College부터 《왕초보를 위한 프로그래밍》Beginning Programming for Dummies, 《호빗》에 이르는 10만 권 책 속의 문장에 색인을 달고 '벡터'라고 알려진 일련의 숫자들로 문장의 의미를 코딩하는 효율적인 방법을 개발했다.[3] 당신이 질문을 하면 토크투북스는 이 벡터들을 사용해서 가장 비슷한 벡터를 가진 데이터베이스 내의 문장 20개를 찾는다. 한마디로 이 시스템은 당신이 실제로 무슨 질문을 하고 있는지 '이해'하고서 답을 찾아주는 것이 아니다.

시스템의 인풋만 파악해도 토크투북스가 모든 질문에 대답해주리라는 〈쿼츠〉의 주장을 액면 그대로 받아들이면 안 된다는 점이 분명해진다. 10만 권이라면 대단히 많은 것처럼 보이지만 실제 출간된 1억 권 이상의 책에 비하면 극히 일부에 지나지 않는다. 앞서 딥러닝이 진정한 이해가 아닌 상관관계에 얼마나 의존하는지 살펴보았던 것을 생각하면 토크투북스가 내놓는 많은 답변이 의심스러울 것이다. 예를 들어 소설의 특정한 세부 사항에 대해 질문한다면 당신은 신뢰할 만한 답이 나오리라 기대할 것이다. 하지만 우리가 "해리 포터는 헤르미온느 그레인저를 어디에서 만났지?"라고 물었을 때 나온 20개의 답 중에는 《해리포터와 마법사의 돌》에서 나온 것도, 그 만남이 이루어진 곳이란 질문 자체를 언급한 것도 없었다.[4] "연합국이 제1차 세계대전 후에도 독일을 계속해서 봉쇄한 것은 정당화될 수 있는가?"라는 질문을 던지자 토크투북스는 그 당시 봉쇄에 관한 내용조차 찾지 못했다. '모든 질문'에 답한다는 것은 터무니없는 과장이다.

색인이 달린 글의 단락 안에 답이 언급되어 있지 않으면 토크투북스는 어찌해야 할지 몰랐다. 우리는 이 시스템에 《해리 포터》 속 일곱 개의 호크룩스는 무엇일까?"라는 질문을 했지만 이들을 나열한 답은 하나도 없었다. 시리즈의 어떤 책에도 해리 포터가 한 번에 일곱 개의 호크룩스를 모두 언급한 경우가 없었기 때문일 것이다. 또 "1980년에 최고령 대법관은 누구였지?"라는 질문을 하자 마찬가지로 답을 내지 못했다. 인간인 당신도 위키디피아에 1980년에 재직했던 대법관을 검색해서 몇 분 안에 정답이 윌리엄 브레넌William Brennan이라는 것을 찾아낼 수 있을 텐데 말이다. 토크투북스가 또다시 답을 하지 못한 이유는 10만 권의 책 중에 "1980년의 최고령 대법관은 윌리엄 브레넌이다."라고 정확하게 언급하는 책이 없었고 본문 너머로 추론을 확장할 기반이 없었기 때문이다.

가장 두드러지는 문제는 질문을 어떻게 하느냐에 따라 완전히 다른 답을 얻는다는 점이다. 토크투북스에 "은전 30닢에 스승을 배신한 사람은 누구인가?"(대단히 유명한 이야기 속의 대단히 유명한 사건)라고 질문하자 20개의 답 중에 여섯 개만이 정확하게 유다를 지목했다. 우리가 '은전'이라는 정확한 글귀에서 벗어나자 상황은 더 나빠졌다. 토크투북스에 "30닢에 스승을 배신한 사람은 누구인가?"라는 구체성이 살짝 떨어지는 질문을 던지자 답의 10퍼센트만이 유다를 언급했다(최상위의 답인 "진관의 스승이 누구인지는 알려지지 않았다."는 관련성도 없고 정보도 제공하지 못했다). 다시 문제의 글귀를 살짝 바꾸어 '배신'을 '팔다'로 대체한 "30닢에 스승을 판 사람은 누구인가?"라는 질문을 하자 상위 20개의 결과에서 유다는 완전히 사라졌다.

10만 권의 텍스트에서 찾을 수 있는 문장이나 정확한 일련의 단어에서 벗어날수록 시스템의 능력은 떨어졌다.

똑똑한 AI가 제대로 읽지 못하는 이유

우리가 꿈꾸는 진정한 기계 독해 시스템이 나타난다면 그 시스템들은 그들이 읽었던 글에 대한 모든 질문에 답할 수 있을 것이다. 또한 다양한 문서에 걸친 정보를 취합할 수 있을 것이다. 그리고 시스템들이 내놓는 답은 밑줄 그어진 단락을 그대로 반복하는 것이 아니라 동일한 단락에 등장한 적이 없는 호크룩스의 목록이나 정보를 '종합한' 내용이 될 것이다. 여러 사건에서 선례를 모으는 변호사 혹은 다수의 논문에서 정보를 수집해 이론을 도출해내는 과학자에게 기대할 만한 간결한 요약처럼 말이다. 어린이 도서 시리즈에 대해서라면 초등학교 1학년 학생도 거기에 등장하는 착한 사람들과 나쁜 사람들의 목록을 만들 수 있다. 독해가 가능한 기계라면 학기말 리포트를 쓰는 대학생처럼 여러 정보원에서 얻은 아이디어를 취합해 교차 검증하고 새로운 결론에 이를 수 있어야 한다.

하지만 단순히 앵무새처럼 정보를 흉내 내는 수준이 아니라 정보를 통합할 수 있는 기계를 얻으려면 우선 훨씬 더 단순한 것, 즉 기본적인 글부터 제대로 이해할 수 있는 기계가 필요하다. 일부 사람들은 지금의 AI에도 흥분하고 있는 모양이지만 아직은 정말 신뢰할 수 있는 날이 오지 않았다. 문장의 의미를 이해하는 기계 독해가 실제로는 대단히 먼 이야기인 이유를 파악하려면 어린이 동화처럼 비교적 단순한 내용을 이해하는 데 무엇이 필요한지부터 상세히 알아야 한다.

당신이 로라 잉걸스 와일더Laura Ingalls Wilder(《초원의 집》의 작가)의 《소년 농부》Farmer Boy라는 어린이 도서에서 다음 구절을 읽는다고 가정해보자. 아홉 살 난 소년 알만조는 거리에서 돈이 가득 든 지갑(당시에는 '포켓북'pocketbook이라 칭함)을 줍는다. 알만조의 아버지는 그 '포켓북'(즉, 지갑)이 톰슨 씨의 것이라고 짐작했고 알만조는 시내의 상점으로 가 톰슨 씨를 찾는다.

알만조가 톰슨 씨에게 가 이렇게 묻는다.

"혹시 포켓북을 잃어버리셨나요?"

톰슨 씨는 급히 주머니를 손으로 더듬어보더니 소리쳤다.

"그래, 잃어버렸구나! 그 안에 있는 1,500달러도! 그런데? 내 것에 대해서 뭐 아는 거라도 있느냐?"

"이게 그건가요?"

알만조가 물었다.

"맞아! 그게 그거다!"

톰슨 씨가 포켓북을 움켜쥐며 말했다. 그는 포켓북을 열어 급히 돈을 셌다. 그는 지폐를 두 번 세어봤다. 그러고는 길게 한숨을 쉬며 말했다.

"이 녀석이 돈을 한 푼도 훔치지 않았군."[5]

좋은 독해 시스템이라면 다음과 같은 질문에 답할 수 있어야 한다.

- 톰슨 씨는 왜 손으로 주머니를 더듬었나?
- 알만조가 이야기하기 전에 톰슨 씨는 지갑을 잃어버렸다는 것을 알고 있었나?
- "이게 그건가요?"라고 물었을 때 알만조가 의미하는 바는 무엇이었나?
- 1,500달러를 잃어버릴 뻔한 사람은 누구인가?
- 지갑에는 돈이 모두 있었나?

이 질문들은 보통 사람이라면 쉽게 대답할 수 있는 것들이다. 하지만 지금까지 만들어진 어떤 AI도 이런 질문에 납득할 만한 대답을 내놓지 못했다. 구글 토크투북스가 이런 질문에 얼마나 곤란해할지 생각해보라 (앨런 인공지능 연구소는 allenai.org라는 웹사이트를 두고 있다. 그 웹사이트에서 이와 같은 최첨단 모델을 시험해볼 수 있다. 예를 들어 2018년 11월 16일, 우리는 그 사이트에서 이용할 수 있는 당시의 대표 모델에 알만조의 이야기를 입력하고 "포켓북에는 돈이 얼마나 있었나?", "포켓북 안에는 무엇이 있었나?", "포켓북의 주인은 누구인가?", "포켓북을 찾은 사람은 누구인가?" 등의 질문을 던졌다. 첫 번째와 세 번째 질문에는 정확한 답을 얻었지만 두 번째 질문에는 앞뒤가 맞지 않은 답("돈을 셌다.")을 얻었고 마지막 문제는 완전히 틀렸다(알만조가 아닌 톰슨 씨). 이런 신뢰도가 낮은 결과는 그 기술의 현재 상태를 보여 주는 전형이다).

이 질문들에 답을 하기 위해서는 독자(인간 또는 비인간)가 이야기 내에 묵시적으로만 존재하는 추론의 고리를 따라갈 수 있어야 한다. 첫 번째 질문인 '톰슨 씨는 왜 손으로 주머니를 더듬었나?'에 대해 생각해보자. 알만조가 말을 꺼내기 전에 톰슨 씨는 자신이 지갑을 잃어버렸다는 사실을 몰랐고 주머니에 지갑이 있다고 생각하고 있었다. 알만조가 지갑을 잃어버렸냐고 묻자 톰슨 씨는 실제로 지갑을 잃어버렸을 수도 있다는 사실을 깨달았다. 톰슨 씨가 자신의 주머니를 더듬은 것은 그런 가능성(지갑을 잃어버렸을 가능성)을 확인하는 행동이었다. 보통 지갑을 넣어두는 곳에 지갑이 없었기 때문에 톰슨은 자신이 지갑을 잃어버렸다고 결론지었다.

복잡한 추론 사슬에 관한 한 기존의 AI는 갈피를 잡지 못한다. 그런 추론의 사슬을 따라가려면 독자는 사람이나 대상에 대해, 좀 더 일반적으로는 세상이 어떻게 돌아가는지에 대해 대단히 넓은 범위의 배경 지식을 조합해야 한다. 기존의 시스템은 이런 일을 잘 해낼 정도의 일반 지식을 갖고 있지 않다.

당신이 알만조와 지갑의 이야기를 이해할 때 스스로 인식조차 하지 못한 채 자동적으로 의지하는 지식의 종류에 어떤 것이 있는지 한번 따져보자.

- 사람들은 자기도 모르는 사이에 물건을 떨어뜨릴 수 있다. 이것은 사건과 사람들의 정신 상태 사이의 관계에 대한 지식의 한 예다.
- 사람들은 종종 지갑을 주머니에 넣고 다닌다. 이 사실은 사람들이 특정한 물건을 보통 어떻게 사용하는지에 대한 지식의 한 예다.
- 사람들은 지갑에 돈을 넣고 다니곤 한다. 돈은 상품에 대한 값을 치르는 도구이기 때문에 사람들에게 중요한 것이다. 이것은 사람, 관습, 경제학에 대한 지식의 한 예다.
- 사람들은 자신에게 중요한 어떤 것이 진실이라고 가정했다가 그것이 진실이 아닐 수 있다는 것을 발견하면 급히 진위 여부를 확인하려 한다. 이것은 사람들에게 심리적으로 중요한 가치들에 대한 지식의 한 예다.

- 주머니 밖에서 만지기만 해도 주머니 안에 어떤 것이 있는지 혹은 없는지 파악할 수 있다. 이것은 여러 유형의 지식이 어떻게 결합될 수 있는지 보여주는 예다. 여기에서는 다른 대상(손, 주머니, 지갑)이 서로 어떻게 상호작용을 하는지에 대한 지식과 감각이 어떻게 작용하는지에 대한 지식이 결합된다.

다른 질문에 답하는 데에도 여러 가지 추론이 필요하다. '"이게 그건가요?"라고 물었을 때 알만조가 의미하는 바는 무엇이었나?'라는 세 번째 질문을 살펴보자. 이에 답하려면 독자는 사람과 물건은 물론이고 언어에 대해 상당한 이해가 있어서 '이것'과 '그것'이란 단어가 지갑을 의미하며 보다 구체적으로 들어가면 '이것'은 알만조가 갖고 있는 지갑, '그것'은 톰슨이 잃어버린 지갑이라는 합리적인 결론을 이끌어낼 수 있어야 한다.

단순한 단락 하나를 다루려 해도 사람, 물건, 언어에 대한 심층적이고 광범위하고 유연한 지식이 있어야 한다.[6] 상황이 약간만 달라져도 그에 따라 적응을 해야 한다. 알만조가 자기 할머니의 지갑을 발견했다고 말한 경우라면 톰슨 씨로부터 이야기에서와 같은 급한 반응을 기대할 수 없을 것이다. 우리는 톰슨 씨가 자기도 알지 못하는 사이에 지갑을 잃어버리는 것이 있을 수 있는 일이라고 생각하지만, 그가 위협을 당한 일이 있는데도 지갑을 빼앗겼다는 사실을 모르고 있었다면 우리는 그 상황에 놀랐을 것이다. 아직까지는 누구도 기계로 하여금 이런 식의 유연한 사고를 할 수 있게 하는 방법을 알아내지 못했다. 우리는 그 일이 불가능하다고 생각하지 않으며 그 목표를 달성하기 위해 취해야 할 몇 가지 단계들을 차후에 제시할 것이다. 그러나 지금 상황에서 AI 연구 공동체가 달성한 수준으로는 그 단계로 가기가 불가능하다. 구글 토크투북스 그리고 이 책의 맨 처음에 언급했던 마이크로소프트와 알리바바가 만든 독해 프로그램은 그 근처에도 가지 못한다.

기계가 현재 잘하는 일(대상을 범주로 단순 분류하는 것)과 이런 일상적이지만 깊이 있는 사고를 하는 데 대단히 중요한 추론 및 현실 세계의 이해 사이에는 근본적인 차이가 존재한다.

비유, 상식, 추론을 통합하는 일

당신이 읽는 거의 모든 글에서 이와 비슷한 문제가 발생한다. 어린이들이 읽는 와일더의 글에는 유난하거나 특별한 것이 전혀 없었다. 그럼 다음을 한번 보자. 2017년 4월 25일 〈뉴욕타임스〉에서 발췌한 간단한 예다.

오늘은 엘라 피츠제럴드Ella Fitzgerald의 탄생 100주년이 되는 날이다. 뉴요커인 로렌 쉰베르크Loren Schoenberg는 1990년, 자신의 연주 경력 막바지에 이 '노래의 영부인'(엘라 피츠제럴드의 별명 — 옮긴이) 옆에서 색소폰을 연주했다. 그는 그녀를 '빈티지 와인'에 비유했다.[7]

그림 15 AI 시스템이 전혀 이해하지 못하는 종류의 추론 예시

글에서 바로 따낸 문장의 질문("로렌 쇤베르크는 어떤 악기를 연주했나?")이라면 누구든 쉽게 답할 수 있을 것이다. 하지만 다음과 같은 많은 질문들은 기존의 AI 시스템 대부분이 전혀 이해하지 못하는 종류의 추론을 요구한다.

- 엘라 피츠제럴드는 1990년에 살아 있었나?

- 그녀는 1960년에 살아 있었나?

- 그녀는 1860년에 살아 있었나?

- 로렌 쉰베르크는 엘라 피츠제럴드를 만난 적이 있었나?

- 쉰베르크는 피츠제럴드를 술이라고 생각하는가?

첫 번째, 두 번째, 세 번째 질문에 대답하기 위해서는 2017년 4월 25일이 엘라 피츠제럴드의 탄생 100주년이라는 사실을 근거로 그녀가 1917년 4월 25일에 태어났다고 추론한 뒤, 다음 사실들과 같은 '상식'을 통합해야 한다.

- 사람은 경력을 쌓는 동안은 살아 있다. 따라서 그녀는 1990년
  에 살아 있었다.
- 사람은 탄생과 사망 사이에는 내내 살아 있고 탄생 전과 사망
  이후에는 살아 있지 않다. 따라서 피츠제럴드는 1960년에는
  살아 있었을 것이고 1860년에는 탄생 전이니 살아 있지 않았
  을 것이다.

네 번째 질문에 답하는 데에는 보통 누군가의 옆에서 음악을 연주하기 위해서는 만남이 있어야 한다는 추론과 정체가 명시적으로 드러나지 않았더라도 '노래의 영부인'이 피츠제럴드라는 추론이 필요하다. 다섯 번째 질문에 답하기 위해서는 비유를 할 때 사람들이 전형적으로 마음속에 그리는 종류의 것들에 대한 추론과 엘라 피츠제럴드가 사람이며

사람은 음료로 바뀔 수 없다는 지식이 필요하다.

신문의 기사든 짤막한 이야기든 소설이든 임의로 글을 선택해 살펴보면 분명 이와 비슷한 상황들을 발견하게 될 것이다. 숙련된 작가들은 당신에게 모든 것을 이야기하지 않는다. 그들은 당신이 알아야 할 것만을 이야기하고 당신과 내가 공유하는 지식과 상식에 의존해서 문장들 사이의 공백을 채운다(만약 와일더가 사람들은 보통 주머니에 지갑을 넣고 다니며 사람들은 때로 주머니 위를 손으로 더듬어 그 속에 작은 물리적 대상의 존재를 탐지하려 한다는 것까지 모두 말해야 한다고 상상해보라. 그녀의 이야기는 얼마나 지루해질 것인가?).

실제로 초기에 많은 AI 연구자들이 이런 문제들을 해결하기 위해 노력했다. 현재 구글의 연구 책임자인 피터 노빅Peter Norvig은 기계가 이야기를 이해하게 만드는 부분의 문제를 두고 도발적인 박사 학위 논문을 썼다.[8] 예일대학교에 다니던 로저 섕크Roger Schank는 기계가 '대본'script을 이용해서 식당에 간 고객에게 무슨 일이 일어났는지 파악하게 하는 통찰력 있는 일련의 사례들을 만들었다.[9] 하지만 스토리를 이해하는 데에는 대본보다 훨씬 복합적이고 더 다양한 형태의 지식이 필요하며, 그 모든 지식을 체계적으로 정리하고 수집하기란 너무나 벅찬 일이다. 이내 연구자들은 그 분야를 포기하고 웹 검색이나 추천 엔진같이 더 접근하기 쉬운 문제들을 다루기 시작했다. 하지만 어느 것이든 범용 AI에 근접한 것은 없었다.

링크를 찾는 것과 질문을 이해하는 것의 차이

———

그럼에도 불구하고 웹 검색은 세상을 극적으로 변화시켰다. 그것은 AI가 이룬 성공 스토리 중 가장 대단한 것이다. 구글 서치, 빙Bing을 비롯한 웹 검색은 AI로 구동되는 놀라울 만큼 강력하고 환상적으로 유용한 엔지니어링 분야다. 웹 검색은 수십억 개의 웹 문서 가운데에서 가장 적합한 것들을 거의 즉각적으로 찾아낸다.

놀라운 것은 모두 AI로 구동되는데도 검색엔진은 우리가 원하는 종류의 '자동화된 독해 기계'와는 거의 관련이 없다는 점이다. 우리는 글을 완전히 이해할 수 있는 기계를 원한다. 그러나 검색엔진에게는 그런 능력이 없다.

구글 서치를 예로 들어보자. 구글 알고리즘에는 두 가지 기본적인 아이디어가 존재한다. 하나는 오래전부터 사용됐던 아이디어고 다른 하나는 구글이 개척한 것이다. 두 가지 모두 시스템이 문서를 이해하는가와는 관련이 없다. 첫째, 오래된 아이디어는 구글이나 웹이 생기기도 전인 1960년대 초부터 문서 검색 프로그램에 이용되어 온 방법론으로 질문 속의 단어들과 문서 속의 단어들 중에서 일치하는 것을 찾는 방법이다. 카더멈이라는 향신료가 들어간 요리법을 찾고 싶은가? 문제없다. '요리법'과 '카더멈'이란 단어가 들어간 모든 웹사이트를 찾으면 그뿐이다. 카더멈이 향신료의 한 종류라는 것을 이해할 필요도 없고, 카더멈의 향이 어떤지 맛이 어떤지 이해할 필요도 없다. 식물에서 향신료를 어떻게 추출하게 됐는지에 대한 역사와 카더멈을 자주 사용하는 요리가 무엇인지 알 필요도 없다. 비행기를 만드는 방법을 찾고 싶은가? '모델', '비행기', '방법'이라는 몇 개의 단어를 맞추어 보면 유용한 자료를 많이 찾을 수 있다. 하지만 구글 서치는 실제로 이륙이나 항력은커녕 비행기가 무엇인지, 당신이 상업용 항공기로 비행하는 이유가 무엇인지 알지 못한다.

두 번째로 보다 혁신적인 아이디어는 그 유명한 페이지랭크PageRank 알고리즘이다.[10] 이 아이디어는 프로그램이 어떤 페이지가 많이 링크됐는지, 특히 다른 질 높은 페이지에서 많이 링크됐는지 파악함으로써 웹의 '공동 지혜'를 이용해 어떤 웹페이지가 품질이 좋은지 판단한다. 구글은 이런 통찰로 이 시대의 다른 모든 웹 검색엔진 위에 군림하게 됐다. 하지만 단어를 일치시키거나 다른 페이지에서 들어오는 링크를 헤아리는 것은 글을 '이해하는' 것과는 별 관련이 없다.

구글 서치가 수준 높은 독해 능력 없이도 지금처럼 잘 작동할 수 있는 이유는 정확성이 거의 필요치 않다는 데 있다. 검색엔진은 심층적으로 글을 읽고 대통령의 권한에 대한 논문이 우편향인지 좌편향인지를 가릴 필요가 없다. 그 문제는 사용자가 가려내면 된다. 모든 구글 서치는 주어진 문서가 적절한 일반 주제에 대한 것인지만 알면 된다. 보통은 문서에 포함된 단어와 짧은 문장들만 봐도 문서의 주제에 대해 상당히 많은 것을 알 수 있다. 문서에 '대통령'과 '특권'이라는 말이 포함되어 있으면 사용자는 아마 그 링크를 찾은 것에 만족할 것이다. 문서가 '카다시안' 가족들에 대한 것이라면 관련이 없을 것이다. 문서가 '조지'나 '마사', '요크타운 전투'를 언급한다면 구글 서치는 그 문서가 조지 워싱턴에 대한 것이라고 추측할 것이다. 구글 서치는 결혼이나 독립 전쟁이 무엇인지는 전혀 모르지만 말이다.

그렇다고 구글이 언제나 피상적이기만 한 것은 아니다. 때로 구글은 질문을 해석하고 단순한 링크의 목록만이 아닌 온전히 양식을 갖춘 대답을 내놓기도 한다. 독해와 약간 가깝지만 아주 약간일 뿐이다. 구글은 일반적으로 '질문'을 읽는 것이지 '문서' 자체를 읽지는 않기 때문이다. 당신이 "미시시피의 주도가 어디지?"라고 물으면, 구글은 당신의 질문을 정확히 분석해서 미리 구성되어 있던 표 안에서 답('잭슨')을 찾는다.[11] 당신이 "1.36유로는 몇 루피일까?"라고 물으면 시스템은 또다시 정확한 분석을 거쳐 이번에는 환율과 관련된 다양한 표를 찾아본 후 '1.36유로=110.14인도루피'라는 정확한 계산을 할 수 있다.

대부분의 경우 구글이 돌려주는 이런 종류의 답은 신뢰할 수 있다(이 시스템은 아마 답이 정확할 가능성이 높다는 지표가 존재할 때에만 신뢰할 수 있을 것이다). 하지만 완벽과는 여전히 거리가 있다. 이게 무슨 말인지 이 시스템이 저지르는 오류를 보면 확실히 알 수 있다. 예를 들어 2018년 4월 우리가 구글에 "현재 대법원에는 누가 있지?"라고 묻자 아홉 명의 대법관 중 한 명인 '존 로버츠'John Roberts라는 다소 불완전한 답이 나왔다.[12] 보너스로 구글은 '사람들이 검색한 다른 인물'로 앤서니 케네디 Anthony Kennedy, 새뮤얼 얼리토Samuel Alito, 클래런스 토머스Clarence Thomas, 스티븐 브라이어Stephen Breyer, 루스 베이더 긴즈버그Ruth Bader Ginsburg, 앤터닌 스캘리아Antonin Scalia, 이렇게 일곱 명의 다른 법관 목록을 제공했다. 이들이 모두 대법원을 거쳐 간 것은 맞지만 스캘리아는 작고했다.

스캘리아의 후임인 닐 고서치Neil Gorsuch와 최근 임명된 엘리나 케이건 Elena Kagan과 소니아 소토마요르Sonia Sotomayor는 구글의 목록에 없었다. 구글이 질문 속 '현재'라는 말을 완전히 무시한 모양이었다.

지식과 정보의 통합에 대한 처음 논의로 돌아가 보자. 궁극의 기계 독해 시스템이라면 구글 뉴스를 읽고 변화가 있을 때는 목록을 업데이트하거나 최소한 위키피디아(인간이 상당히 정기적으로 업데이트하는 백과사전)를 참조해 현재 대법관들의 명단을 발췌함으로써 답을 편집할 것이다. 구글은 그런 일을 하지 않는 것 같다. 우리가 아는 한, 구글은 정보를 정말로 읽고 이해하기보다는 통계적 규칙성(얼리토와 스캘리아는 대법관에 대한 여러 검색에서 등장한다)만을 보는 것 같다.

또 다른 예로 우리는 "최초의 다리가 건설된 때는 언제인가?"라는 질문을 해보았다.[13] 가장 상위에 랭크된 결과는 다음과 같았다.

철과 강철로 된 다리는 오늘날 세계 대부분에서 사용되고 있다(원문을 그대로 실음). 이런 유형의 다리들이 세계의 주요 강들을 가로지르고 있다. 이 그림은 세계 최초의 철제 다리를 보여준다. 이것은 1779년 텔퍼드에서 에이브러햄 다비Abraham Darby 3세에 의해 만들어진 것으로 철로 만들어진 역사상 최초의 대형 구조물이었다.

'최초'나 '다리'라는 단어는 우리의 질문과 일치했으나 사상 최초의 다리는 철로 만들어지지 않았고 '철로 만든 최초의 다리'는 '최초의 다리'와 다르다. 구글은 수천 년을 건너뛰었다.[14] 사실 검색이 도입된 지 10년이 훨씬 넘었지만 구글이 질문을 읽고 직접적인 답을 내놓는 검색은 여전히 극히 소수에 머무르고 있다. 답이 아닌 링크를 얻는다는 것은 구글이 진정한 이해가 아니라 단순히 핵심어나 링크 집계와 같은 것에만 의존한다는 신호다.

물론 구글이나 아마존 같은 기업들은 끊임없이 제품을 개선하고 있으며 시스템이 현직 대법원 판사들을 정확하게 나열하도록 사람이 직접 코딩하는 일은 상당히 쉽다. 작은 점진적인 개선들은 계속 이루어질 것이다. 그러나 우리가 제기한 여러 종류의 문제들에 대한 '일반적인 해법'이 등장할 징조는 보이지 않는다.

몇 년 전, 우리는 페이스북에서 아주 기발한 밈meme(특정한 메시지를 전하는 그림, 사진, 또는 짧은 영상—옮긴이)을 보았다. 버락 오바마의 사진에 "지난해 당신은 우리에게 50살이라고 말했습니다. 이제 당신은 51살이라고 말합니다. 대체 어떤 것이 사실입니까?"라는 글이 붙어 있었다. 이처럼 다른 시기에 완전히 다른 발언을 했더라도 그건 진실일 수 있다. 당신이 인간이라면 이 농담을 알아들을 것이다. 하지만 당신이 핵심어 찾기 이외의 일은 거의 하지 못하는 기계라면 이 질문에 답을 찾는 데 갈팡질팡하게 될 것이다.

시리는 정말 비서가 될 수 있는가

시리, 코타나, 구글 어시스턴트, 알렉사와 같이 음성을 중심으로 하는

'AI 비서'들은 어떨까? 좋은 점은 그들이 구글 서치와는 달리 단순히 링크 목록을 내주는 데 그치지 않고 어떤 조치를 취한다는 것이다. 애초에 그들은 질문을 무작위적인 핵심어의 조합이 아닌 실제 질문으로 해석하도록 설계됐다. 하지만 AI 비서들이 나온 지 몇 년이 흘렀지만 모든 것은 여전히 복불복인 상태다. 어떤 영역에서는 효과적이지만 어떤 영역에서는 전혀 그렇지 못한 것이다. 예를 들어 모든 AI 비서들이 "1957년 월드시리즈 우승 팀은?"과 같이 '사실로 받아들여지는' 질문에는 대단히 강하다. 또 각자가 뚜렷한 강점을 보이는 분야가 있다. 구글 어시스턴트는 길 안내를 하고 영화표를 구매하는 데 능하다. 시리는 길 안내를 하고 예약을 하는 데 능하다. 알렉사는 계산에 재능이 있고 미리 만들어진 농담을 꽤나 잘하며 (당연하게도) 아마존에서 물건을 주문하는 데 능하다.

그러나 특별히 강세를 보이는 분야 외에는 어떤 결과를 얻을지 전혀 짐작할 수가 없다. 얼마 전 작가 모나 부슈널Mona Bushnell은 이 네 개 AI 비서 전부에게 가장 가까운 공항으로 가는 길을 물었다.[15] 그러자 구글 어시스턴트는 여행사 목록을 주었다. 시리는 수상비행기 이륙장으로 가는 길을 알려주었다. 코타나는 익스피디아Expedia와 같은 항공권 웹사이트 목록을 내놓았다. 또 우리 저자들이 경험한 바로는, 최근 운전 중에 "도널드 트럼프는 사람인가?", "아우디는 자동차인가?" "에드셀Edsel(포드 자동차가 1957년경에 출시한 자동차 모델명 — 옮긴이)은 자동차인가?"라는 질문을 하자 알렉사는 100퍼센트의 정확도로 답을 냈다.[16] 하지만 "아우디에 휘발유를 사용할 수 있는가?", "아우디로 뉴욕에서 캘리포니

그림 16 시리에게 "맥도날드가 아닌 패스트푸드점을 찾아줘."라고 하자 일어난 착오

아까지 갈 수 있는가?", "상어는 자동차인가?"라는 질문에는 형편없는
답을 내놓았다.

이런 예도 있다. 저자 게리는 최근 트위터에서 시리에게 "맥도날드가
아닌 가까운 패스트푸드 판매점을 찾아줘."라고 질문한 사람이 얻은 답
변의 스크린샷을 받았다. 시리는 충실하게 인근 세 곳의 식당 목록을 제
시했다. 모두 패스트푸드점이었고 하나같이 맥도날드였다. '아닌'이라는
단어는 완전히 무시됐다.

2009년 '세계 최초의 컴퓨터 지식 엔진'이라는 광고를 내세우며 요란

하게 등장한 울프럼알파WolframAlpha도 사정은 비슷하다.[17] 울프럼알파는 온갖 종류의 과학, 기술, 수학, 인구, 사회 정보를 담은 거대한 내장 데이터베이스와 이런 정보를 이용해 질문에 답하는 다양한 기법들을 갖고 있지만 이 모든 정보를 통합하는 능력에는 여전히 빈틈이 많다. 울프럼 알파의 강점은 "금 1제곱피트의 무게는?", "콜카타에서 미시시피 빌록시까지의 거리는?", "모서리가 2.3미터인 20면체의 부피는?"과 같은 수학적 질문이다(각 질문에 대한 답은 '547킬로그램', '8,781마일', '26.5세제곱미터'다).

하지만 울프럼알파는 너무나 쉽게 한계에 이른다.[18] "샌디에이고에서 멕시코 국경까지의 거리는?"이라고 물을 경우 "1,144마일"이라는 답을 얻게 되는데 이는 완전히 틀린 답이다. 울프럼알파는 '국경'이라는 말을 완전히 무시하고 샌디에이고에서 지리적으로 멕시코의 중심이 되는 곳까지의 거리를 답으로 내놓는다. "모서리가 2.3미터인"이라는 말을 "2.3미터 길이의 모서리를 가진"이라고 약간만 바꾸어도 울프럼알파는 그 질문이 부피에 대한 것임을 인식하지 못한다. 20면체의 모서리는 30개, 꼭짓점은 12개, 면은 20개라는 일반적인 정보만을 얻을 수 있을 뿐이다. 울프럼알파는 엘라 피츠제럴드가 언제 태어나서 언제 죽었는지를 말해줄 수 있지만 당신이 "엘라 피츠제럴드는 1960년에 살아 있었나?"라고 물으면 그 질문을 "엘라 피츠제럴드는 살아 있는가?"로 잘못 해석해서 "아니요."라고 답한다.

그럼 왓슨은 뭐란 말인가? 왓슨은 〈제퍼디!〉에서 정답을 잘 찾아내 두 명의 인간 챔피언을 물리쳤다. 하지만 불행히도 왓슨은 보이는 것만큼

그림 17 울프럼알파에게 "샌디에이고에서 멕시코 국경까지의 거리는?"이라고 묻자
　　　　일어난 착오

강력하지 못하다. 〈제퍼디!〉에서 나온 답의 거의 95퍼센트는 위키피디아 페이지의 표제인 것으로 밝혀졌다.[19] 그런 유형의 '지적 정보 검색기'와 진정으로 '생각하고 사유하는 시스템' 사이에는 큰 거리가 있다. IBM이 왜 아직 왓슨을 믿음직한 AI 비서로 전환하지 못했겠는가. 최근 IBM 웹페이지에서 찾아봤을 때 우리가 발견한 것은 제한적으로 시뮬레이션된 자동차에만 초점을 맞춘 왓슨 어시스턴트Watson Assistant의 구형 시제품뿐이었다.[20] 그 시제품은 애플, 구글, 마이크로소프트, 아마존의 더욱 다재다능한 상품들과는 견주기 어려운 수준에 머물러 있었다.

시리나 알렉사 같은 AI 비서들의 유용성이 커지고 있다는 점은 확실하지만 아직 갈 길이 멀다. 그보다 중요한 사실은 구글 서치가 잘 보여주듯이 정보에 대한 통합이 거의 이루어지고 있지 않다는 점이다. 우리가 아는 한, 다중 정보로부터(혹은 여러 문장으로 이루어진 단일 정보로부터) 유연한 방식으로, 즉 당신이 알만조와 엘라 피츠제럴드에 대해 읽을 때 했던 방식으로 정보를 취합하려는 시도는 극히 적었다.

사실 현재의 어떤 AI 시스템도 그런 상황에서 인간이 하는 일, 즉 일련의 문장들을 통합하고 다뤄진 내용과 그렇지 않은 내용 모두를 재구성하는 일을 복제하지 못한다. 당신이 우리가 하는 말을 알아듣고 있다면 당신은 기계가 아닌 인간이다. 언젠가는 알렉사에게 대통령에 대한 〈월스트리트저널〉과 〈워싱턴포스트〉의 보도를 비교해달라고 부탁할 수 있게 될지도 모르겠다. 하지만 지금으로서는 그런 일은 환상에 불과하다. 알렉사에게는 오늘의 날씨나 물어보는 것이 좋다.

지금 우리 앞에 놓인 존재는 무엇인가? 유용할 때도 있지만 결코 완전히 신뢰할 수 없는, 그 어떤 것도 우리 인간이 책을 읽을 때마다 하는 일을 할 수 없는 잡다한 AI 비서들뿐이다. AI의 역사가 60년이 됐지만 기능적인 면에서 컴퓨터는 여전히 문맹 상태다.

추론하지 못하는 구글 번역의 한계

이러한 문맹을 과연 딥러닝이 해결해줄까? 안타깝지만 그렇지 않을 것이다. 그와 긴밀하게 연관된 '종단종'end-to-end 학습 트렌드도 마찬가지다. 종단종 학습은 중간에 어떤 하위 시스템도 없이 입력을 바로 출력으로 전환하도록 AI를 훈련시킨다. 예를 들어 전통적인 접근법에서는 운전을 의식, 예측, 의사결정이라는 하위 시스템으로 나누는 반면(아마도 딥러닝을 그런 하위 시스템의 일부 요소로 이용할 것이다), 종단종 시스템은 다른 대상들이 어디에 있고 그들이 어떻게 움직이고, 다른 운전자들이 어떤 일을 할 것이고 등을 판단하는 중간 하위 시스템을 생략하는 대신 인풋으로 카메라 이미지를 받아들이고 아웃풋으로 액셀과 핸들을 조종하는 자동차 운전 시스템을 만든다.

이것이 작동한다면 효과가 크면서 구현도 간단해질 것이다. 대개 종단종 시스템은 인간의 노동력이 비교적 적게 필요하며 어떤 경우에는 이용 가능한 최고의 해법이 된다. 구글 번역에 대한 《뉴욕타임스 매거진》의 기사를 통해 분명해졌듯이, 종단종 딥러닝 시스템은 기계 번역의 최신 기술을 크게 개선하면서 이전의 접근법들을 대체했다.[21] 예를 들어 프랑스어를 영어로 번역하는 프로그램을 만들고자 한다고 가정해보자. 현재는 법률에 따라 두 가지 언어로 출판되어야 하는 캐나다 의회 의사록처럼(캐나다는 영어와 프랑스어를 공용어로 쓴다. —옮긴이) 프랑스어와 영어 버전 모두가 존재하는 문서의 말뭉치, 소위 바이텍스트를 엄청나게 수집하는 일부터 시작한다. 구글 번역은 그런 식의 데이터들로부터 영어 단어 및 문장들과 그에 상응하는 프랑스어 단어 및 문장들 사이의 관련성을 자동적으로 학습할 수 있다. 프랑스어나 영어, 또는 프랑스어 문법의 복잡성에 대한 사전 지식이 전혀 없는 상태에서 말이다. 우리 같은 회의론자들까지 놀라게 만들 정도다.

문제는 이것이 어디에나 적용되는 만능이 아니라는 데 있다. 기계 번역은 보통 종단종 방법에 잘 어울리는 것으로 밝혀졌다. 이는 많은 양의 관련성 높은 데이터를 쉽게 이용할 수 있기 때문이기도 하고 영어 단어와 프랑스어 단어 사이에 거의 명백하다고 할 수 있는 유사성이 존재하기 때문이기도 하다. 하지만 언어 이해의 다른 많은 측면에서는 적합도가 훨씬 떨어진다.

질문에 답하는 일은 제약이 없고 훨씬 더 개방적이다. 문제의 정답이 되는 단어들과 본문의 단어들 사이에 확연한 관계가 없을 수도 있기 때문이다. 프랑스어–영어 의회 의사록에 견줄 만한 규모의 질문/답 데이터베이스도 존재하지 않는다. 설사 데이터베이스가 있다 해도 질문/답의 세계는 너무도 넓어서 어떤 데이터베이스든 모든 가능성에 비하면 아주 작은 표본에 불과할 것이다. 앞서 설명했듯이 이는 딥러닝에 심각한 문제를 제기한다. 딥러닝 시스템이 훈련 세트에서 벗어날수록 문제는 심각해진다.

사실대로 말하자면 기계 번역에서조차 종단종 접근법은 한계가 있다. 종단종 접근법이 요점을 잘 파악한다 하더라도 번역은 단어와 문장을 일치시키는 것만으로는 충분치 않기 때문이다. 심층적인 이해가 기반이 되어야 적절한 번역이 가능한 경우라면 이 시스템은 번역에 실패하고 만다. 구글 번역에 "Je mange un avocat pour le déjeuner."라는 프랑스어 문장을 입력하면 "나는 점심 식사로 변호사를 먹는다."라는 번역을 얻게 된다.[22] 이 문장의 본래 의미는 "나는 점심 식사로 아보카도를 먹는다."이다. 'avocat'이라는 프랑스어 단어에는 '아보카도'와 '변호사'라는 두 가지 뜻이 있다. 사람들은 아보카도보다는 변호사에 대한 이야기를 훨씬 더 많이 하므로(캐나다 의회 의사록에서는 특히 더 그럴 것이다) 구글 번역은 의미보다는 통계를 앞세워 더 자주 사용되는 의미를 받아들인다. 인지과학자인 더글러스 호프스태터Douglas Hofstadter는 《디 애틀랜틱》에 실린 훌륭한 기사를 통해 구글 번역의 한계를 설명했다.

> 우리 인간은 부부, 집, 개인 소지품, 긍지, 경쟁, 질투, 사생활을 비롯해 결혼한 부부가 '그녀의 것', '그의 것'이라고 수놓인 수건을 갖고 있는 것과 같은 기이한 일에 이르기까지 다양한 무형적인 것들에 대한 지식을 갖고 있다.[23] 구글 번역은 그런 상황에 익숙하지 않다. 오로지 글자로 이루어진 단어들의 문자열에만 친숙하다. 구글 번역은 조각 글을 초고속으로 처리하는 데 능수능란할 뿐 생각하거나, 상상하거나, 기억하거나, 이해하는 일은 전혀 못 한다. 심지어 단어들이 대상을 상징한다는 것조차 알지 못한다.

인풋과 아웃풋으로 설명할 수 없는 언어의 미묘함

지금까지 이루어진 모든 인류의 진보를 기록한 세상의 지식 대부분은 기계가 근본적으로 접근할 수 없는 형태(디지털이든 온라인이든)로 남아 있다. 기계가 이해하지 못하는 형식으로 되어 있기 때문이다. 예를 들어

전자 건강 기록에는 표에 맞아떨어지지 않는 의사들의 메모, 이메일, 뉴스 기사, 워드 프로세스 문서 등 소위 비정형적인 글unstructured text들이 가득하다. 진정한 기계 독해 시스템이라면 혈액 검사와 입원 기록에서 포착된 중요한 정보들에 대한 의사의 메모를 샅샅이 뒤질 수 있어야 한다. 하지만 현재 AI의 능력은 거기에 훨씬 못 미치기 때문에 의사들의 메모 대부분은 전혀 정보로 쓰이지 못한다. 이미지를 보고 건강한 조직에서 종양을 가려낼 수 있는 방사선학용 AI 도구에 대한 탐색이 시작되고 있지만, 아직 우리에게는 진짜 방사선 전문의가 하는 또 다른 일, 즉 환자의 이력과 이미지를 연결하는 일을 자동화할 방법이 없다.

지금으로서는 비정형적인 글을 이해하는 능력이 부족하다는 점이 넓은 범위에 걸쳐 AI를 상업적으로 이용하는 데 심각한 장애물이 되고 있다. 우리는 아직 법률 계약서, 과학 논문, 재무 보고서를 읽는 과정을 자동화할 수 없다. 이런 것들에는 AI가 아직 파악하지 못하는 종류의 글이 포함되어 있기 때문이다. 물론 기존의 도구들이 어렵게 생각하는 글에서도 몇몇 기본적 정보를 자동적으로 뽑아낼 수 있긴 하다. 그러나 내용의 대부분은 놓치게 된다. 훨씬 향상된 품질의 텍스트 매칭과 링크 집계 버전이라면 조금은 도움이 되겠지만 그들도 진정으로 글을 읽고 이해할 수 있는 프로그램까지 우리를 이끌어주지는 못한다.

물론 음성 언어의 이해('대화 이해'라고도 함)에서도 상황은 크게 다르지 않다. 말을 의료 기록으로 전환하는(그래서 의사들이 컴퓨터보다는 환자와 더 많은 시간을 보낼 수 있게 하는) 컴퓨터화된 의사 보조 기계의 경우라면 문제는 더 심각해진다. 헬스케어 기술 기업 스크라이브링크ScribeLink

CEO인 비크 모하리어Vik Moharir 박사가 우리에게 보내준 이 간단한 대화에 대해 생각해보자.

> 의사: 몸을 많이 움직였을 때 가슴에 통증이 있습니까?
>
> 환자: (가슴을 가리키며) 지난주에 잔디를 깎고 있는데 코끼리가 제 위에 올라앉은 듯한 느낌을 받았어요.

사람은 의사의 질문에 대한 환자의 답이 '그렇다'는 의미임을 명확하게 인식한다. 우리는 잔디를 깎는 것이 몸을 많이 움직이는 일의 범주에 들어가고, 코끼리가 상당히 무거우며, 무거운 물건에 짓눌리면 고통스럽다는 지식에 근거해 환자가 심한 통증을 경험했다고 추론한다. 또한 우리는 실제 코끼리가 가할 피해의 양을 고려해 자동적으로 '느낌'이라는 단어가 문자 그대로가 아니라 비유적으로 사용되고 있다는 것을 유추한다. 하지만 기계는 이전에 코끼리에 대한 구체적인 이야기를 많이 학습하지 않은 한, 이 이야기를 그저 대형 포유류와 잔디에 대한 횡설수설로 받아들인다.

우리는 어떻게 이런 난처한 처지에 빠지게 됐을까?

딥러닝은 이미지, 소리, 라벨 사이의 관계와 같은 상관관계를 학습하는 데 대단히 뛰어나다. 하지만 어떤 대상(문장)이 부분(단어나 구)과 관련되는 방법을 이해하는 문제에서는 애를 먹는다. 왜일까? 딥러닝은 언어학자들이 '합성성'compositionality이라고 부르는 것을 갖추고 있지 않다. 부분의 의미를 통해 복잡한 문장의 의미를 구성하는 방식을 알지 못하는 것이다. 예를 들어 '달은 지구로부터 38만 6,000킬로미터 떨어져 있다'는 문장에서 달이라는 단어는 하나의 특정한 천체를, 지구는 또 다른 천체를, 킬로미터는 거리의 단위를, 38만은 숫자를 의미한다. 이후 구와 문장이 합성적으로 작동하는 방식에 근거해서 38만 6,000킬로미터는 특정한 길이를, '달은 지구로부터 38만 6,000킬로미터 떨어져 있다'는 문장은 두 천체 사이의 거리가 특정한 길이임을 뜻한다.

놀랍게도 딥러닝은 합성성을 다루는 직접적인 방법을 가지고 있지 않다. 딥러닝에는 피처feature라고 알려진 고립된 정보의 조각들만 많이 있을 뿐 구조는 전혀 없다. 딥러닝은 개가 꼬리와 다리를 가지고 있다는 것을 학습할 수 있지만 그것들이 개의 생애 주기와 어떤 연관이 있는지는 알지 못한다. 딥러닝은 개가 머리, 꼬리, 네 개의 다리로 이루어진 동물이라는 것을 인식하지 못한다. 머리가 무엇인지는커녕 동물이 무엇인지, 개구리와 개와 사람의 경우 각각 머리라는 개념이 어떻게 달라지는지, 각각의 머리가 세부적으로는 다르지만 신체에 대한 공통적인 관련성이 있음을 알지 못한다. 딥러닝은 '달은 지구로부터 38만 6,000킬로미터 떨어져 있다'는 문장에 두 개의 천체와 길이를 의미하는 구가 포함되어 있다는 것도 모른다.

또 다른 예를 들어 보자. 구글 번역에 "우리가 전화를 걸어 전화기를 고쳐 달라고 했던 전기 기사는 일요일에도 일한다."의 프랑스어 번역을 맡기면 'L'électricien que nous avons appelé pour réparer le téléphone fonctionne le dimanche'라는 답이 나온다.[24] 당신이 프랑스어를 안다면 이 번역이 틀렸다는 사실을 알 것이다. 특히 '일하다'work라는 단어는 프랑스어로 '노동을 하다'라는 뜻의 'travaille'와 '적절히 기능하다'라는 뜻의 'fonctionne'의 두 가지 번역을 갖고 있다. 구글 번역은 인간처럼 '일요일에 일한다'의 주체가 맥락상 전기 기사를 가리키며 당신이 어떤 사람에 대해서 일을 한다고 말할 때는 반드시 'travaille'라는 동사를 사용해야 한다는 것을 파악하지 못한 채 'travaille'가 아닌 'fonctionne'이라는 번역어를 사용했던 것이다. 문법적 측면에서 '일하다'라는 동사의 주체는 '전화'가 아닌 '전기 기사'다. 전체로서 문장의 의미는 부분이 종합되는 방식의 함수이며 구글 번역은 아직 그 단계까지 이르지 못했다. 여러 방면에서 구글이 이룬 눈부신 성공 때문에 우리는 그 시스템이 실제보다 많은 것을 이해한다고 생각한다. 하지만 사실 구글의 번역은 전혀 심층적이라고 할 수 없다(또 한 번 착각적 진보 격차를 분명히 보여준다).

오해를 불러일으키지 않기 위해 부연 설명을 하자면, 우리가 처음 프랑스어 번역을 테스트한 시기는 2018년 8월이었다. 그리고 우리가 이 책의 원고를 편집하던 2019년 3월, 구글 번역은 이 특정 사례를 수정했다. 그러나 이는 빈약한 해결책이었다. 문장 끝의 마침표를 빼거나, 문장을 괄호 안에 넣거나, 문장을 다르게 바꾸면(우리가 전화를 걸어 전화기를 고쳐 달라고 했던 기술자는 일요일에도 일한다) 구글 번역은 이전처럼 'travaille'가 아니라 'fonctionne'을 사용하는 실수를 되풀이했다. 훈련 데이터 세트 구성의 변화 때문에 시스템의 행동은 자주 바뀌고 날마다 달라진다. 따라서 어떤 특정한 문장이 어느 날에 효과적이라고 해서 다음 날에도 똑같이 효과가 있으리라는 보장은 없다. 알고리즘의 기본 성

격이 동일하게 유지되는 한, 우리가 설명한 일반적인 문제는 계속 일어
날 것이다.

지금의 AI가 인간처럼 읽지 못하는 이유

———

이런 딥러닝의 번역 한계와 관련이 있으며 그에 못지않게 중요한 문제
가 또 있다. 딥러닝은 우리가 제3장에서 이미 보았던 것처럼 배경 지식
을 통합할 방법을 갖고 있지 않다. 당신이 시스템에 이미지와 라벨을 연
관 짓는 것을 학습시키고 있다면 어떤 방법으로 학습을 시키든 문제가
되지 않는다. 효과만 있으면 시스템 내부의 세부 사항은 아무도 신경 쓰
지 않는다. 해당 이미지에 대한 적절한 라벨을 얻기만 하면 되기 때문이
다. 대체로 과제 자체는 당신이 알고 있는 다른 대부분의 일과는 비교적
관련이 없다.

하지만 언어는 그와 많이 다르다. 우리는 문장을 접할 때마다 거의 언
제나 폭넓은 배경 지식이 우리가 읽은 것과 어떻게 연관되는지를 추론
해야 한다. 딥러닝은 문장 이해의 맥락에서 지식을 통해 추론하는 능력
은커녕 그런 지식을 직접적으로 보여줄 방법조차 갖고 있지 못하다.

마지막으로 딥러닝은 인풋에서 라벨(고양이 그림에서 고양이라는 라벨
로)로 고정적으로 움직이지만 독해는 '역동적인' 과정이다. 당신이 'Je
mange une pomme'로 시작하는 문장을 '나는 사과 하나를 먹습니다'
로 번역한 통계를 이용하는 경우, 이전의 바이텍스트를 통해 'je'가 '나'

에 대응됐고 'mange'가 '먹다'에, 'une'가 '하나'에, 'pomme'가 '사과'에 대응됐다는 사실을 인식한다면 두 문장이 의미하는 바는 알 필요가 없다.

대개의 경우 기계 번역 프로그램은 전체 단락의 의미는 이해하지 못한 채 한 번에 하나의 문장씩을 바꾸어 나가면서 유용한 것을 만들어낸다. 그러나 인간인 당신이 어떤 이야기나 에세이를 읽을 때는 이와 완전히 다른 일을 한다. 당신의 목표는 '통계적으로 그럴듯한 쌍의 조합'을 만들어내는 것이 아니라 '작가가 당신과 공유하려는 세상을 재구성하는' 것이다. 알만조의 이야기를 읽었을 때 당신은 무엇보다 먼저 그 이야기에 세 명의 중심 인물(알만조, 그의 아버지, 톰슨 씨)이 있다는 판단을 내릴 것이다. 이후 당신은 이 인물들에 대한 세부 사항들을 채워 가기 시작한다(알만조는 소년이고 그의 아버지는 성인이고 등). 일어난 사건들에 대한 판단도 시작할 것이다(알만조는 지갑을 발견했고 알만조는 톰슨 씨에게 지갑이 그의 것인지 물었고 등). 당신은 방 안에 걸어 들어갈 때, 영화를 볼 때, 이야기를 읽을 때마다 (거의 무의식적으로) 비슷한 일을 한다. 당신은 어떤 실체가 거기에 있는지, 서로의 관계가 어떤지 등을 판단한다.

어떤 글을 읽을 때 당신이 하는 일은 인지심리학에서 사용하는 표현을 빌리자면 그 글이 전하는 말의 의미에 대한 인지 모델cognitive model을 구축하는 것이다.[25] 이 일은 대니얼 카너먼Daniel Kahneman과 작고한 앤 트라이즈먼Anne Treisman이 목적 파일object file이라고 불렀던 것(개별 객체와 그 특징의 기록)을 편집하는 일만큼 간단할 수도 있고 복잡한 시나리오를 완벽하게 이해하는 일만큼 복잡할 수도 있다.[26]

《소년 농부》의 단락을 읽을 때, 당신은 두뇌 안에서 이야기 속 모든 사람과 물건과 사건, 그리고 그들 사이의 관계에 대한 심적 표상mental representation을 구축하게 된다. 《소년 농부》에서는 알만조, 지갑, 톰슨 씨, 알만조가 톰슨 씨에게 이야기한 일, 톰슨 씨가 소리를 지르며 주머니를 더듬던 일, 톰슨 씨가 알만조로부터 지갑을 잡아채던 일 등 모두를 말이다. 이 서사로 어떤 일을 하든, 즉 내용을 가지고 질문을 하든, 러시아어로 번역을 하든, 요약을 하든, 패러디를 하든, 삽화를 그리든, 나중까지 기억하든 그 모든 일은 글을 읽고 인지 모델을 구축한 후에야 가능하다.

ANI의 전형인 구글 번역에는 인지 모델을 구축하고 이용하는 과정 자체가 없다. 구글 번역은 추론을 하거나 추적할 필요가 전혀 없다. 꽤나 잘하는 일이 있기는 하지만 구글 번역이 다루는 것은 진짜 독해가 의미하는 바의 아주 작은 일부일 뿐이다. 구글 번역은 이야기의 인지 모델을 구축하지 않는다. 할 수가 없기 때문이다. 딥러닝 시스템에게는 "톰슨 씨가 지갑이 있는지 더듬어 보고 지갑이 있을 거라고 생각한 곳이 불룩했다면 어떤 일이 생겼을까?"라는 질문을 할 수가 없다. 그것은 패러다임의 일부가 아니기 때문이다.

통계는 실제적 이해의 대체물이 아니다. 문제의 핵심은 단지 여기저기에서 무작위적으로 오류가 나타난다는 점이 아니다. 번역에 요구되는 유형의 통계적 분석, 그리고 시스템이 읽은 것을 실제로 이해하기 위해 필요한 인지 모델의 구축 사이에 근본적인 '부조화'가 존재한다는 점이다.

인간의 '상식'을 기계에게 이해시키는 일

———

딥러닝에게 '아니다'라는 단어를 이해시키기란 놀랄 만큼 어렵다. "맥도날드가 아닌 가까운 패스트푸드 판매점은?"이라는 질문에 오답을 내놓은 시리를 기억하는가? 이 질문을 한 사람은 "엘름가 321번지에 위치한 버거킹, 메인가 57번지에 위치한 웬디스, 스프링가 523번지에 위치한 IHOP."와 같은 답을 원했을 것이다. 하지만 웬디스나 버거킹, IHOP는 '아니다'라는 단어와 특별한 연관이 없다. 사람들이 웬디스나 버거킹, IHOP를 언급하면서 '맥도날드가 아닌'이라는 말을 사용하는 경우가 거의 없기 때문이다. 따라서 왕과 왕비를 연관시키는 방식의 이런 맹목적인 통계는 도움이 되지 않는다. 물론 단순히 레스토랑을 찾는 식의 특정한 문제를 해결하는 통계적 요령을 생각해낼 수도 있을 것이다. 하지만 '아니다'가 사용될 수 있는 모든 방식 전체에 대한 취급법은 기존 AI 접근법의 범위를 한참 넘어선다.

이 분야에 정말로 필요한 것은 전통적인 연산 운용의 토대다. 즉, 목록(특정 지역의 패스트푸드 레스토랑)을 만든 뒤 또 다른 목록(여러 맥도날드 프랜차이즈 목록)에 속하는 요소들을 제외하는 식의, 데이터베이스와 클래식 AI가 만들어낸 종류의 이러한 토대가 필요하다.

하지만 딥러닝은 처음부터 이런 종류의 연산을 피하는 방식으로 만들어졌다. 컴퓨터 프로그램 안에는 목록들이 기본이고 아주 흔하며 50년 이상 존재해왔지만(최초의 주요 AI 프로그래밍 언어, LISP list processor는 문자 그대로 목록들을 중심으로 만들어졌다), 딥러닝 구조에는 목록이 전혀 포함되어 있지 않다. 따라서 딥러닝에게 '아니다'라는 단어에는 들어간 질문을 이해시키는 것은 원형 구멍에 사각 말뚝을 집어넣는 일과 마찬가지다.

다음으로 중의성ambiguity의 문제가 있다. 인간의 언어에는 중의성이 가득하다. 단어들은 여러 개의 의미를 가진다. '차다'라는 단어는 가득하다는 뜻도 되고 차갑다는 뜻도 된다. '말'이라는 단어에는 음성 기호라는 의미도 있고 말과의 포유류라는 의미도 있다(동음이의어의 예로 독자의 쉬운 이해를 돕기 위해 일부 한국어 표현을 차용했다.—옮긴이). 이런 것들은 비교적 명확하다. 사전에서 '사이' 혹은 '먹다'라는 단어를 찾으면 그 여러 의미들이 길게 설명된 것을 볼 수 있다. 실제로 아주 전문적인 단어를 제외하고 대부분의 단어들은 이처럼 여러 의미를 가진다. 구의 문법적 구조도 중의적일 때가 많다. '낚시를 할 수 있다'라는 문장은 어떤 사람이 낚시하는 법을 안다는 뜻인가 아니면 낚시를 해도 좋다는 뜻인가? 대명사와 같은 단어는 중의성을 더한다. '샘은 해리를 들어 올릴 수 없었다. 그가 너무 무거웠기 때문이다'에서 원칙적으로 그는 샘일 수도 해리일 수도 있다.

우리 인간 독자들의 놀라운 점은 열에 아홉은 이런 중의성의 문제를 의식조차 하지 않은 채 해결한다는 것이다. 우리는 중의성을 띤 글과 만나도 혼란을 일으키지 않고 스스로 알아채지도 못한 상태에서 재빨리 적절한 의미를 해석해낸다(물론 모든 중의성이 추가적인 정보 없이 해결되지는 않는다. 누군가 방에 들어와서 "있잖아, 나 방금 차고에서 배를 봤어."라고 말한다면 당신은 상대가 이동 수단을 이야기하는지 먹는 과일을 가리키는지 알 수가 없다. 배경을 좀 더 알기까지는 할 수 있는 일이 없다. 이런 경우라면 AI에게도 '마음을 읽으라'고 요구할 수 없다).

당신이 '이모는 엘시에게 귀가 얇다고 잔소리를 하려 전화했지만 그녀는 받지 않았다'라는 문장을 들었다고 가정해보자(원문은 'Elsie tried to reach her aunt on the phone, but she didn't answer'이다. 중의성의 예를 설명하기 위해 원문의 뜻을 따르지 않고 일부 한국어 표현으로 대체했다.—옮긴이). 이 문장은 논리적 중의성을 갖고 있지만 그 의미에 대한 혼란은 없다. 당신이라면 '귀가 얇다'가 물리적으로 귀의 두께를 의미하는 건지 남의 말을 쉽게 받아들인다는 의미인지, '그녀는 받지 않았다'는 구절에서 '그녀'가 엘시를 뜻하는지 아닌지를 의식적으로 고민하지 않는다. 당신은 바로 정확한 해석을 할 수 있다.

이제 기계에게 이런 일을 시킨다고 생각해보자. 간단한 통계가 도움이 되기도 한다. '원수'라는 단어는 '으뜸가는 권력을 지니면서 나라를 다스리는 사람'이라는 뜻보다는 '원한이 맺힐 정도로 자기에게 해를 끼친 사람'이라는 뜻을 가질 때가 많다. '손을 본다'라는 말은 실제로 '손을 눈으로 본다'보다는 '수리를 한다'나 '혼을 내야겠다'는 뜻으로 사용될 때가 많다. '넓다'라는 동사에 어떤 사람과 '발'이라는 단어가 따라오면 이는 '교제의 범위가 넓다'는 의미일 것이다.

하지만 대부분의 경우 통계로는 정답에 이르지 못한다. 무슨 일이 일어나고 있는지 실제적으로 이해하지 않고서는 주어진 중의성을 해결할 방법이 없을 때가 많다. '이모는 엘시에게 귀가 얇다고 잔소리를 하려 전화했지만 그녀는 받지 않았다'라는 문장에서, 중요한 것은 배경 지식,

그리고 그와 함께하는 추론이다(사실 이런 정보들을 종합하려면 두 종류의 배경 지식이 필요하다. 첫째, 전화 통화가 어떻게 이루어지는지 알아야 한다. 한 사람이 전화 통화를 시도했을 때 상대는 전화를 받을 수도 있고 받지 않을 수도 있다. 소통이 성공적이려면 상대가 반드시 전화를 받아야 한다. 둘째, 옥스퍼드대학교의 철학과 교수, H. P. 그라이스H. P. Grice와 관련된 규칙을 사용해야 한다. 사람이 어떤 것을 말하거나 적을 때, 그 사람은 낡은 정보가 아닌 새로운 정보를 주려고 노력한다는 규칙 말이다. 이 경우, 문장에서 이모가 전화를 했다는 것이 이미 드러나기 때문에 전화를 받지 않은 사람이 이모가 아니라는 점은 굳이 밝힐 필요가 없다. 전화를 건 사람은 전화를 받는 사람일 리가 없다. 유용한 정보는 엘시가 전화를 받지 않았다는 것이다). 독자는 배경 지식을 통해 전화를 받지 않은 사람은 이모일 리가 없다고 확신한다. 논리적으로 전화를 받지 않은 사람은 엘시가 분명하다. 이런 종류의 추론은 학교에서 배우는 것이 아니라 본능적으로 아는 것이다. 처음부터 세상을 해석하는 방법에 자연스럽게 따라오는 능력이다. 딥러닝은 이런 종류의 문제에는 손도 대지 못하고 있다.

세상을 모르고 언어를 알 수는 없다

안타깝게도 지금까지는 그다지 효과적인 다른 방법이 없다. 딥러닝이 인기를 얻기 훨씬 전부터 흔했던 종류의 클래식 AI 기법들은 합성성에 있어서는 훨씬 낮고 인지 모델 구축에 유용한 도구이기는 하지만 데이터를 통한 학습에서는 딥러닝보다 크게 나을 것이 없었다. 또한 언어는 너무 복잡해서 필요한 모든 것을 손으로 일일이 코딩할 수가 없다. 클래식 AI 시스템은 종종 원형을 사용한다. 예를 들어 '장소 1은 장소 2로부터 얼마만큼 떨어져 있다'라는 원형은 '달은 지구로부터 38만 6,000킬로미터 떨어져 있다'라는 문장에 대응되며 이것이 두 장소 간의 거리를 명시하는 문장임을 알아보는 데 이용된다. 그러나 원형을 하나하나 코딩해야 하고 이전의 문장과 다른 새로운 문장('달은 지구로부터 약 38만 킬로미터 떨어진 곳에 있다'나 '달은 38만 킬로미터 거리에서 지구 주위를 돈다' 등)을 입력하는 순간, 시스템은 오류를 일으키기 시작한다. 원형 그 자체는 언어에 대한 지식과 세상에 대한 지식을 통합해 중의성 문제를 해결하는 데 거의 도움이 되지 않는다.

자연어 이해 분야는 지금껏 두 마리 토끼를 잡으려다 한 마리도 잡지 못한 셈이다. 한 마리 토끼인 딥러닝은 학습에는 뛰어나지만 합성성과 인지 모델 구축에서는 형편없고, 다른 한 마리 토끼인 클래식 AI는 합성성과 인지 모델 구축을 통합하지만 학습에서는 좋게 말해도 그저 그런 정도다.

그리고 이 둘 모두가 우리가 이 장 내내 강조해온 중요한 부분, 즉 '상식'을 놓치고 있다.

세상이 어떻게 돌아가는지에 대해서, 사람과 장소와 대상에 대해서, 그들이 상호작용을 하는 방식에 대해서 많은 것을 알지 못하는 한, 복잡한 글에 대한 믿을 만한 인지 모델을 구축할 수 없다. 상식이 없으면 아무리 많은 글을 읽어도 이해할 수가 없다. 컴퓨터가 글을 읽지 못하는 진짜 이유는 그 시스템들에게는 세상이 어떻게 돌아가는지에 대한 기본적인 이해조차 없기 때문이다.

불행히도 상식을 쌓는 것은 생각보다 훨씬 더 어려운 일이다. 앞으로 보게 되겠지만 기계가 상식을 쌓아야 하는 필요성은 대개 보편적이고 전반적인 이유에서 비롯된다. 그리고 그 필요성은 언어 영역에 있어서도 긴급한 문제지만 로봇공학 영역에 있어서는 더욱 시급하고 중요한 문제로 작용한다.

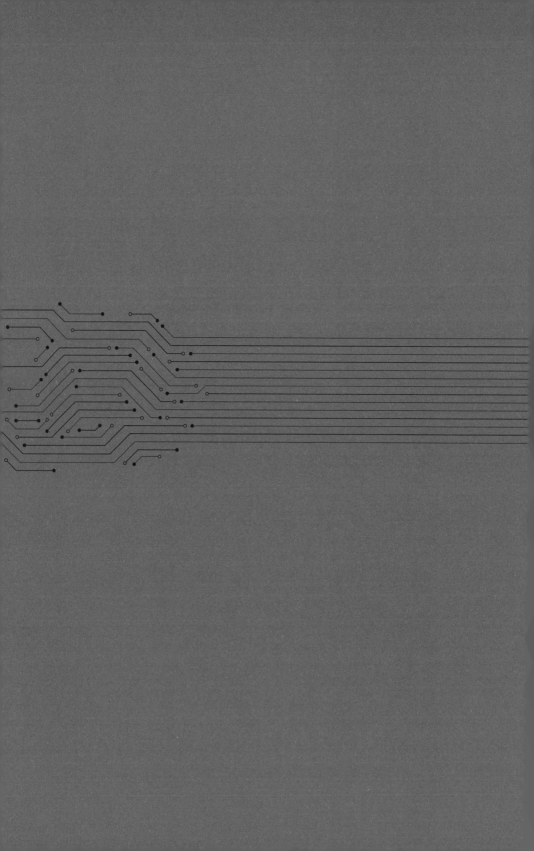

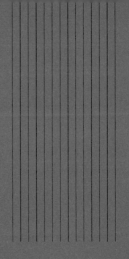

제 5 장

로봇은
정말 '다 알아서'
해줄까?

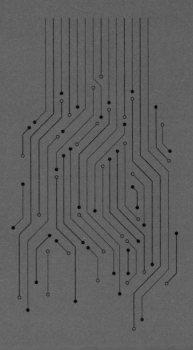

10년 후에는 로섬의 유니버설 로봇Universal Robot들이 밀, 옷감, 모든 것의 대부분을 만들게 될 것이고, 그 모든 일에 한 푼도 들지 않을 것이다.

_ **카렐 차페크**Karel Čapek, **1920년 희곡 《R. U. R.》에서 '로봇'이라는 단어를 처음 만들어 사용한 사람**

우리 환경에 정말로 잘 맞고, 유용하며, 신뢰할 수 있고, 자율적인 학습과 상호작용이 가능한 로봇을 가지는 일에 있어서라면 우리는 아직 유아기에 머물러 있다.

_ **마누엘라 벨로소**Manuela Veloso, **카네기멜론대학교 컴퓨터공학 교수**

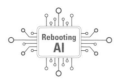

초지능 로봇들이 들고 일어나 우리를 공격할까 봐 걱정이 되는가? 그럴 필요가 없다. 로봇의 공격이 있을 때 당신이 할 수 있는 여섯 가지 일을 소개한다. 아직은 이 방법들이 유효하다.

- 문을 닫는다. 이왕이면 문을 잠근다. 현대의 로봇들은 문손잡이 때문에 대단히 애를 먹고 있다. 심지어는 문을 열려다가 넘어지기도 한다.[1] (공정성을 위해 밝혀두자면 우리는 특정한 조명 조건하에서 특정한 모양의 문고리를 여는 로봇의 시연 영상을 본 적이 있다.[2] 하지만 그 AI를 일반화할 수는 없다. 우리가 아는 한 다른 조명 조건은커녕 특정한 조건에서라도 모양과 크기가 다른 다양한 문고리를 여는 로봇을 보여주는 시연 영상이나 잠긴 문을 여는 로봇을 보여주는 시연 영상은 없다.)
- 그래도 걱정이 된다고? 그렇다면 검은 문에 검은색 문고리를

그림 18 문을 열려다가 넘어지는 로봇

달아라. 이로써 로봇이 문고리를 볼 가능성을 크게 낮출 수 있을 것이다.

- 기왕이면 앞문에 스쿨버스나 왜곡된 토스터의 대형 사진을 붙여둔다(제3장 참조). 혹은 귀여운 아기 사진이 담긴 티셔츠를 입는다. 로봇은 완전히 혼란에 빠져서 당신을 아기라고 생각하고 내버려둘 것이다.

- 그것도 먹히지 않는다면 위층으로 가면서 그 길에 못이나 바나나 껍질 같은 자취를 남긴다.[3] 아무것도 없는 평지 코스에서 주로 훈련받아온 현대의 로봇들은 갑자기 생긴 장애물을 통과하지 못한다.

- 계단을 올라왔다고 해도 로봇은 테이블 위로 뛰어오르는 훈련

을 특정해서 받지 않은 한 테이블 위로 올라오지 못한다. 당신은 아마 가능할 것이다. 따라서 테이블로 올라가거나 나무 위로 올라가서 119에 전화를 건다.

- 안심하라. 이제 119가 도착하거나 로봇의 배터리가 곧 떨어질 것이다. 현재 전원에서 분리되어 움직이는 로봇들의 배터리 수

그림 19 로봇의 공격을 저지하는 일은 어렵지 않다

명은 몇 시간에 불과하다. 내부의 컴퓨터가 엄청난 에너지를 소모하기 때문에 충전 사이의 시간이 길지 않다.

위의 이야기에 어느 정도 풍자가 섞여 있음을 인정한다. 언젠가는 로봇이 문을 부수고 테이블에 뛰어오를 수도 있다. 하지만 지금 우리가 알고 있는 로봇들은 쉽게 혼란에 빠진다. 적어도 가까운 미래까지는 스카이넷Skynet(영화 〈터미네이터〉에서 인류를 멸망시키려 하는 인공지능 슈퍼컴퓨터―옮긴이)을 두려워하거나 로봇들이 우리 일자리를 빼앗을까 봐 걱정할 필요가 없다.

오히려 우리가 가장 두려워해야 하는 것은 있음직하지 않은 일들에 대한 근거 없는 두려움 때문에 로봇 혁명이 무산되는 일이다.

인간의 일자리는 아직 안전하다

———

영화에서 로봇들은 종종 영웅이나 악한의 역할을 맡는다. R2-D2(영화 〈스타워즈〉에 등장하는 드로이드―옮긴이)는 인간을 곤경에서 구하기 위해 용감하게 나선다. 반면 터미네이터(영화 〈터미네이터〉에 등장하는 인간을 닮은 기계 병기―옮긴이)는 인간을 모두 없애기 위해 미래에서 현재로 온다. 영화 속의 로봇은 주인을 즐겁게 해주려고 하거나 그게 아니면 인간을 전멸시키려 한다. 그러나 실제 세계의 로봇들은 보통 '성격'이나 '욕망'을 갖고 있지 않다. 그들은 우리를 학살하거나 우리 땅을 차지할 계획이 없고 죽음의 성도들로부터 우리를 구할 수단을 갖고 있지도 않다. 로봇은 R2-D2처럼 계속해서 깜박이며 신호를 보내지도 않는다. 대개 로봇은 조립 라인 뒤에서 인간들이 결코 하고 싶어 하지 않는 지루한 일을 할 뿐이다.

로봇 회사들은 야심이 그리 크지 않다. 최근 우리와 이야기를 나눈 한 회사는 건물 토대를 파는 로봇을 만드는 데, 다른 한 회사는 사과를 따는 로봇을 만드는 데 집중하고 있다. 둘 다 좋은 사업 목표지만 우리가 어릴 적 꿈꾸었던 종류의 일은 아니다. 우리가 정말로 원하는 것은 1960년대 TV 만화 〈젯슨 가족〉에 등장하는 가정용 다목적 로봇 '로지'다. 로지는 식물, 고양이, 그릇, 아이들 등 집 안의 모든 일들을 책임지고 처리했다. 다시는 아무것도 씻고, 빨고, 닦을 필요가 없다니! 하지만 지금 우리는 돈이든 애정이든 뭘 주어도 로지나 그 비슷한 것을 살 수가 없다. 이 글을 쓰고 있는 지금, 아마존이 바퀴로 굴러다니는 버전의 알렉사를 내놓을 것이라는 소문이 돌기는 하지만 그것과 로지 사이에는 아직 먼 길이 남아 있다.

현재까지 가장 많이 팔린 로봇은 자율주행차나 C-3PO(영화 〈스타워즈〉에 나오는 드로이드 중 하나―옮긴이)의 원시 버전이 아닌 룸바다. 손도 발도 없고, 우리가 첫 장에서 언급했듯이 아주 작은 두뇌를 갖고 있으며 목표도 아주 소박한, 우리가 상상하는 로봇 로지와는 거리가 멀어도 한참 먼 커다란 하키 퍽 모양의 진공청소기 말이다.

애완동물 역할을 하는 가정용 로봇은 이미 시중에 있고 공항에서 주인의 뒤를 따라오는 '운전자가 없는' 여행 가방도 곧 출시될 것이다.[4, 5]

하지만 2025년 이전에 로봇이 요리를 하고, 청소를 하고, 아이의 기저귀를 갈 수 있게 될 가능성은 0퍼센트다. 공장과 창고 밖에서라면 로봇은 아직 진귀한 물건이다(패스트푸드점에서 감자를 튀기고 패티를 뒤집는 로봇은 전혀 다른 이야기다. 맥도날드 같은 대량생산을 하는 체인점의 경우, 내부 환경을 철저히 통제할 수 있고 인건비가 많이 들기 때문에 곧 자동화가 확대될 것이다).

그다지 인상적일 것도 없고 여전히 제약이 큰 룸바가 C-3PO나 로지처럼 포괄적인 편의를 제공하는 휴머노이드 가정부가 되려면 얼마나 더 기다려야 할까? 로봇이 우리 집 안 생활의 거의 모든 측면을 편안하게 만들어주고 노인이나 장애인들의 삶을 바꿔주고 매주 우리 모두의 노동 시간을 단축시키는 데 이르기까지는 어느 정도의 시간이 걸릴까?

우선 룸바는 완전히 다른 존재라는 것을 인식할 필요가 있다. 발명가 로드니 브룩스Rodney Brooks는 작은 두뇌를 가진 곤충들이 비행처럼 복잡한 일을 해내는 것에서 영감을 얻어 룸바가 그렇게 똑똑할 필요가 없다는 훌륭한 통찰을 내놓았다. 진공 청소는 일상적인 일이고 얼마 안 되는 지능만으로도 제법 잘(완벽하지는 않지만) 해낼 수 있는 일이다. 과제의 범위를 충분히 좁게 유지할 수만 있다면 작은 용량의 컴퓨터 하드웨어로도 유용한 일을 하는, 그래서 사람들이 기꺼이 지갑을 여는 로봇을 만들 수 있다.[6] 일반적인 모양의 방에서 먼지의 대부분을 빨아들이는 것이 목표라면 앞뒤로 움직이고, 원을 그리고, 가끔 무엇인가에 부딪쳤을 때 방향을 바꿀 수만 있으면 된다. 룸바는 똑같은 곳을 여러 차례 오가는 대단히 비효율적인 움직임을 종종 보이며 좁은 통로를 지나야만 닿을 수 있는 부분을 놓치는 때가 있기는 하지만, 대개는 맡은 바 일을 꽤나 잘 해낸다.

정말 큰 도전은 진공 청소를 넘어서 진공 포장된 병을 열거나, 물병 뚜껑을 돌려 열거나, 봉투를 열거나, 잡초를 뽑거나, 잔디를 깎거나, 선물을 포장하거나, 벽에 페인트를 칠하거나, 상을 차리는 등 우리 인간이 일상생활에서 처리하는 광범위하고 복잡한 물리적 과제를 수행할 수 있는 로봇을 만드는 것이다.

물론 그동안 상당한 진전이 있었다. 우리 친구인 로봇 기술자 마누엘라 벨로소는 카네기멜론대학교 복도를 안전하게 돌아다닐 수 있는 로봇을 만들었다.[7] 우리는 로봇들이 자신의 몸무게보다 무거운 것들을 들어올리는 시연 영상들을 보았다. 자율비행 항공기(자율 드론, 나는 로봇)는 이미 산길을 달리는 사람들을 추적하면서 그 과정에서 자동으로 나무를 피하는 등(스카이디오Skydio의 자율비행 카메라의 경우)과 같은 놀라운 일을 할 수 있다.

유튜브에 몇 시간만 투자하면 룸바보다 훨씬 강력해 보이는 수십 개의 로봇 시연 영상을 찾아볼 수 있다. 하지만 여기에서 핵심은 '시연'이라는 단어다. 황금 시간대에 TV 생방송에 출연할 준비가 된 로봇은 없다. 2016년 일론 머스크는 로봇 집사를 만드는 계획을 발표했지만 우리가 아는 한 그 목표 아래 이루어진 진전은 많지 않다.[8] 현재 상업적으로 구할 수 있는 로봇 중에 혁신적이라 부를 만한 것은 없다. 앞서 언급했던 스릴 넘치는(그리고 영상 작업을 하는 사람들에게는 엄청나게 유용할) 레저용 드론 정도가 혁신에 가깝긴 하겠지만 그 역시 로지에 비할 바는 못된다. 드론은 물건을 들어 올려 조작하고 계단을 오를 필요가 없다. 비행을 하고 사진을 찍는 것 외에는 해야 할 일이 없는 것이다. 머리가 없는 일종의 로봇 강아지인 스폿미니spotmini가 곧 출시될 예정이지만 가격이 얼마가 될지, 어디에 사용될지는 아직 미지수다.[9] 보스턴 다이내믹스Boston Dynamics의 아틀라스Atlas는 키 152센티미터에 몸무게 68킬로그램인 휴머노이드 로봇으로 뒤로 공중제비를 돌고 파쿠르parkour(안전장치 없이 도시와 자연환경 속에 존재하는 다양한 장애물들을 사이를 효율적으로 이동하는 개인 훈련 — 옮긴이)를 할 수 있다.[10] 그런데 아틀라스가 등장하는 파쿠르 영상을 웹에서 본 적이 있는가?[11] 그 영상은 아주 디테일하게 설계된 방 안에서 스물한 번에 걸쳐 촬영한 것이다. 아틀라스가 놀이터에서 아이들이 뛰노는 것처럼 움직일 수 있으리라고 기대해서는 안 된다.

그렇더라도 흥미로운 하드웨어가 많이 개발되고 있다는 점만은 사실이다. 보스턴 다이내믹스는 스폿미니와 아틀라스 외에 여러 가지 로봇을 갖고 있다. "세계에서 가장 빠른 네발 로봇"인 와일드캣WildCat은 한 시간에 약 32.2킬로미터를 달릴 수 있다.[12] "최초의 고급 산악 로봇"으로 키 91센티미터에 무게 108킬로그램인 빅도그BigDog는 시속 11킬로미터로 달리고, 35도 비탈길을 오르고, 돌 더미를 가로지르고, 질척한 산길을 지나고, 물과 눈을 헤치고 가며, 45킬로그램의 짐을 옮길 수 있다.[13] 뿐만 아니라 모든 자율주행차는 차의 겉모습을 가진 로봇이다(그런 점에서 앨빈Alvin과 같은 잠수정이나 화성 탐사차 마스 로버Mars Rover 역시 로봇이다). MIT의 김상배 교수와 같은 다른 연구자들도 인상적인 민첩

함을 보여주는 하드웨어를 연구하고 있다.[14] 이 모든 로봇은 집에 들이기에는 너무나 비싸다. 하지만 언젠가 가격이 내려가고 대부분의 집에 로봇이 자연스럽게 자리하게 되는 날이 올 것이다.

지금까지 로봇이 사용된 가장 중요한 사례는 2011년 쓰나미로 후쿠시마의 원자로가 파괴된 후, 원자로의 가동을 중단시키고 정화 작업을 시행한 일일 것이다. 아이로봇iRobot의 로봇들이 원자로로 들어가 내부의 상태를 알아내고 현장을 정화하고 보수했다.[15] 로봇들은 대부분 무선통신으로 연결돼 인간이 조종하는 대로 움직였지만 그들에게는 제한적이긴 하나 아주 중요한 AI 역량이 있었다. 지도를 만들고, 최적의 경로를 계획하고, 비탈길에서 넘어졌을 때 몸을 일으키고, 인간 조작원과 접속이 끊겼을 때 경로를 되짚어가는 능력을 갖추고 있었던 것이다.

진짜 문제는 소프트웨어다. 자율주행차는 혼자 운행을 할 수 있지만 안전하지 못하다. 스폿미니는 놀라운 묘기를 부릴 수 있지만 아직까지는 대부분이 원격 조종으로 이루어지고 이는 조이스틱을 가지고 있는 사람이 무대 밖에서 로봇에게 지시를 내려야 한다는 것을 의미한다. 로봇을 만드는 기계공학자, 전기공학자, 재료과학자들은 앞으로 할 일이 많다. 더 나은 배터리를 만들고, 가격 적정성을 향상시키고, 충분히 강하고 손재주가 좋은 몸체를 만들기 위해서는 갈 길이 멀다. 하지만 진짜 문제가 되는 병목 구간은 로봇이 자신이 해야 할 일을 '독자적'으로 '안전하게' 하는 부분이다.

거기에 이르기 위해서는 무엇이 필요할까?

가정용 로봇은 꿈의 영역일까

〈스타 트렉: 넥스트 제너레이션〉(우주선 엔터프라이즈호의 모험담을 담은 TV 시리즈 — 옮긴이)에서는 아주 간단한 답을 내놓는다. 데이터Data 소령이 가지고 있는 '양전자 두뇌'positronic brain만 있으면 된다고 말이다. 불행히도 우리는 그것이 정확히 무엇인지, 얼마나 효과가 있는지, 그것을 어디에서 주문해야 할지 알지 못한다.

지능을 가진 존재(로봇, 인간, 동물)로서 룸바보다 수준이 높기를 바란다면 몇 가지 갖추어야 할 것이 있다. 우선 지능이 있는 모든 존재는 다섯 가지 기본적인 일을 계산할 수 있어야 한다. 자신이 어디에 있는지, 주변 세상에서 어떤 일이 일어나는지, 당장 무슨 일을 해야 하는지, 계획을 어떻게 실행해야 하는지, 주어진 목표를 달성하기 위해서는 장기적으로 어떤 일을 해야 할지 계산해야 하는 것이다.

단일한 과제에 집중하는 수준이 낮은 로봇은 이런 계산을 할 줄 모른다. 룸바의 초기 모델은 자신이 어디에 있는지 전혀 몰랐고, 자신이 돌아다니는 영역의 지도를 추적하지 못했고, 계획을 세우지 못했다. 이 첫 모델은 자신이 움직이고 있는지, 최근에 어디에 부딪쳤는지 이상은 거의 알지 못했다(최근의 룸바 모델들은 지도를 만들어 보다 효율적으로 움직이고 무작위적인 탐색 과정에서 오염 부분을 놓치지 않으려 한다). 그다음으로 무슨 일을 해야 할 것인가의 문제는 제기된 적이 없다. 룸바의 유일한 목표는 청소다.

하지만 룸바의 이런 명쾌한 단순성에는 한계가 있다. 더 다양한 기능을 수행해야 하는 가정용 로봇이라면 일상생활에서 대단히 많은 선택과 마주하게 되며 따라서 의사결정이 좀 더 복잡해진다. 세상에 대한 훨씬 더 정교한 이해에 의존해 의사결정을 내려야 하는 것이다. 목표와 계획은 언제든 변할 수 있다. 주인이 식기세척기에서 그릇을 꺼내라고 지시했더라도 좋은 가정용 로봇이라면 무조건 그 일만 해서는 안 된다. 상황이 변하면 거기에 적응해야 한다.

유리 접시가 식기세척기 옆 바닥에 떨어져 있다면 로봇은 식기세척기로 가는 또 다른 길을 찾거나(단기 계획의 변화) 기왕이면 우선 깨진 접시를 치우고 그러는 동안 그릇 꺼내는 일은 보류해야 한다고 인식해야 한다. 가스레인지 위의 음식에 불이 붙었다면 로봇은 불을 끌 때까지 식기세척기에서 그릇 꺼내는 일을 미뤄야만 한다. 하지만 우리의 불쌍한 로봇청소기 룸바는 5급 허리케인이 들이닥친 와중에도 청소를 계속할 것이다. 우리는 로지에게 그보다 더 나은 것을 기대한다.

세상은 끊임없이 변화하기 때문에 목표, 계획, 환경과 관련한 질문에는 고정된 대답이 있을 수 없다. 수준이 높은 가정용 로봇은 끊임없이 재평가를 해야 한다. "나는 어디에 있나?", "현재 나는 어떤 상황에 처해 있나?", "현재의 상황에는 어떤 위험과 기회가 있나?", "단기적, 장기적으로 무엇을 해야 하나?", "내 계획을 어떻게 실행해야 하나?"(우리는 여기에서 로봇이 '나'라는 인식을 가지고 스스로에게 이런 질문을 한다는 식으로 로봇을 '의인화'하고 있다. 하지만 정확하게 표현하자면 '로봇의 알고리즘'이라고 말하는 게 맞다) 이들 질문 각각이 일정한 주기로 계속 다루어져야 한다. 전설적인 전투기 조종사이자 군사 전략가인 존 보이드John Boyd가

도입했던 소위 OODA 루프, 즉 관찰observe, 방향 설정orient, 결정decide, 실행act의 로봇 버전이 있어야 한다는 얘기다.[16]

좋은 소식은 오랜 시간에 걸쳐 로봇공학 분야가 로봇 인식 주기의 일정 부분을 구현하는 데에서 좋은 성과를 냈다는 사실이다. 나쁜 소식은 그 외 다른 부분들에서는 거의 진전이 없다는 점이다.

그럼 위치 인식과 운동 제어motor control에서의 성공 스토리부터 살펴보도록 하자.

알고 보면 대단한 로봇청소기의 능력

위치 인식은 생각보다 어려운 문제다. 가장 자명한 출발점은 GPS다. 하지만 GPS는 최근까지도 약 3미터 정도 내에서만 정확했고 특히 실내나 지하에서는 잘 작동하지 않았다.[17] 우리가 꿈꾸는 가정용 로봇이 일해야 하는 곳은 실내. 그렇다면 로봇은 계단에 있으면서 그곳이 욕실이라고 착각할 수도 있을 것이다.

군사용 전문 GPS는 훨씬 더 정확하겠지만 소비자 로봇에 군사용 GPS를 적용할 수는 없는 일이다. 한마디로 소비자 로봇은 GPS에만 의존해서는 안 된다. 다행히 로봇은 GPS 외에도 데드 레커닝dead reckoning (로봇의 바퀴를 추적해서 얼마나 이동했는지를 측정한다), 시각(욕실은 계단과 외양이 전혀 다르다), 지도(다양한 방식으로 구성된다)와 같이 여러 단서를 이용해서 자신의 위치를 알아낼 수 있다. 로봇 연구자들은 수년에 걸쳐

SLAMSimultaneous Localization And Mapping(위치 인식 및 동시 지도화[18])이라는 일련의 기술들을 개발했다. 이로써 로봇은 주위 환경에 대한 지도를 만들고 지도상에서 자신의 위치가 어디인지, 지금 어디로 향하고 있는지를 추적할 수 있게 됐다. 로봇은 매 단계마다 다음의 과정을 거친다.

- 로봇은 감지기를 이용해서 현재 위치에서 볼 수 있는 환경의 일부를 본다.
- 로봇은 보고 있는 것을 지도에 나타난 물건들과 대조해 현재 위치와 방향의 추정치를 업데이트한다.
- 인식하고 있는 지도에 이전에 보지 못했던 물건이나 물건의 일부가 있다면 추가한다.
- 이동 거리와 회전 여부를 고려해 움직이거나(보통 앞으로), 돌거나, 새로운 위치와 방향에 대한 추정치를 조정한다.

모든 기법이 완벽하지는 않지만 SLAM은 상당히 효과가 좋아서 임의의 장소(지도가 철저히 만들어진 곳이기만 하다면)에 로봇을 내려놓아도 로봇은 자신이 어디에 있는지, 다른 소프트웨어와의 결합을 통해 가야 할 장소에 어떻게 이르러야 할지 알아낼 수 있다. 이를 통해 로봇은 공간을 탐색하면서 지도를 만든다. 이러한 발전들을 생각하면 보이드가 말한 방향 설정의 문제는 어느 정도 해결된 듯 보인다.

인간에게는 쉬운 일이 로봇에게는 어렵다

상당한 진전을 이룬 또 다른 영역은 '운동 제어'다. 운동 제어란 걷기, 물건 들어 올리기, 손 회전하기, 머리 돌리기, 계단 오르기 등 로봇의 운동을 유도하는 일을 말한다. 자율주행차의 경우 운동 제어의 측면은 비교적 간단하다. 자동차에는 가속페달, 브레이크, 핸들을 중심으로 하는 제한적인 옵션만이 존재한다. 자율주행차는 변속을 하고(혹은 멈추고) 핸들을 돌려 방향을 바꾸는 것 외에는 제어의 측면에서 계산할 것이 많지 않다. 비행 자동차가 아닌 한, 공간 안에서 위아래로 오르내리는 z좌표를 걱정할 필요가 없다. 바람직한 궤적에 따라 핸들, 브레이크, 가속페달의 바람직한 상태를 계산하는 것은 단순한 문제다.

그러나 여러 방식으로 움직이는 여러 개의 관절을 가진 휴머노이드 로봇의 경우에는 문제가 훨씬 복잡하다. 테이블 위에 차가 한 잔 놓여 있다고 생각해보자. 휴머노이드 로봇은 팔을 뻗은 뒤 두 개의 손가락을 이용해 컵의 손잡이를 잡아야 한다. 첫째, 로봇은 자신의 팔과 손에 있는 여러 부위를 움직이는 방법을 알아야 팔과 손이 테이블 또는 몸의 다른 부위와 부딪치거나 컵을 뒤엎지 않고 적절한 위치에 이르게 할 수 있다. 다음으로 로봇은 찻잔의 손잡이를 단단히 쥐면서 잔이 깨지지 않을 정도로 적당히 힘을 주어야 한다. 로봇은 자신의 위치를 파악하고 가야 할 장소와 도중에 있는 장애물 사이의 경로를 계산한 뒤 내용물이 넘치지 않도록 관절의 각도, 관절에 넣어야 하는 힘 등 피드백에 따라 변화를 주는 방식을 구체적으로 지정하는 복잡한 계획(미니 컴퓨터 프로그램이나 주문 제작 신경망)을 세운다.[19] 찻잔을 향해 손을 뻗는 단순한 움직임에도 어깨, 팔꿈치, 손목, 두 개의 손가락 이렇게 다섯 개 이상의 관절이 관련되며 그 사이에 많은 복잡한 상호작용이 일어난다.

이런 문제의 복잡성에도 불구하고 최근 들어 상당한 진전이 있었다. 가장 눈에 띄는 것은 앞서 언급했던 보스턴 다이내믹스의 로봇들이다. 보스턴 다이내믹스의 창업자는 인간과 동물의 운동 제어 문제를 딥러닝 관점에서 연구하는 연구자 마크 레이버트Marc Raibert다. 빅도그와 스폿 미니 같은 레이버트가 만든 로봇들은 이런 전문 지식에 기반해 동물과 매우 흡사한 움직임을 보인다. 이 로봇들의 소프트웨어는 작동기 actuator(로봇의 근육) 속의 힘을 끊임없이 빠르게 업데이트하고 그것을 로봇이 가진 감지기들로부터 얻은 피드백과 통합해 움직이는 동시에 자신들이 해야 할 일을 역동적으로 '재계획'한다. 레이버트의 팀은 고르지 않은 표면을 걷거나, 계단을 오르거나, 안정성이 낮은 로봇이라면 쓰러질 만한 힘에도 저항하는 등 많은 로봇들에게 대단히 어려웠던 일들을 가능케 했다.

버클리나 MIT 등의 많은 연구소들도 운동 제어에서 큰 진전을 보이고 있다.[20] 유튜브에는 로봇들이 문을 열고, 계단을 오르고, 피자 반죽을 던지고, 수건을 개는 연구소 시연 영상들이 많이 있다. 물론 세심하게 통제된 환경에서 촬영된 것들이지만 말이다. 여전히 인간의 운동 제어가 더 다재다능하기는 하지만(작은 물건을 조작하는 일에 있어서는 특히 더 그렇다) 로봇도 점점 인간을 따라잡고 있다.

다시 강조하지만, 시연 영상들에서 우리가 얻을 수 있는 운동 제어 로봇공학의 현재 상태에 대한 정보들에는 오해의 소지가 다분하다. 영상의 속도를 높여 로봇이 1분 혹은 한 시간 동안 수행한 일을 마치 단 몇 초 만에 끝내는 것처럼 보이도록 만드는 경우도 많다. 심지어 어떤 로봇들은 무대 뒤에 숨은 인간의 조종으로 움직인 것이기도 했다. 그런 시연 영상들은 개념의 증명으로서 의미를 가지며 최선의 경우를 보여주는 것이 보통이다. 그러므로 실제로는 안정적이지 못하고 당장 시장에 내놓을 수 있는 제품도 아니다. 그 영상들은 로봇이 충분한 시간이 주어지면 이론적으로 많은 과제의 물리적 측면을 실행하도록 프로그램될 수 있다는 점을 입증할 뿐이다. 그런 영상들은 로봇이 다양한 과제들을 효율적으로, 가장 중요하게는 자율적으로 실행할 수 있는지, 즉 궁극적인 목표를 달성했는지 알려주지 않는다. 우리가 로봇에게 바라는 것은 "집을 청소해."라고 말하고 약간의 훈련을 시키면 로봇이 단순히 먼지만 빨아들이는 게 아니라 창문을 닦고, 현관을 쓸고, 책을 정리하고, 쓸데없는 우편물을 버리고, 빨래를 개고, 쓰레기를 내다놓고, 식기세척기에 그릇을 집어넣는 것이다. 시연 연상은 현재 로봇들이 과제의 '일부'를 수행하는 하드웨어를 가지고 있다는 점을 보여줄 뿐이다. 이런 진전에 장애가 되는 것은 과제의 물리적 측면이 아니다. 진짜 문제는 정신적 측면, 즉 로봇이 당신의 중의적이고 모호한 요청을 인간의 목표와 관련지어 정확하게 해석하고, 역동적으로 변화하는 세상에서 자신의 모든 계획을 조정하도록 만드는 일이다.

좀 더 일반적인 AI에게 있어 가장 큰 도전은 '신뢰성'이 될 것이다. 거의 모든 시연 영상에서 로봇들은 어수선하고 복잡한 실제 환경이 아닌 상상할 수 있는 가장 이상적인 환경에서 활동한다. 로봇이 수건을 개는 영상을 주의 깊게 살펴보면 수건은 모두 밝은 색상이고 아무것도 없는 빈 방에 배경은 어두운 색으로 설정해 컴퓨터 소프트웨어가 수건을 방의 나머지 부분과 쉽게 구분하도록 만든 것을 발견할 수 있다. 조명이 흐릿하고 배경과 구분이 잘 되지 않는 수건들이 있는 실제 집에서라면 로봇이 벽의 일부를 수건으로 착각하면서 대혼란이 일어날 수도 있다. 팬케이크를 뒤집는 로봇은 벽이 깨끗한 공간에 있을 경우에는 일을 곧잘 해내지만 어수선한 독신남의 아파트에서라면 읽지 않은 우편물 더미를 팬에 얹어 구우면서 불에 휩싸이게 할 수 있다.

현실에서의 운동 제어는 단순히 팔다리와 바퀴 등의 움직임을 통제하는 일이 아니다. 궁극적인 운동 제어는 유기체가 인지하는 것에 따라 이런 움직임들을 제어하고 세상이 예상과 똑같지 않을 때 적절히 대처하는 일이다.

닫힌 시스템은 알 수 없는 열린 세계

———

상황 인식은 다음에 무슨 일이 일어날 수 있는지 아는 것이다. 비가 거세지면 폭풍이 불까? 가스레인지 불을 끄는 것을 잊어버린다면 올려놓은 주전자에 불이 붙을까? 저 의자가 곧 넘어지지 않을까(어린아이를 둔 부모라면 이에 대해 신경을 곤두세울 것이다)? 상황 인식의 한 측면은 위험을 찾는 것이지만 다른 한편으로는 '가능성'과 '보상'을 찾는 것이기도 하다. 예를 들어 자율주행차는 새로 생긴 지름길이나 예상치 못한 빈 주차 공간을 알아차릴 수 있어야 한다.

잘 통제된 공장의 작업 현장에서라면 상황 인식이 "여기에 장애물이 존재하는가?", "컨베이어벨트가 작동하고 있는가?" 하는 식의 제한된, 비교적 쉽게 감당할 수 있는 문제가 될 것이다. 반면 집에서라면 상황, 그리고 거기에 따르는 위험, 보상, 가능성이 대단히 어렵고 훨씬 더 복잡할 수 있다. 거실에 앉아 있는 사람에게는 말 그대로 수백 가지 옵션이 주어지며 수천 가지 변수가 상황의 성격을 변화시킬 수 있다. 당신은 일어나서 식당이나 주방으로 걸어갈 수도 있고, 텔레비전을 켤 수도 있고, 책을 집어 들 수도 있고, 커피 테이블을 정리할 수도 있다. 이 모든 것이 평범한 일상에서 벗어나지 않는 일이다. 하지만 화재경보기가 울리거나 허리케인이 불어닥친다면 이야기는 달라진다.

주어진 순간에 닥친 위험은 무엇인지, 앞으로 무슨 일이 벌어질지 계산할 때 사람인 당신은 끊임없이 시각과 후각, 청각(어쩌면 촉각과 미각), 그리고 자신이 어디에 있는지에 대한 감각, 방에 있을지 모르는 다른 존재에 대한 인식, 당신의 전반적인 목표(그 시간, 그날, 그달에 무엇을 하려 했는지?) 외에도 수백 가지 다른 변수들(비가 오고 있는가? 내가 창문을 열어 놓았는가? 원치 않게 곤충이나 동물이 돌아다니고 있지는 않은가?)을 끊임없이 결합시킨다. 조립 라인이 닫힌계라면 집은 더 없이 개방적인 열린 계이기 때문에 로봇공학에는 대단히 심각한 도전 과제다.

자율주행차는 그 사이 어디쯤에 있다. 차의 경우 대개 몇 가지만 계산하면 어떤 일이 벌어지는지 알 수 있다. 내가 어느 길로 얼마나 빨리 가고 있는가? 어느 길로 접어들어야 하는가? 근처에 어떤 다른 물체들이 있는가? 그들은 어디에 있고 어떻게 움직이고 있는가(시간별 데이터를 비교함으로써 계산할 수 있다)? 나는 어디로 운전해 갈 수 있는가(차선은 어디에 있는가, 어디에서 우회전과 좌회전이 가능한가)? 하지만 토네이도, 지진, 화재, 심지어는 차량을 우회시키는 가벼운 사고 현장이나 할로윈 복장의 어린아이들만 있어도 무슨 일이 일어날지 전혀 예측할 수 없게 되어버린다.

상황 인식에서 기존 AI가 상당히 잘 처리하는 부분은 주위의 물체를 '알아보는' 일이다. 간단한 물체 인식은 딥러닝의 강점이다. 머신러닝 알고리즘은 집에 있는 테이블과 베개부터 도로 위의 차에 이르기까지 여러 장면에 있는 기본적인 요소들을 상당히 정확하게 알아본다. 하지만 앞서 살펴봤듯이 이런 간단한 식별에도 심각한 문제가 존재한다. 조명의 변화에도 정확도가 변하지 않는 물체 인식 시스템은 많지 않으며, 방이 어수선할수록 시스템이 혼란을 느낄 가능성은 높아진다. 이미지 내의 어딘가에 총이 있다고 알려주는 것으로는 충분치 않다. 총이 벽에 걸린 그림 속에 있는지(이런 경우 무시해도 상관없다), 진짜 총이 테이블 위에 있는지, 사람의 손에 들려 누군가를 겨누고 있는지 아는 것이 중요하다. 게다가 단순 물체 인식 시스템은 물체들 사이의 '관계'를 이해하는 일에 대단히 취약하다. '덫에 걸린 쥐'는 '덫 근처에 있는 쥐'와는 매우 다르다. 또 '말을 타고 있는 사람'은 '말을 끌고 가는 사람'과는 매우 다르다.

장면 속의 물체에 라벨을 붙이는 것은 크게 어려운 일이 아니다. 상황 인식의 진짜 문제는 그 모든 물체들이 '집합적으로' 의미하는 바를 이해해야 한다는 데 있다. 우리가 아는 한, 훨씬 어려운 이런 문제에 대한 연구는 거의 혹은 전혀 없었다. 당신 앞에 불이 보이는 두 개의 다른 장면이 있다고 해보자. 하나는 벽난로의 불이 추운 날에 온기를 더하고 있는 장면이며 다른 하나는 빨리 불을 끄거나 119에 전화를 해야 하는 장면이다. 우리가 아는 한, 현존하는 알고리즘 중에 이 두 개의 차이를 확실히 알아차릴 수 있는 것은 없다. 지배적인 패러다임 안에 있더라도 문제에 접근할 때에는 다른 종류의 집(나무, 콘크리트 등)과 다른 종류의 불(기름, 전기 등)에 대해 라벨이 붙은 엄청난 데이터 세트가 있어야 한다. 불을 온전히 이해하는 범용 시스템은 아직 나와 있지 않다.

세상은 끊임없이 변화하는 성질을 가지고 있기에 상황 인식은 더 어려워진다. 주차 공간에서 빠져나오는 차와 주차 공간에 들어가는 차를 구분하려면 세상을 스냅 사진처럼 보기보다는 스토리를 가지고 전개되는 영화처럼 봐야 한다.

이 문제를 더 어렵게 만드는 부분은 로봇 자체가 돌아다니고 움직이면서 변화를 일으키는 주체가 된다는 사실이다. 이는 로봇이 주변 세상의 성격뿐 아니라 자기 행동의 결과까지 예측해야 함을 의미한다. 모든 것이 철저히 통제되는 자동차 공장 같은 작업 현장이라면 일이 상당히 간단할 수 있다. 자동차의 문이 차체에 확실히 부착됐는지 아닌지만 판단하면 되니까. 하지만 열린계에서는 예측이 훨씬 어려워진다. 커피를 찾으려면 찬장 문을 열어야 할까? 냉장고 문을 열어야 할까? 마요네즈 병을 열어야 할까? 믹서 뚜껑을 찾지 못하면 뚜껑 없이 믹서를 돌려도 될까? 아니면 접시로 믹서를 덮어도 될까? 문제가 발생할 게 없는 공장 바닥이라도 그곳에 예상치 못한 나사가 하나 떨어져 있다면 문제가 된다. 일론 머스크는 테슬라 모델 3의 초기 생산에서 문제가 있었던 이유가 "지나친 자동화" 탓이었다고 말했다.[21] 자동차를 만드는 과정과 환경은 역동적으로 변화하는 반면 로봇은 프로그래밍이 충분히 유연하지 못하기 때문에 그런 변화를 따라잡지 못한 것이 문제가 아니었나 하는 것이 우리의 생각이다.

이런 문제들 중에는 세상 경험을 통해 알 수 있는 것도 있지만 그렇지 않은 것도 있다. 고양이를 믹서에 넣었을 때의 결과는 AI가 시행착오를 통해 배울 수 있는 종류의 문제가 아니다. 시도 없이 확실한 추론이 가능할수록 좋다. 이런 종류의 '일상적인 추론'에서 인간은 우리가 본 어떤 AI보다 훨씬 더 앞서 있다.

AI에게는 큰 도전인 일상적인 업무

어쩌면 해결되지 않은 더 큰 문제는 주어진 순간에 해야 할 최선의 일이 무엇인가를 알아내는 데 있지 않을까? 이것은 프로그래밍의 관점에서 생각보다 훨씬 더 어려운 일이다.

우리가 꿈꾸는 가정용 로봇이 직면하게 될 문제들을 더욱 잘 이해하기 위해서 우리가 그런 로봇에게 필요로 하는 세 가지 구체적인 시나리오를 생각해보자.

첫 번째 시나리오. 일론 머스크는 이브닝 파티를 열 계획이다. 그는 로봇 집사가 돌아다니면서 음료와 전채 요리를 대접했으면 한다. 이러한 업무는 대체로 간단하다. 로봇이 음료와 간식이 담긴 접시를 가지고 돌아다니고, 손님들로부터 빈 잔과 접시를 받아 치우면 된다. 손님이 음료를 청하면 로봇은 가져다주면 된다. 언뜻 보기에는 그렇게 오래 기다리지 않아도 실현될 수 있는 일 같다. 수년 전 지금은 존재하지 않는 로봇 회사 윌로 개러지Willow Garage는 냉장고에서 맥주를 가져오는 휴머노이드 프로토타입 로봇 PR2의 시연품을 가지고 있었다.[22]

하지만 자율주행차가 그렇듯 진정한 성공은 세부적인 부분을 정확히 이해하는 데 있다. 진짜 가정 환경과 진짜 손님은 복잡하고 예측하기 힘들다. PR2가 맥주를 배달하는 환경은 치밀하게 구성되어 있었다. 개나 고양이, 깨진 병, 바닥에 놓인 아이들의 장난감 같은 것들이 존재하지 않았다. 우리 동료의 말에 따르면 냉장고 내부도 맥주를 쉽게 꺼낼 수 있도록 정리되어 있었다.[23] 하지만 실제 세계에서는 예상치 못한 크고 작은 일들이 수도 없이 벌어진다. 와인 잔을 가지러 부엌에 들어갔다가 잔 속에 있는 바퀴벌레를 발견한다면 로봇은 바퀴벌레를 잔 밖으로 버리고 잔을 씻어서 술을 다시 채우는 식으로 이전에는 한 번도 실행해본 적이 없는 계획을 세워야만 한다. 잔에 금이 간 것을 발견할 수도 있다. 이런 경우에는 유리잔을 안전하게 버려야 한다.

애플의 가장 뛰어난 아이폰 프로그래머들조차도 이메일 속 날짜를 캘린더에 입력하는 과정을 확실히 자동화하지 못하는 상황에서 프로그래머가 모든 만일의 사태를 정확하게 예측할 수 있을 가능성이 과연 얼마나 될까?

우발적인 사태의 목록은 끝이 없다. ANI에게 이는 아킬레스건이다. 로봇 집사는 바닥에 떨어진 크래커를 발견했을 때 손님들을 방해하지 않고 크래커를 집어서 버리려면 어떻게 해야 할지 알아야 한다. 혹은 손님으로 북적이는 공간 안에서 크래커를 집는 일이 오히려 소란을 일으킬 것 같다면 굳이 줍지 않아도 된다는 예측을 할 수 있어야 한다. 그러나 여기에 적용되는 방침은 단순하지가 않다. 바닥에서 크래커가 아닌 값비싼 귀걸이를 발견한다면 등식의 균형은 변한다. 소란을 좀 일으키더라도 귀걸이는 주워야 할 가치가 있는 것이다.

대부분의 경우 로봇은 절대 인간에게 피해를 주어서는 안 된다. 하지만 술에 취한 사람이 뒤에 아기가 기어가고 있는 것을 모르고 뒤로 걷고 있다면? 로봇 집사는 아기를 보호하기 위해 술에 취한 사람을 붙잡는 식으로라도 상황에 관여해야 한다.

미리 모두 열거할 수 없으며 훈련에 사용되는 어떤 데이터 세트에서도 발견되지 않는 많은 우발적인 일이 실제 상황에서는 일어날 수 있다. 한마디로 로봇 집사는 스스로 추론하고 예상하고 예측해야 한다. 사소한 결정을 할 때마다 매번 인간 '크라우드 워커'에게 매달릴 수는 없다. 인지적 관점에서 볼 때 일론 머스크의 저택에서 하룻밤 동안 무사히 집사 노릇을 하는 것은 몹시 어려운 과제다.

물론 우리는 로봇 집사를 부릴 능력이 없다. 가격이 몇 백만분의 1로 내려가기 전까지는 말이다. 하지만 이번에는 훨씬 일상생활과 밀접한 두 번째 시나리오를 생각해보자. 노인이나 장애인을 위한 도우미 로봇에 대한 시나리오 말이다. 블레이크는 최근 사고로 시력을 잃었다. 그는 장을 보러 갈 때 도우미 로봇의 도움을 받길 바란다. 이 경우에도 말은 쉽지만 현실은 녹록지 않다. 너무나 많은 종류의 일이 일어날 수 있기 때문이다. 우선 기본적인 이동의 문제가 있다. 마트까지 가는 도중에 블레이크의 도우미 로봇은 온갖 종류의 예기치 못한 장애물을 처리해야 할 것이다.

그들은 도중에 연석, 물웅덩이, 움푹 팬 곳, 경찰, 휴대전화를 잃어버린 행인, 전동 킥보드와 스케이트보드를 탄 채 요리조리 지나가는 아이들을 만날 수 있다. 마트에서는 좁은 통로와 임시로 설치되어 매일 위치가 변경되는 시식대를 사이를 지나다녀야 한다. 게다가 재고 관리를 하는 사람들이나 누군가가 실수로 떨어뜨린 잼 병을 치우는 사람도 피해다녀야 한다. 도우미 로봇은 이들 사이로 블레이크를 안내하면서 자신의 길까지 찾아야 한다.

한편 블레이크에게 오랜 친구, 친절한 낯선 사람, 거지, 경찰, 사람을 잘 따르는 개, 사람에게 우호적이지 않은 개, 노상강도가 다가올 수도 있다. 로봇은 각각의 대상을 알아보고 다른 방식으로 다루어야 한다. 또 손을 뻗어 물건을 잡은 뒤(고추와 시리얼 상자, 아이스크림 통은 각기 잡는 방법이 다르기 때문에 각각의 항목마다 다른 방식으로 잡아야 한다) 계란이 깨지지 않게, 또 수프 캔이 바나나 위에 놓이지 않도록 장바구니에 집어넣어야 한다. 장바구니 자체도 상점마다 모양과 크기가 다른데 그렇더라도 장바구니를 반드시 알아볼 수 있어야 한다. 마찬가지로 결제 수단이나 식료품을 봉투에 담는 세부적인 방법도 상점마다 다 다르다. 쇼핑 경험마다 달라지는 수천 가지의 우발적 사건을 미리 완전히 예측하고 프로그래밍하기란 완전히 불가능하다.

세 번째 시나리오로 후쿠시마 원전 사고와 같은 일을 생각해보자. 지진으로 건물 일부가 무너지고 원자로가 용융될 찰나다. 위험 지역 안으로 파견된 구조 로봇은 안전하게 할 수 있는 일이 무엇이고 그렇지 않은 일은 무엇인지 판단해야만 한다. 문을 부수어야 할까, 아니면 벽을 뚫어야 할까, 그것이 추가 붕괴를 유발하지는 않을까? 인간을 위해 고안된 사다리를 안전하게 오를 수 있을까? 구조 로봇이 누군가를 발견한다면 어떻게 해야 할까? 그 사람은 통로만 확보되면 자기 힘으로 걸어 나올 수 있는가, 아니면 어딘가에 깔려 있어서 빼내야 하는가, 아니면 부상을 당해서 조심스럽게 운반해야만 하는가? 여러 사람이 있다면 로봇은 제한된 의료 자원에 근거해 어떤 부상자가 먼저 치료를 받아야 하는지, 치료가 전혀 필요치 않은 사람은 누구인지 결정하는 부상자 분류를 해야 한다. 귀중한 물건이 있다면 구조 로봇은 물건의 가치(대체할 수 없는 예술 작품인가?)와 그 물건을 내보내야 하는 긴급성을 고려해야 할 것이다. 이 모든 일에는 이와 같이 이례적이고 독특한 특징, 알려진 지식이 불완전하고 예측할 수 없는 상황에 대한 심층적인 이해가 필요하다.

더욱이 로봇은 행동할 때의 위험은 물론 행동하지 않을 때의 위험까지도 고려해야 한다. 수준이 높은 도우미 로봇은 크리스마스트리가 위험한 각도로 기울어진 것을 발견했을 때 나무가 벽난로 위로 넘어져 불똥이 튀면서 화재를 유발하지 않도록 트리를 미리 바로잡을 수 있어야 한다.

이런 능력들은 기존의 로봇들이나 그들을 구동하는 AI의 강점에 전혀 포함되지 않는다.

'다 알아서 하는 로봇'은 언제쯤 실현될까

AI 탄생 65주년에 다가가고 있는 지금의 상황은 이렇다. 로봇 연구가들은 로봇이 자기 위치를 파악하도록 하는 일에서 뛰어난 성과를 거뒀고 로봇이 개별적인 행동을 수행하게 하는 방법을 알아내는 데에서도 큰 발전이 있었다.

하지만 열린계에 대처하는 데 필수적인 세 가지 다른 아이디어, 즉 상황을 평가하고, 가능한 미래를 예측하고, 상황의 변화에 따라 주어진 환경에서 가장 이치에 맞는 행동은 무엇인지 역동적으로 결정하는 일에서는 그다지 많은 진전을 보지 못했다.

주어진 시나리오에서 무엇이 가능하고 중요한지 결정하거나, 복잡하고 예측 불가능한 환경에서 로봇이 무엇을 해야 할지 파악하는 데에는 일반적인 해법이 존재하지 않는다. 현재 보스턴 다이내믹스의 프로토타입들이 할 수 있는 일 즉, 계단을 오르거나 고르지 않은 지면을 걷는 것만 해도 엄청난 연구와 노력 끝에 겨우 가능해졌다. 로봇이 혼자 주방을 완전히 청소하게 하는 일은 그보다 훨씬 더 어려울 것이다.

제한된 세계에서라면 많은 수이긴 하겠지만 다양한 우발적 사태를 암기하고, 그렇게 암기한 상황들 사이의 익숙하지 못한 시나리오는 추측을 통해 메꾸어 나갈 수 있을 것이다. 하지만 현실의 열린계에는 충분한 데이터가 없다. 사과 소스에 곰팡이가 피면 어떻게 대처해야 할지까지 알아낼 수 있어야 한다. 이전에 그런 것을 본 적이 없더라도 말이다. 너무나 많은 가능성이 있기 때문에 일어날 수 있는 모든 상황에 무슨 일을 해야 할지 나열한 표를 암기하기란 불가능하다(물론 체스나 바둑과 같은 게임을 하는 프로그램들은 이전에 보지 못한 상황을 다룰 줄 안다. 하지만 게임 안에서는 벌어질 수 있는 상황의 종류와 행동의 선택을 체계적으로 표현할 수 있고 행동의 영향을 확실히 예측할 수 있다. 열린계에서는 적용할 수 없는 방식으로 말이다).

우리가 가정에서 사용하는 범용 로봇을 아직 만들지 못하는 진짜 이유는 현실 세계에 대처할 만큼 유연한 로봇을 만들 방법을 모르기 때문이다. 가능성이 너무나 방대하고 개방적이기 때문에 순전히 빅데이터와 딥러닝에만 의지한 해법으로는 충분하지 않다. 클래식 AI 접근법 역시 그 나름의 불안정성을 갖고 있다.

이 모든 것이 강화된 인지 모델과 딥러닝의 중요성을 가리키고 있다. 자율주행차의 경우에도 기계의 내부 모델은 AI가 전형적으로 통합하는 수준보다 더 강화되어야 할 것이다. 현재의 시스템은 주로 자전거, 행인, 움직이는 다른 차량과 같은 일반적인 물체를 알아보는 데 국한되어 있다. 다른 종류의 존재가 들어오면 이런 제한된 시스템은 대처하지 못한다. 예를 들어 2019년 현재 테슬라의 오토파일럿Autopilot은 정차된 소방차나 광고판 등 움직이지 않는 물체에 대해 가지고 있는 표상이 제한적인 듯하다(자동 운전 모드에서 발생한 첫 사망 사고는 아마도 차보다 훨씬 몸집이 큰 트럭이 좌회전하는 모습을 광고판으로 오인한 일이 부분적인 이유였던 것으로 짐작된다[24]).

가정용 로봇이라면 기본이 되는 인지 모델이 훨씬 더 강화되어야 한다. 고속도로에는 일반적으로 존재하는 요소들이 손에 꼽을 수 있는 정도에 그치지만 평범한 가정의 거실에는 의자, 소파 하나 혹은 두 개, 커피 테이블, 카펫, TV, 조명등, 책이 있는 책장, 어항, 고양이, 뒤죽박죽인 아이 장난감 등이 있다. 주방에 가면 여러 가지 기구, 가전제품, 찬장, 음식, 수도, 싱크, 의자와 테이블, 고양이 밥그릇, 그리고 또다시 고양이를 만나게 된다. 당연하게도 주방 기구들은 보통 주방에 있는데, 혹 거실에 칼이 있다면 그것은 누군가에게 피해를 입힐 수 있다는 걸 알아야 한다.

우리가 여기에서 보고 있는 것들은 언어 독해와 관련해 지난 장에서 본 것과 여러모로 비슷하다. 그러나 로봇을 만드는 일은 독해 능력이 있는 기계를 만드는 일과는 매우 다른 일이다. 물리적인 면이 강하고 서술과 해석적인 측면은 덜하다(반면 잠재적인 위험성은 훨씬 크다. 누군가에게 끓인 물을 붓는 것은 새로운 이야기의 해석을 망치는 것보다 훨씬 위험하다). 하지만 결국 이들은 같은 곳으로 수렴된다.

강화된 인지 모델 없이 독해가 존재할 수 없듯이 강화된 인지 모델 없이는 안전하고 믿을 수 있는 가정용 로봇이 존재할 수 없다. 로봇은 강화된 인지 모델과 함께 보통 사람들이 상식이라고 말하는 것을 상당히 많이 갖고 있어야 한다. 세상의 모습, 세상이 돌아가는 방식, 다양한 상황에서 일어날 만한 일과 그렇지 않은 일 등을 충분히 이해하고 추론하고 예측해야 한다.

기존의 AI 시스템은 이런 것들을 전혀 갖고 있지 않다. 그렇다면 어떤 유형의 지능 시스템이 강화된 인지 모델과 상식을 갖추고 있을까? 바로 인간의 정신이다.

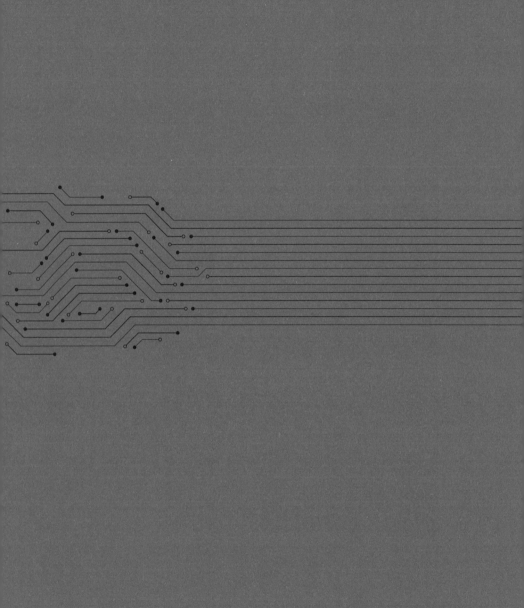

제6장

인간 정신이 주는
11가지
인사이트

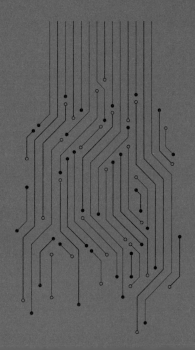

어떤 마법이 있기에 우리 인간은 지능을 갖게 되는 것일까? 이 경우에는 '비법이 없다'는 것이 비법이다. 지능의 힘은 어떤 단일하고 완벽한 원리가 아닌 우리의 방대한 다양성에서 비롯된다.

_ 마빈 민스키, 《마음의 사회》 중에서

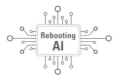

우리 저자 두 사람이 협업을 시작하고 얼마 지나지 않은 2013년의 일이었다. 우리는 언론의 열광에 분통을 터뜨렸다. 두 연구자 알렉산더 위스너-그로스Alexander Wissner-Gross와 캐머런 프리어Cameron Freer가 모든 종류의 지능은 '인과적 엔트로피 힘'causal entropic forces이라는 대단히 일반적인 물리적 과정의 발현이라고 제안하는 논문을 썼다.[1] 영상을 통해 위스너-그로스는 이 아이디어를 바탕으로 만들어진 시스템이 "어떤 외부의 지시 없이도 똑바로 걷고, 도구를 이용하고, 협력하고, 게임을 하고, 유용한 사회적 만남을 갖고, 전 세계에 함대를 배치하고, 심지어는 주식을 사고팔아 돈을 벌 수 있다."고 주장했다.[2] 논문 발표와 함께 위스너-그로스는 의료, 에너지, 지능, 자율 방범, 물류, 수송, 보험, 금융에 이르는 '광범위한 응용'을 약속하는 대담한 비전의 스타트업, 엔트로피카Entropica를 출범시켰다.[3]

언론은 여기에 현혹됐다. 보통은 사려 깊은 글을 쓰는 과학 전문 기자

필립 볼Philip Ball은 다음과 같은 기사를 썼다. "위스너-그로스는 무생물들이 자신의 미래를 예측하고 그에 따라 행동을 변화시킬 수 있는 '법칙'을 생각해냈다.[4] 이 법칙을 따른다면 그들은 과제를 수행하기 위해 협력하거나 도구를 이용하는 등 인간을 연상시키는 행동을 보여줄 수 있을 것이다." TED는 위스너-그로스에게 이 지능에 대한 새로운 방정식을 보여줄 연단을 마련해주었다.[5]

당연하게도 우리 저자들은 이런 말들을 한 마디도 믿지 않았다. 우리는 위스너-그로스의 물리학과 AI를 낱낱이 비판하고 《뉴요커》 온라인판에 이 이론을 헐뜯는 글을 기고하면서 우리의 생각을 가감 없이 드러냈다. "인과적 엔트로피가 그런 다양한 문제들을 해결할 수 있다는 위스너-그로스와 프리어의 이론은 본질적으로 텔레비전이 개를 산책시키도록 하겠다고 약속하는 것과 마찬가지다."[6] 지금 와서 생각해보니 같은 말이라도 좀 더 부드럽게 할 수 있지 않았나 싶다. 그 후 5년 동안 그 주제에 대한 다른 논문은 전혀 찾아 볼 수 없었고 위스너-그로스의 인과적 엔트로피 수학이 진전을 보였다는 어떤 징후도 없었다. 스타트업 엔트로피카는 더 이상 활동하지 않는 듯하며 위스너-그로스는 다른 프로젝트를 시작한 것으로 보인다.[7]

오랫동안 인과적 엔트로피와 같은 아이디어들이 일반인은 물론 과학자들까지 현혹시켜왔다. 그런 아이디어는 물리학이 주는 우아하고, 수학적이고, 예측 가능한 느낌을 주기 때문이다. 언론은 그런 것들을 사랑한다. 위대한 아이디어의 전형, 세상을 바꿀 수 있는 강력한 이론, 복잡한 문제들을 단번에 해결할 수 있는 잠재력을 지닌 깔끔한 해법으로 보이기 때문이다. 일반 상대성 이론에 견줄 만한 차세대 이론을 내놓고 싶지 않은 사람이 어디 있겠는가?

한 세기 전 심리학계에서도 비슷한 일이 일어났다. 행동주의가 대단한 인기를 모은 것이다.[8] 존스홉킨스대학교의 심리학자 존 왓슨John Watson은 어떤 아이든 환경을 세심하게 조정하고 보상과 처벌을 주는 경우와 시기를 면밀히 통제하면 원하는 대로 키울 수 있다는 주장을 했다. 유기체의 행동은 그 유기체의 과거가 만들어내는 단순한 수학적 함수라는 것이 이런 주장의 전제다. 행동에 대한 보상을 받으면 그 행동을 하게 될 가능성이 커진다. 행동에 대한 처벌을 받으면 그 행동을 하게 될 가능성이 낮아진다. 1950년대 말, 대부분 미국 대학의 심리학과에는 쥐와 비둘기의 행동을 진단하는 정량적 실험을 수행하면서 모든 것을 그래프로 만들고 정확한 수학적 인과관계 법칙을 유도하기 위해 노력하는 심리학자들이 가득했다.[9]

20년 후, 행동주의는 잠시 뒤에 논의할 이유들로 노엄 촘스키Noam Chomsky에게 밀려나 거의 사라졌다. 쥐들에게 효과가 있던 방식은 인간을 연구하는 데 그다지 도움이 되지 않았다. 보상과 처벌이 중요하기는 하지만 다른 중요한 것들도 많다.

예일대학교의 인지과학자 차즈 파이어스톤Chaz Firestone과 브라이언 숄Brian Scholl의 표현대로 "정신이 작용하는 방법은 하나가 아니다. 정신은 하나가 아니기 때문이다. 정신은 여러 부분을 가지고 있고 정신의 여러 다른 부분들은 서로 다른 방식으로 작동한다. 색을 보는 것은 휴가를 계획하는 것과 달리 작동하고, 휴가를 계획하는 것은 문장을 이해하는 것,

몸을 움직이는 것, 사실을 기억하는 것, 감정을 느끼는 것과 달리 작동한다."는 데 문제가 있다. 하나의 방정식으로는 인간의 정신이 하는 일의 무수한 다양성을 포착할 수 없다.[10]

물론 컴퓨터가 인간과 똑같은 방식으로 움직일 필요는 없다. 가령 컴퓨터 시스템에 확증 편향(기존의 자기 이론에 반하는 데이터를 무시하는 사고방식)처럼 인간의 사고를 방해하는 여러 인지 오류를 일으키게 할 필요는 없을 것이다. 인간은 항목이 일곱 개 이상인 목록을 암기하는 데 어려움을 겪는다. 컴퓨터가 이와 같은 인간 정신이 지닌 여러 한계까지 닮을 필요는 없다. 기계를 사람들이 그러하듯이 계산에서 실수를 하게 만들 이유는 없다. 인간은 여러 면에서 결함이 많다.[11] 기계가 그런 한계를 똑같이 물려받을 필요는 없다. 그럼에도 여전히 인간의 정신은 독해와 유연한 사고 능력에 있어서 기계를 훨씬 뛰어넘으며 이런 인간의 정신이 작동하는 방법으로부터 배울 것이 많이 남아 있다.

여기 인지과학(심리학, 언어학, 철학)에서 얻은 인간 정신에 관한 11가지 단서를 제시한다. 우리는 이 11가지가 AI가 인간의 지능처럼 광범위하고 높은 신뢰성을 갖기 위해 꼭 필요하다고 생각한다.

'마스터 알고리즘'은 존재하지 않는다

우리는 위스너-그로스와 프리어의 인과적 엔트로피 논문을 읽기 시작하자마자 그 글이 지나치게 낙관적이라고 생각했다.

행동주의 역시 너무나 많은 것을 하려 했다. 그 자체로서 어떤 가치를 갖기에는 너무 '유연'했다. 한마디로 말하면 어디든 갖다붙일 수 있었다. 실제든 상상이든 모든 행동을 '동물의 보상 이력'이란 측면에서 설명하면 되기 때문이다. 그리고 동물이 뭔가 다른 행동을 하면 그 이력의 다른 부분을 강조하면 된다. 실질적이고 확고한 예측은 거의 없고 어떤 일이 발생한 후에 그 일을 '설명'하는 많은 도구들이 있을 뿐이었다. 결국 행동주의가 주장한 것은 딱 하나다. 진리이며 중요한 주장이지만, 사람들이 기대한 만큼의 유용성을 갖기에는 너무 얄팍한 주장이었다. 사람을 포함한 동물은 보상 받는 일을 하려 한다는 것이었다. 완벽한 진실이다. 다른 조건이 같다면 사람들은 가장 큰 보상으로 이어지는 옵션을 선택한다.

하지만 그 주장은 사람이 영화 속 대사를 이해하는 방법, 이케아 책장을 조립할 때 경첩은 어떻게 달아야 하는지 알아내는 방법에 대해서는 거의 아무것도 이야기해주지 않는다. 보상은 시스템의 일부이지 시스템 그 자체가 아니다. 위스너-그로스는 보상을 자기 나름의 용어로 다르게 제시했을 뿐이다. 유기체는 우주의 혼돈(엔트로피)에 저항하면 좋은 성과를 낼 수 있다고 말이다. 먼지로 변하기를 바라는 사람은 없다. 우리는 엔트로피에 저항한다. 하지만 그것은 우리가 개별적인 선택을 어떻게 하는지에 대해서는 전혀 이야기하지 않는다.

딥러닝도 대체로 같은 함정에 빠져 있다. 여전히 보상 최적화에 매달리는 세상의 관점에 신선한 수학('오차항'error term이나 '비용 함수'cost function 같은 어려워 보이는 용어들)으로 신빙성을 더하고 있을 뿐이다. 우리가 궁극적으로 지향해야 할 '딥 언더스탠딩', 즉 심층적 이해 시스템에 들어가야 하는 다른 것들은 전혀 생각하지 않은 채 말이다.

신경과학 연구가 우리에게 가르쳐준 것이 있다. 두뇌는 엄청나게 복잡하다는 점이다. 지구상에서 가장 복잡한 시스템으로 묘사될 정도다. 평범한 인간의 두뇌에는 대략 860억 개의 뉴런이 있다.[12] 뉴런의 유형은 수천까지는 아니더라도 수백 개를 가뿐히 넘어선다. 시냅스는 수조 개이며[13] 각 개별 시냅스 내에는 수백 가지 다른 단백질이 있다.[14] 모든 차원마다 그 복잡성이 엄청나다. 뚜렷하게 식별할 수 있는 150개 이상의 두뇌 영역이 있고[15] 그들 사이에는 방대하고 복잡한 연결망이 있다.[16] 선구적인 신경과학자 산티아고 라몬 이 카할Santiago Ramón y Cajal은 1906년 노벨상 수상 연설에서 이렇게 표현했다. "불행히도 자연은 편의성과 통합성에 대한 우리의 지적 욕구에 대해서 알지 못하며 매우 자주 복잡성과 다양성 안에서 즐거움을 느끼는 것 같습니다."[17]

정말로 지능적이고 유연한 시스템이라면 두뇌처럼 복잡성으로 가득할 가능성이 높다. 그래서 지능을 단일한 원리, 혹은 단일한 '마스터 알고리즘'으로 수렴시키려는 이론은 헛다리를 짚기 마련이다.

기계에는 '표상'이 없다

행동주의의 숨통을 끊어놓은 최후의 칼은 1959년 노엄 촘스키가 쓴 비평이었다.[18] 촘스키의 표적은 당시 세계 최고의 심리학자였던 버러스스키너Burrhus Skinner가 인간 언어에 대해서 설명한 《언어 행동》Verbal Behavior이었다.[19]

촘스키 비평의 핵심은 "인간의 언어를 '개인을 둘러싼 외부 환경에서 일어난 일(사람들이 말한 것, 사람들이 받은 반응의 종류)의 역사'라는 측면에서 이해할 수 있는가?", "개인의 내적 정신 구조를 이해하는 것은 중요하지 않은가?"라는 질문을 중심으로 한다. 촘스키는 결론적으로 "우리가 새로운 항목을 문장으로 알아볼 수 있는 것은 단순히 다른 친숙한 항목과 일치하기 때문이 아니라 그것이 어떤 방식, 어떤 형태로든 각 개인이 내면화했던 문법으로 만들어졌기 때문이다."라고 강조했다. 촘스키는 이런 '내적 문법'을 이해해야만 아이들이 어떻게 언어를 배우는지 파악할 수 있다고 주장했다. 단순한 자극과 반응의 이력으로는 결코 언어 학습의 원리를 파악할 수 없다.

그리고 그 자리에 인지심리학이라는 새로운 분야가 등장했다. 행동주의가 행동을 오로지 외적 보상 이력(자극과 반응, 현재 딥러닝 응용 분야에서 흔한 '지도형 학습'을 떠올리게 한다)으로 설명하려 하는 반면, 인지심리학은 주로 믿음, 욕망, 목표와 같은 '내적 표상'internal representation에 초점을 맞춘다.

이 책에서 우리가 거듭해서 보여주고 있는 것은 표상의 방식은 거의 없이, 생존하려고 노력하는 머신러닝(특히 신경망)의 결과다. 엄밀히 말해 기술적인 의미에서는 신경망도 벡터라고 알려진 일련의 수와 같은 표상을 가지고 있다. 이들은 인풋과 아웃풋, 히든 유닛을 표현하지만 그보다 강화된 것은 거의 갖고 있지 않다. 인지심리학자들이 '명제'proposition라고 부르는 것, 즉 전형적으로 주체들 사이의 관계를 표현하는 직접적인 표상 수단들이 존재하지 않는 것이다. 예를 들어 클래식 AI는 케네디 대통령의 그 유명한 1963년 서베를린 방문("나는 베를린 시민입니다."Ich bin ein Berliner라는 역사적인 연설이 여기서 이루어졌다)을 나타내기 위해 부수적인 사실(독일의 서베를린)과 방문에 대한 내용들(1963년 6월, 서베를린, 케네디)을 추가한다. 클래식 AI에서 지식은 정확하게 이런 표상의 축적으로 이루어지며 추론은 그 기반 위에서 형성된다. 그 토대에서라면 케네디가 독일을 방문했다는 추론은 자명하다.

딥러닝은 일어나고 있는 일의 단편을 포착하는 수많은 벡터를 통해서 이것을 대략적인 방식으로 꾸며 내지만 명제를 직접적으로 표상하지는 못한다. 딥러닝에는 방문의 내용이나 부수적 사실을 표상할 구체적인 방법이 없다. 모든 것이 대략적인 근사치일 뿐이다. 전형적인 딥러닝 시스템도 케네디가 독일을 방문했다고 정확히 추론하는 경우가 있을 것이다. 하지만 거기에는 신뢰성이 없다. 그것은 직접적으로 명제적 지식을 표상하지는 않는다. 똑같은 딥러닝 시스템이 혼란을 일으켜서 케네디가 서베를린이 아닌 동독을 방문했다거나(1963년에는 전혀 가능하지 않았던 일이다) 그의 동생인 로버트 케네디Robert Kennedy가 본을 방문했다는 추론을 내놓을 수 있다. 소위 벡터 공간 내에서는 이런 가능성들 모두가 서로 근접해 있기 때문이다. 추론과 추상적 사유에서 딥러닝을 믿을 수 없는 이유는 애초에 딥러닝의 초점이 정확한 사실적 지식을 표상하는 데 있지 않아서다. 주어진 사실들이 애매한 경우라면 딥러닝이 정확한 추론을 해내기란 대단히 어렵다.

명백한 표상의 부족은 딥마인드의 아타리 게임 시스템에서도 비슷한 문제를 유발한다. 패들에 단 몇 픽셀의 변화만 있어도 아타리는 〈벽돌깨기〉 게임을 하지 못한다. 이런 실패는 아타리가 패들, 공, 벽과 같은 추상적인 것들을 전혀 표상하지 못한다는 사실과 밀접한 관계가 있다.

이러한 표상이 없이는 진정한 인지 모델을 만들기가 어렵다. 강화된 인지 모델이 없다면 시스템을 신뢰할 수도 없다. 이 상황에서는 많은 데이터를 가지고 새로운 변수들이 이전 변수들과 많이 다르지 않기를 바라는 방법밖에는 없다. 그리고 그런 바람은 잘 이루어지지 않는다. 새로운 일이 이전에 일어났던 일과 많이 달라지면 시스템은 무너진다.

복잡한 문제에 효과적인 시스템을 구축하는 일에 관해서는 풍부한 표상이 필수적이라고 밝혀지는 경우가 많다. 딥마인드가 인간 수준으로 실제 바둑을 둘 수 있는 시스템을 만들고자 했을 때 이전 아타리 게임 작업에서 사용했던 '오로지 픽셀로부터 학습하는' 접근법을 버리고 바둑판과 바둑 규칙에 대한 상세한 표상과 함께 움직임과 대항 행동의 트리 구조를 표상하고 탐색하는 손으로 만든 기계 장치에서 출발한 것은 우연이 아니다.[20] 브라운대학교의 머신러닝 전문가 스튜어트 게먼Stuart Geman은 이렇게 표현했다. "신경 모델링의 근본적인 문제는 학습 그 자체보다는 표상에 있다."[21]

세상을 이해하는 도구, 추상화와 일반화

우리가 아는 많은 지식은 상당히 추상적이다. 예를 들어 'X가 Y의 남매/자매'라는 관계는 많은 다른 쌍의 사람들 사이에 존재한다. 말리아 오바마Malia Obama는 사샤 오바마Sasha Obama와 자매 사이이고, 앤 공주는 찰스 왕세자와 남매 사이다. 우리는 특정 쌍의 사람들이 자매/남매라는 사실뿐만 아니라 자매/남매가 무엇인지 알며 그 지식을 개별적인 사람들에게 적용할 수 있다. 예를 들어 우리는 '두 사람의 부모가 같으면 자매/남매다'라는 것을 안다. 로라 잉걸스 와일더가 찰스 잉걸스Charles Ingalls와 캐럴라인 잉걸스Caroline Ingalls의 딸이고 메리 잉걸스Mary Ingalls 역시 그들의 딸이라는 사실을 알아내면, 우리는 메리와 로라가 자매임을 추론할 수 있다. 우리는 특별한 사유가 없다면 자매와 남매가 서로를 알기 때문에 메리와 로라가 아는 사이일 가능성이 매우 높으며 그들이 아마 가족으로서 닮은 부분과 공통의 유전적 특질을 가진다는 등의 추론도 할 수 있다.

인지 모델과 상식 모두의 기저가 되는 표상은 추상적인 관계의 다양한 조합을 토대로 한다. 사실 인간은 시간(예를 들어 오후 10시 35분), 공간(북극), 특정한 사건(에이브러햄 링컨의 암살), 정치사회적 조직(미국 국무부), 특징(아름다움, 피로), 관계(자매애, 외통수), 이론(마르크스주의), 이론적 구상(중력, 구문론) 등 거의 모든 것을 추상화할 수 있다. 인간은 이 추상적인 개념들을 문장, 설명, 비교, 이야기에 사용하면서 대단히 복잡한 상황의 골자만 추려내고, 정신이 세상을 광범위하게 추론하는 데 유용하게 활용할 도구를 마련한다.

우리가 이 책을 쓰고 있을 때 저자인 게리의 집에서 있었던 실제 대화를 예로 들어보자. 여섯 살이었던 게리의 아들 알렉산더와 게리 부부의 대화다.

알렉산더: '가슴 깊이의 물'이 뭐예요?

엄마: 가슴 깊이의 물이란 물이 네 가슴까지 오는 걸 말해.

아빠: 그건 사람마다 다르지. 아빠한테 가슴 깊이는 네 가슴 깊이
보다 깊어.

알렉산더: 아빠의 가슴 깊이는 나한테는 머리 깊이예요.

AI가 추구해야 할 것은 새로운 개념의 발명 및 확장과 함께하는 이러한 유연성과 적은 양의 인풋을 기반으로 하는 일반화다.

AI는 유연성을 가지고 생각할 수 있는가

베스트셀러 《생각에 관한 생각》에서 노벨상 수상자 대니얼 카너먼은 인간의 인지 과정을 두 개의 범주, 시스템 1과 시스템 2로 나눈다.[22] 시스템 1 과정은 종종 자동적으로 빠르게 수행된다. 인간의 정신은 시스템 1 과정을 말 그대로 '그냥' 수행한다. 이때는 지금 무엇을 하고 있는지에 대한 의식이 없다. 세상을 바라볼 때면 눈앞에 있는 광경을 곧바로 이해하

고 모국어로 된 이야기를 들으면 무슨 말을 듣고 있는지 곧바로 이해한다. 통제할 수 없으며 정신이 어떻게 그 일을 하는지도 알지 못한다. 사실 정신이 작동하고 있다는 인식조차 전혀 없다. 반면 시스템 2 과정에는 의식적이고 단계적인 사고가 필요하다. 시스템 2가 관여할 때는 사고를 한다는 인식이 있다. 퍼즐을 풀거나, 수학 문제를 풀거나, 지금 막 배우기 시작한 언어로 된 책을 한 문장에 세 번씩 사전을 찾아 가며 천천히 읽을 때를 예로 들 수 있다(두뇌가 대단히 구조화되어 있는 것은 분명하지만 정확히 어떻게 구조화되어 있는지는 그리 명확하지 않다. 명백하게 구조적인 부분에 대해서도 어느 정도 논란이 있다. 예를 들어 시스템 1, 2라는 구분의 버전조차 최근 이 이론의 창시자 중 한 사람으로부터 날카로운 비판을 받고 있다).

우리는 이 두 시스템을 '반사적 시스템'과 '신중한 시스템'이라고 부르기를 좋아한다.[23] 기억하기가 더 좋기 때문이다. 하지만 어느 쪽이든 인간이 다른 종류의 문제에 다른 종류의 인지를 사용한다는 것만은 분명하다. AI의 선구자인 마빈 민스키는 심지어 인간의 인지를 각각 다른 종류의 과제에 전문화된 수십, 수백 가지 다른 '행위자'agent가 있는 '마음의 사회'로 봐야 한다고 주장했다.[24] 예를 들어 차 한 잔을 마시는 데에도 붙잡는 행위자, 균형을 잡는 행위자, 목이 마른 행위자, 여러 움직임의 행위자가 필요하다. 다중 지능multiple intelligences이라는 하워드 가드너Howard Gardner의 생각이나[25] 로버트 스턴버그Robert Sternberg의 삼원 지능 이론triarchic theory of intelligence[26] 역시 넓게 보면 같은 방향을 가리킨다. 진화심리학과 발달심리학의 많은 연구 역시 그렇다.[27] 정신은 단일한 것이 아니라 다중적인 것이다.

신경과학은 더 복잡한 그림을 그린다. 두뇌에 있는 저마다의 다른 기능을 가진 수백 개의 다른 영역들이 다양한 패턴으로 합쳐져서 하나의 연산을 수행한다. 사람이 두뇌의 10퍼센트만을 사용한다는 이야기는 사실이 아니다. 하지만 두뇌 활동이 대사적으로 소위 '가성비'가 떨어지기에 우리가 한 번에 두뇌 전체를 사용하는 경우가 거의 없다는 것만은 사실이다. 우리가 하는 모든 일에는 두뇌 자원의 다른 하위 집합이 필요하며, 따라서 주어진 순간에 두뇌의 일부 영역은 활성화되는 반면 일부 영역은 빈둥거리고 있을 것이다.[28] 후두 피질은 시각에 대해 활성화되는 경향이 있으며 소뇌는 신체 움직임에 활성화되는 식이다. 두뇌는 대단히 구조화된 장치이며 정신적 역량의 대부분은 적절한 때에 적절한 신경 도구들을 사용하는 데에서 나온다. 우리는 진정한 인공지능이라면 고도로 구조화되어 있을 것이라고 예상한다. 그들이 가진 힘의 대부분은 주어진 인지 과제에 대해서 그 구조를 적절한 시기에 적절한 방식으로 활용하는 능력에서 나올 것이다.

아이러니하게도 이는 현재의 추세와는 정반대다. 현재 머신러닝은 가능한 한 작은 내부 구조를 가진 단일한 동질의 기제를 사용하는 종단종 모델에 치우쳐 있다. 그 예가 엔비디아Nvidia의 2016년 운전 모델이다.[29] 이 모델은 인식, 예측, 의사결정과 같은 전형적인 모듈 구분을 저버리고, 인풋(픽셀)과 아웃풋 한 세트(조종과 가속에 대한 지시) 사이의 더욱 직접적인 연관관계를 학습하기 위해 상대적으로 획일적인 단일 신경망을 사용했다. 이런 종류의 일에 열광하는 사람들은 여러 모듈(인식, 예측 등)

을 별개로 훈련시키는 대신 전체 시스템을 '공동으로' 훈련시키는 장점을 강조한다.

그런 시스템들은 개념적으로는 어느 정도 단순하다. 인식, 예측, 그리고 그 나머지에 대해 별개의 알고리즘을 고안할 필요가 없다. 더구나 언뜻 보기에는 효과가 좋다. 인상적인 동영상들이 이를 증명하는 것처럼 보인다. 하나의 큰 네트워크와 적절한 훈련 세트를 두는 것이 훨씬 편한데 왜 귀찮게 인식과 의사결정과 예측을 별개의 모듈로 취급하는 하이브리드 시스템을 사용해야 하는가?

문제는 그런 시스템에는 유연성이 거의 없다는 점이다. 엔비디아의 시스템은 인간 운전자의 개입을 크게 요구하지 않고 잘 작동한다. 몇 시간 동안은 말이다. 그러나 수천 시간을 기준으로 볼 때는 잘 작동한다고 볼 수 없다. 조금 더 모듈식에 가까운 웨이모 시스템은 A지점에서 B지점까지의 운행에 효과적이고 차선 변경과 같은 일을 잘 처리하는 반면, 엔비디아 시스템이 할 수 있는 일은 차선을 그대로 유지하는 것뿐이다. 차선 지키기도 물론 중요한 일이지만 그것은 운전과 관련된 일의 아주 작은 부분에 불과하다.

복잡한 문제를 풀 때 다른 대안이 없는 경우라면 최고의 AI 연구자들은 종종 하이브리드 시스템을 사용한다. 우리는 이런 사례가 더 많아질 것으로 예상한다. 딥마인드는 픽셀과 게임 점수부터 조이스틱 움직임에 이르기까지 종단종 시스템 훈련을 통해 하이브리드 시스템 없이도 아타리 게임의 문제를 (어느 정도) 해결할 수 있었다.[30] 하지만 바둑에는 이와 유사한 접근법이 먹히지 않았다.[31] 바둑은 여러 면에서 1970년대부터

1980년대까지의 저해상도 아타리 게임들보다 훨씬 더 복잡했기 때문이다. 예를 들어 바둑에서는 게임에서 가능한 위치가 너무나 많고 하나의 수가 훨씬 더 복잡한 결과를 낸다. 순수 종단종 시스템이여 이제 안녕! 반갑다 하이브리드.

바둑에서 승리하기 위해서는 두 가지 다른 접근법을 종합해야 했다. 딥러닝과 몬테카를로 트리 탐색Monte Carlo Tree Search이라고 알려진 기법으로, 게임이 펼쳐질 수 있는 방식으로 가지가 뻗어 나간 나무 사이에서 가능성을 샘플링하는 것이다. 몬테카를로 트리 탐색 자체도 두 가지 다른 아이디어가 합성된 것이다. 두 아이디어, 즉 게임 트리 탐색과 몬테카를로 탐색 모두 그 유래는 1950년대로 거슬러간다. 게임 트리 탐색은 선수의 가능한 움직임을 내다보는 교과서적인 AI 기법이며, 몬테카를로 탐색은 다수의 임의적 시뮬레이션을 진행하고 그 결과로 통계를 내는 일반적인 방법이다. 딥러닝이든 몬테카를로 트리 탐색이든 어떤 시스템도 그 자체만으로는 세계 챔피언을 배출할 수 없다. 여기에서의 교훈은 딱 하나다. AI가 인간의 정신과 마찬가지로 구조화되어야 한다는 점이다. 즉 문제의 서로 다른 측면에 서로 다른 종류의 도구로 대응하는 방식으로 작동해야 한다(우리는 딥러닝이 하이브리드 AI 시스템에서 중요한 역할을 하리라고 예상하지만 그것은 AI 시스템이 딥러닝에 의존하게 될 것이란 의미와는 다르다. 딥러닝은 지능의 충분 요소가 아닌 필요 요소가 될 가능성이 훨씬 높다).

규칙과 불규칙을 통합하는 인간 정신의 비밀

아주 작은 규모인데도 인지 시스템이 단일 기제가 아닌 다수의 기제로 이루어졌음이 드러나는 경우가 종종 있다.

영어의 동사와 그 과거형이라는 매우 일상적으로 보이는 시스템을 예로 들어보자. 스티븐 핑커는 한때 이 시스템을 많은 것을 배울 수 있는 단순한 '모형 생물'model organism이라는 의미에서 언어학의 초파리라고 불렀다.[32] 영어를 비롯한 여러 언어에서 일부 동사의 과거형은 단순한 규칙에 따라 규칙적으로 만들어지는(walk-walked, talk-talked, perambulate-perambulated) 반면, 과거형이 불규칙적으로 만들어지는 동사들도(sing-sang, ring-rang, bring-brought, go-went) 있다. 핑커와 함께 작업한 게리의 박사 학위 논문은 아이들의 과잉규칙화 오류('breaked'나 'goed'처럼 불규칙동사를 규칙동사처럼 변화시키는 것)에 초점을 맞추고 있다.[33] 분석한 데이터를 근거로 그들은 하이브리드 모델에 대한 찬성론을 폈다. 이 하이브리드 모델은 규칙동사는 규칙에 따라 일반화되는 반면(컴퓨터 프로그램과 클래식 AI에서 찾을 수 있는 것), 불규칙동사는 연관 네트워크(딥러닝의 전임자라 할 수 있다)를 통해 생성되는 마이크로 수준의 작은 구조다. 이 다른 두 개의 시스템은 공존하면서 서로를 보완한다. 불규칙동사는 메모리를 활용하고 직접적으로 연관된 데이터를 이용할 수 없을 때에는 규칙동사가 일반화된다.

하이브리드 모델과 마찬가지로 정신은 개념을 다양한 모드로 처리한다. 일부는 정의를 통해, 일부는 전형적인 특성을 통해, 일부는 핵심 사례를 통해 처리하는 것이다. 우리는 어떤 범주에 전형적인 것도 추적하지만 그와 동시에 그것이 어떤 공식적인 기준에 정말로 부합하는지도 추적한다. '할머니인 티나 터너Tina Turner(미국의 유명 여가수―옮긴이)는 미니스커트를 입고 춤을 추었다'는 말을 들었다고 가정해보자. 전형적인 할머니처럼 보이지는 않을지라도 그녀는 할머니라는 관계의 기준에는 온전히 부합한다. 그녀에게는 자녀들이 있고, 그 자녀들이 또 자녀를 두고 있다.

AI에게 가장 중요한 과제는 추상적인 진실(대부분의 포유류는 새끼를 밴다)을 포착하는 기제와 예외가 넘치는 세상(오리너구리는 알을 낳는다)을 다루는 기제 사이에서 적절한 균형을 찾는 것이다. 즉, 범용지능은 추론과 일반화를 다루는 기제(규칙 및 추상의 세계와 클래식 AI의 기제에 가까운 것)와 이미지를 알아보는 딥러닝과 같은 기제 모두를 필요로 하게 될 것이다.

데미스 허사비스가 최근 말했듯이 "진정한 지능은 딥러닝이 뛰어난 역량을 보였던 분야인 개념적 분류를 훨씬 넘어서는 것이기 때문에 그것을 1980년대에 클래식 AI가 다루려고 노력했던 많은 것들, 즉 더 높은 수준의 사고와 상징적 추론에 다시 연결시켜야만 한다."[34] 광범위한 지능, 궁극의 범용지능에 이르기 위해서는 오래된 도구와 새로운 도구들을 비롯해 많은 다양한 도구들을 우리가 아직 발견하지 못한 방식으로 통합해야 할 것이다.

단어의 합은 문장이 아니다?

———

촘스키는 언어의 본질이 "유한한 수단의 무한한 사용"이라는 언어학자 빌헬름 폰 훔볼트Wilhelm von Humboldt의 말에 담겨 있다고 생각했다.[35] 우리는 유한한 두뇌와 유한한 양의 언어 데이터로 무한한 범위의 문장들을 말하고 이해할 수 있게 해주는 문법을 만든다. 대체로 개별적인 단어나 구와 같은 작은 요소들을 통해 더 큰 문장(지금 이 문장과 같은)을 구성함으로써 말이다. 우리는 "그 선원은 그 소녀를 좋아한다."라고 말할 수 있고, 그 문장을 더 큰 문장("마리아는 그 선원이 그 소녀를 좋아한다고 생각했다.")의 구성 성분으로 이용할 수도 있다. 더 큰 문장은 그보다 더 큰 문장("크리스는 마리아가 왜 그 선원이 그 소녀를 좋아한다고 생각했는지에 대한 수필을 썼다.")의 구성 성분이 될 수 있다. 각각은 우리가 쉽게 해석할 수 있는 문장이다.

그 반대쪽 극단에는 선구적인 신경망 연구자 제프리 힌턴이 있다. 그의 분야에서 힌턴은 언어학에서의 촘스키의 위치에 밀리지 않는 지도적 위치를 점하고 있다. 최근 힌턴은 '사고 벡터'thought vector라는 개념을 주창했다.[36] 벡터를 쉽게 설명하자면 뉴욕시의 경도와 위도인 '40.7128° N, 74.0060° W' 혹은 알파벳 순서로 미국 주의 면적이 몇 제곱미터인지 나타내는 '52,419, 663,268 (…) 24,230, 97,914'와 같은 연이은 숫자들이라고 보면 된다. 딥러닝 시스템 내에서는 모든 인풋과 모든 아웃풋을 벡터로 표현할 수 있다. 네트워크 내의 각 '뉴런'은 관련 벡터에 하나의 숫자를 부여한다. 결과적으로 머신러닝 세계에 있는 연구자들은 의미가 비슷한 두 단어는 반드시 비슷한 벡터들로 코딩되어야 한다는 개념 하에 오랫동안 단어를 벡터로 코딩하기 위해 노력해왔다. '고양이'가 '0, 1, −0.3, 0.3'으로 코딩된다면 아마 개는 '0, 1, −0.35, 0.25'로 코딩될 것이다. 일리야 서츠케버와 토마시 미콜로프Tomáš Mikolov가 구글에 있을 때 고안한 워드투벡Word2Vec이라는 기법은 컴퓨터가 이런 종류의 단어 벡터들을 빠르고 효율적으로 만들 수 있게 해준다.[37] 각각의 단어 벡터들은 수백 개의 숫자로 이루어져 있으며 글 안에서 근처에 등장하는 경향이 있는 다른 단어들을 기반으로 한다(단어를 벡터로 코딩하는, 즉 보통 임베딩embedding이라고 불리는 접근법에는 다른 다양한 기법들도 사용된다. 좀 더 복잡한 기법들도 있고 단순하지만 컴퓨터의 연산에는 보다 효율적인 기법들도 있다. 각각이 약간씩 다른 결과를 내긴 하지만 근본적인 한계는 비슷하다).

어떤 배경에서는 이 기법이 좋은 효과를 낸다. 색소폰이라는 단어를 예로 들어보자. 영어로 된 많은 글들에서 색소폰은 '연주하다'와 '음악'이라는 단어나 '존 콜트레인'John Coltrane과 '케니 G'Kenny G. 같은 사람 이름 가까이에 등장한다. 대규모 데이터베이스의 경우 색소폰의 통계 자료는 '트럼펫'과 '클라리넷'의 통계 자료와 가깝고, '엘리베이터'나 '보험'의 통계 자료와는 멀 것이다. 검색엔진은 이런 기법을 이용해서 혹은 거기에 약간의 변형을 주어서 유의어를 찾아낸다. 아마존의 제품 검색 역시 이런 기법들 덕분에 크게 향상됐다.[38]

하지만 워드투벡이 정말 유명해진 것은 '남성에 여성이 대응된다면 왕에는 ___이 대응된다'와 같은 언어적 유추가 가능한 것처럼 보였기 때문이었다. 왕과 여성을 나타내는 숫자를 더하고 남성이라는 단어를 나타내는 숫자를 뺀 뒤 가장 가까운 벡터를 찾으면 당신은 매우 빠르게 '여왕'이라는 답을 얻게 된다. 왕이 무엇인지, 여성이 무엇인지에 대한 명시적인 표상이 전혀 없어도 말이다. 클래식 AI 연구자들은 그러한 개념을 정의하기 위해 긴 세월을 보낸 반면 워드투벡은 고르디아스의 매듭 Gordian knot(고대 프리기아의 왕 고르디아스는 고르디온을 건설한 뒤 자신의 전차에 아주 복잡한 매듭을 묶어 두었다. 그리고 그 매듭을 푸는 자가 아시아를 정복하게 되리라는 예언을 남겼다. 훗날 프리기아까지 진출한 알렉산더가 이 매듭을 풀기 위해 애썼으나 풀리지 않자 칼로 끊어 냈다고 한다. 발상의 전환으로 어려운 문제를 해결하는 경우에 이 비유를 사용한다. ─옮긴이)을 끊어버린 것이다.

힌턴은 이런 결과들을 기반으로 이 아이디어를 일반화시키기 위해 노력했다. 문장과 생각을 복잡한 나무 형태로 나타내는 방법이 신경망과 원활하게 상호작용을 하지 못한다면, 생각을 벡터로 나타내면 되지 않을까? 힌턴은 《가디언》과의 인터뷰에서 이렇게 말했다. "'파리'의 벡터에서 '프랑스'의 벡터를 빼고 '이탈리아'의 벡터를 더하면 '로마'를 얻게 된다.[39] 대단히 놀라운 일이다." 힌턴이 지적했듯이 최근 기계 번역에서 구글이 낸 성과들의 기반이 된 것도 이와 비슷한 기법들이다. 그렇다면 모든 생각을 이런 식으로 나타내는 것은 어떨까?

문장은 단어와 다르다. 여러 다른 상황에서 단어가 어떻게 사용되는지 생각해보면 단어의 의미를 짐작할 수 있다. '고양이'의 의미는 이전에 당신이 들어본 말에서 '고양이'라는 단어가 사용된 평균적인 방법 혹은 (더 기술적으로는) 딥러닝 시스템이 고양이를 나타내기 위해 사용한 벡터

공간 내 점들의 집합과 비슷하다. 하지만 모든 문장은 각기 다르다. '존은 웃기기가 쉽다'는 문장과 '존은 놀리기가 쉽다'는 문장은 거기에 쓰인 문자들에 큰 차이가 없지만 뜻은 그리 비슷하지 않다. '존은 웃기기가 쉽다'는 말은 '존은 웃기기가 쉽지 않다'는 말과 전혀 다르다. 단어가 조금만 달라져도 문장의 의미가 완전히 변한다.

사실 벡터 위에 복잡한 개념을 매핑하는 데에는 심각한 문제가 존재한다. 왕과 여성의 합에서 남성을 빼는 계산은 특정한 경우에 유효할지 모르지만 단어를 벡터로 옮기는 시스템은 전반적으로 신뢰하기가 힘들다. '작다'에 '크다'가 대응된다면 '아름답다'에는 무엇이 대응될까? 워드투벡 시스템이 내놓은 상위 다섯 개의 답은 '추하다'가 아닌 '크다', '매력적이다', '사랑스럽다', '대단히 아름답다', '장엄하다'였다. '전구'에 '빛'이 대응된다면 '라디오'에는 무엇이 대응되느냐는 질문에는 '소리'나 '음악'이 아닌 'FM', '라디오', '라디오 방송국'이라는 답을 내놨다. 걱정스럽게도, '도덕적'은 '선한'보다는 '부도덕한'과 가깝다는 판단이 내려졌다. 선전은 과장되어 있지만 사실 워드투벡은 반대말이라는 기본적인 개념조차 파악하지 못한다.

생각과 생각들 사이의 미묘한 관계는 겉으로 비슷하게 보이는 문장들을 모아놓는다고 한들 포착할 수 없다. 우리는 '탁자 위의 책'과 '책 속의 탁자'라는 구절의 차이를 알아보며, 두 구절을 '탁자 위에 있지 않은 책'이라는 구절과도 구분한다. 또 이 각각의 구절과 '제프리는 프레드가 탁자 위의 책에는 일말의 관심도 없지만 테이블이 오른쪽으로 기울어져 언제라도 쓰러질 수 있기 때문에 탁자 위에서 탁자의 균형을 잡아 주는 크고 특이한 물고기 조각에는 큰 관심을 두고 있다는 것을 알고 있다'라는 문장도 구분한다. 이들 문장 각각은 다른 의미를 띤 다른 문장으로 끝없이 확대될 수 있다. 각각의 경우, 전체는 부분의 통계적 평균과 크게 다르다.

언어학자들이 가지를 뻗어내는 트리tree란 이름의 도표(보통 꼭대기의 뿌리에서 그려 내려오는)를 가지고 언어를 나타내는 이유도 바로 이 때문이다. 이런 체제에서는 문장의 각 구성 요소가 그만의 자리를 갖고 있다(그림 20 참조). 그렇기 때문에 두 문장을 구성하는 대부분 혹은 단어 전부가 같더라도, 문장을 다른 문장과 쉽게 구분하고 구성 요소들 사이의 관계를 쉽게 판단할 수 있다. 그런 고도로 구조화된 문장의 표상 없다면 딥러닝 시스템은 중요한 세부 요소들을 다루는 부분에서 문제를 일으킬 수 있다.

예를 들어 딥러닝으로 추진되는 '정서 분석기'sentiment analyzer는 문장이 긍정문인지 부정문인지를 분류하는 시스템이다. 추정하건대 기술적인 측면에서 각 문장은 벡터로 전환되고, 긍정문("좋아!")은 서로 비슷한 벡터들의 집합으로 표현되며 부정문("싫어!")은 별개의 무리에서 그룹 지어진 벡터들의 집합으로 표현되는 듯하다. 새로운 문장이 생기면 이 시스템은 그것이 긍정적인 벡터들의 집합에 가까운지 부정적인 벡터들의 집합에 가까운지를 따진다.

많은 인풋 문장들이 명확하고 따라서 정확하게 분류된다. 하지만 미묘한 차이는 포착하지 못하는 경우가 많다. 그런 시스템들은 "싫어지기 전까지는 좋았어."(용두사미식 영화에 대한 부정적인 리뷰)와 "좋아지기 전

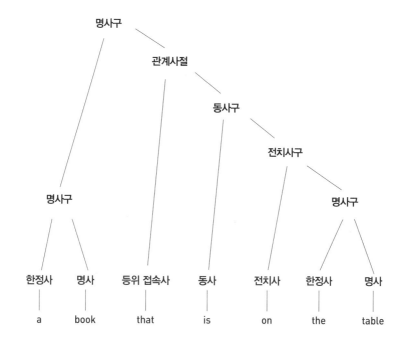

그림 20 구문 트리

```
              명사구
                  관계사절
                       동사구
                            전치사구
        명사구                        명사구
   한정사    명사   등위 접속사   동사   전치사   한정사    명사
    │        │        │        │       │       │        │
    a      book     that      is      on      the     table
```

에는 싫어했어.”(좋지 않게 시작됐지만 후반에 만회를 한 영화에 대한 좀 더 긍정적인 리뷰)를 구분하지 못한다. 문장이 문장의 구성 요소들과 어떤 관련성을 가지는지의 측면에서 문장의 구조를 분석하지 않으며, 문장의 여러 부분에서 문장의 의미가 어떻게 파생되는지를 이해하지 못하기 때문이다.

여기서 우리는 이런 교훈을 얻게 된다. '통계는 종종 의미를 짐작하지만 절대 진정한 의미를 포착하지는 못한다'는 교훈이다. 개별 단어들을 정확하게 포착할 수 없다면 복잡한 생각(혹은 복잡한 생각을 설명하는 문장)을 적절한 정확도로 포착하지 못할 것이 분명하다.[40] 텍사스대학교의 전산언어학자 레이 무니Ray Mooney가 한 말은 그 표현이 좀 거칠긴 하지만 틀린 말은 아니다. "망할 문장 전체의 의미를 망할 놈의 단일 벡터에 욱여넣는 건 불가능하다!" 그렇다. 그것은 과한 요구다(솔직히 말해 모든 문장을 고도로 구조화된 방식으로 계산된 숫자와 연관시키는 '괴델의 숫자붙이기'Gödel numbering와 같은 기법들을 이용하면 가능하기는 하다. 그러나 그렇게 하는 것은 상처뿐인 승리 그 이상도 이하도 아니다. 역전달에 의해 구동된 시스템이 의존하는 비슷한 문장들 사이의 수치상 유사성을 포기해야 하기 때문이다).[41]

같은 말도 맥락 안에서 달라진다

———

아래 그림을 보자.[42] 이것은 문자인가 숫자인가?

그림 21

문자 B인가 숫자 13인가?

맥락에 따라서는 문자일 수도, 숫자일 수도 있다.

그림 22

맥락에 따라 해석이 달라진다.

  인지심리학자들은 두 종류의 지식, 즉 우리의 감각에 직접 들어오는 정보인 상향식 정보와 세상에 대한 우리의 선행 지식(예를 들어 '문자와 숫자는 다른 범주를 형성한다', '단어와 숫자는 그 범주들에서 나온 요소들로 이루어진다' 등)인 하향식 정보를 구분한다. 모호한 이미지는 어떤 맥락에서는 이런 식으로 보이고, 다른 맥락에서는 저런 식으로 보인다. 우리가 우리의 망막에 떨어지는 빛을 세상에 대한 일관된 그림과 통합시키기 때문이다.

  심리학 교과서를 읽어보면 수십 가지 사례를 찾을 수 있다. 사람들에게 특정한 그림(그림 23)을 보여준 뒤 기억나는 것(그림 24)을 그리도록 한 고전 심리학 실험이 있다.[43] 마지막 이미지에 대해서는 태양이나 배의 조종대(키), 맨 위의 이미지에 대해서는 창문의 커튼이나 사각형 안의 다이아몬드처럼 특정한 구절을 미리 이야기해준 후에 말이다.

그림 23

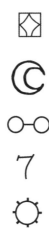

이런 그림들은 다양한 해석이 가능하다.

그림 24

복제화	라벨 목록 1	본래의 자극	라벨 목록 2	복제화
	창문의 커튼		사각형 안의 다이아몬드	
	초승달		문자 C	
	안경		아령	
	7		4	
	배의 조종대		태양	

주어진 맥락에 따라 그림이 다르게 재구성된다.

그림 24의 결과에서 잘 드러나듯 실험 대상자들에게 주어진 라벨은 그들이 그림을 다시 그리는 데 큰 영향을 미쳤다.

인식에서 맥락의 중요성을 입증하는 여러 실험 중에 우리가 개인적으로 좋아하는 것으로 MIT 연구소에서 이루어진 안토니오 토랄바Antonio Torralba의 실험이 있다. 이 실험에서는 호수의 물결이 마치 자동차와 같이 보이는 사진이 사용됐다. 차의 모습과 너무 비슷해서 시각 시스템이 속을 정도였다.[44] 하나의 물결을 충분히 확대하면 자동차처럼 보이는 흔적을 발견하게 된다. 하지만 인간은 이 사진에 속지 않는다. 우리는 자동차가 실제로 호수 위로 다닐 수 없다는 것을 알기 때문이다.

다른 예는 요리 연구가 줄리아 차일드Julia Child의 주방을 담은 사진에서 발췌한 것이다(그림 25). 아래쪽의 단편적인 부분들을 알아볼 수 있겠는가? 물론 당신은 알아볼 수 있을 것이다. 왼쪽에 있는 그림은 두 개의 의자가 있는 테이블이다. 테이블 위에는 테이블 매트가 있고 그 위에 접시가 있다. 오른쪽 그림은 테이블 왼편의 의자를 확대한 것이다.

하지만 우리가 그림을 분간해내는 것은 테이블과 의자의 픽셀을 통해서만이 아니다.

우리가 이 사진들을 아마존의 사진 감지 소프트웨어 레코그니션 Rekognition에 넣자 레코그니션은 하단의 왼쪽 그림에는 65.5퍼센트의 정확도로 '합판', 오른쪽 그림에는 51.1퍼센트의 정확도로 '더러운 길' 혹은 '자갈'이라는 라벨을 붙였다.[45] 맥락이 없이 픽셀만으로는 이해가 어렵다.

언어 이해에 있어서도 마찬가지다. 맥락은 앞서 이야기했던 중의성을

그림 25 줄리아 차일드의 주방 전경(위)과 주방 사진의 세부(아래)

해소하는 데 유용하다. 우리 저자들은 며칠 전 차를 타고 시골길을 지나다가 'free horse manure'라는 푯말을 봤다. 논리적으로만 따지자면 '말똥을 석방하라'는 요청일 수도 있고('넬슨 만델라를 석방하라'Free Nelson Mandela에서와 같은 문법으로) 주인이 너무 많이 갖고 있는 것을 무료로 나눠주겠다는 '말똥 공짜'라는 뜻일 수도 있겠다는 생각이 들었다. 하지만 정확히 어떤 의미인지 유추하는 데 어려움은 없었다. 말똥이 '자유'를 꿈꾸지는 않을 테니 말이다.

세상사에 대한 지식은 문자 그대로가 아닌 언어를 해석하는 데에도 필수적이다. 한 레스토랑의 종업원이 다른 종업원에게 "'로스트비프'가 커피를 좀 달라는데."라고 말했다고 해보자. 아무도 로스트비프 샌드위치가 갑자기 갈증이 난다고 생각하지 않을 것이다. 우리는 로스트비프를 주문했던 '어떤 사람'이 음료를 원한다고 추론한다. 우리가 세상에 대해서 아는 바를 통해서 샌드위치에는 믿음이나 욕구가 없다고 판단하기 때문이다.

언어학에서 사용하는 기술적 용어를 사용하자면 언어는 '명시성'이 낮은 경향이 있다.[46] 의미하는 모든 것을 이야기하지는 않는다는 뜻이다. 우리는 대부분을 맥락에 맡긴다. 모든 것을 일일이 설명하려면 정말 긴 시간이 필요하기 때문이다.

하향식 지식은 우리의 도덕적 판단에도 영향을 미친다. 예를 들어 대부분의 사람들은 살인이 나쁜 행동이라고 생각한다. 하지만 많은 사람들이 전쟁, 자기 방어, 복수는 예외로 둔다. 내가 당신에게 A가 B를 죽였다고만 말한다면 당신은 그게 잘못된 일이라고 생각할 것이다. 하지만 A가 영화 속에서 B를 죽였고 B가 먼저 A의 가족을 죽였다는 것을 안다면 당신은 A가 B에게 복수의 칼을 겨눌 때 환호할 것이다. 말하자면 '도둑질은 나쁘다. 하지만 로빈 후드는 멋지다'.

우리가 상황을 어떻게 이해하는가는 상향식 데이터(살인 혹은 절도 사건이 벌어졌다)만의 문제가 아니다. 언제나 상향식 데이터와 더욱 추상적이고 고차원적인 원칙이 혼합되어야 한다. 상향식 정보와 하향식 정보,

이 둘을 통합하는 방법을 찾는 것이야말로 AI 개발에서 가장 시급한 문제이지만 동시에 자주 도외시되는 문제다.

숨겨진 본질을 간파하는 능력이 필요하다

위키피디아에 따르면 쿼터(미국의 통화 단위 중 하나)는 '25센트의 가치가 있고 지름이 약 2.5센티미터인 미합중국의 동전'이다. 피자는 '이탈리아에서 유래한 짭짤한 음식'이다. 대부분 원형이고 사각형도 더러 있으며 흔치는 않지만 타원형이나 그 외의 모양도 있다. 원형 피자는 대개 지름이 15~20센티미터다. 하지만 노스웨스턴대학교의 인지심리학자 랜스 립스Lance Rips가 지적했듯이 미국 쿼터 동전과 지름이 같은 피자도 쉽게 상상할 수 있다(귀여운 에피타이저로 기꺼이 먹기도 할 것이다).[47]

반면에 동전이라면 일반적인 쿼터보다 50퍼센트만 커져도 그런 쿼터 복제품을 합법적인 통화로 절대 인정하지 않을 것이다. 당신은 이 복제품을 형편없는 위조품으로 치부할 것이다. 이는 당신이 '돈'과 '음식'에 대해 가지고 있는 직관적 이론이 다르기 때문이다. 돈에 대한 이론을 아마 당신은 이렇게 알고 있을 것이다. 사람들은 추상적인 가치를 나타내는 표식, 즉 동전이나 지폐처럼 물리적인 것을 활용해 이를 음식과 기꺼이 교환한다. 이때 교환은 그 표식이 '합법성'을 가지고 있을 때에만 이루어진다. 그 합법성은 조폐국과 같은 특별한 기관에서 발행했느냐에 좌우되며 합법성을 평가하는 방법의 일환으로 우리는 그 표식이 정확한 요구 조건을 만족할 것을 기대한다. 따라서 쿼터는 피자 크기일 수가 없다.

그림 26

쿼터 크기 피자 값을 피자 크기 쿼터로 치른다.

한때 심리학자들과 철학자들이 개념을 오로지 '필요와 충분 조건'의 측면에서 정의하려고 노력했던 적이 있다. 정사각형에는 직각으로 연결된 길이가 같은 네 개의 변이 있어야 한다. 선은 점 사이의 최단 거리다. 기준에 부합하는 모든 것은 자격을 얻고 그 외의 것들은 자격을 얻지 못한다. 두 변의 길이가 같지 않다면 더 이상 정사각형이 아니다. 하지만 수학적 성질이 약한 개념을 정의하는 데에는 이러한 방식을 쓸 수 없었다. 새나 의자의 정확한 기준을 정하기란 대단히 어려웠다.

또 다른 접근법에서는 특정 사례, 즉 핵심적인 예(울새는 원형적인 새다[48]) 또는 일련의 사례(예를 들어 당신이 보았던 모든 새)를 본다. 1980년대부터 많은 사람들이 개념이 이론에 내포되어 있다는 견해를 지지해왔다. 우리의 두뇌는 개별적인 사례와 원형을 동시에 추적하는 일을 꽤 잘해내는 것 같다. 하지만 우리는 피자와 쿼터의 예처럼 개념을 그 개념이 내포된 이론에 따라 상대적으로 판단할 수도 있다. 또 다른 예로 우리는 생물학적 존재에게 겉으로 지각할 수 있는 특징들과 별도로 '숨겨진 본질'이 있다는 점을 이해한다.

대표적인 실험이 있다. 예일대학교의 심리학자 프랭크 케일Frank Keil은 어린이들에게 "너구리를 성형수술시켜 스컹크처럼 보이게 만들고 '지독한 방귀'까지 장착시켰다면 그 너구리는 스컹크가 될 수 있을까?"라는 질문을 했다.[49] 어린이들은 겉으로 보이는 외형과 방귀와 같은 기능적 특성에도 불구하고 너구리는 여전히 너구리라고 확신했다. 아마도 그들이 가진 생물 이론에 '정말로 중요한 본질은 생물 안에 있는 것'이라는 관념이 더해져 만들어진 결과였을 것이다(어린이들은 커피포트를 가공시켜 새 모이통으로 변형한 물건에는 이와 같은 이론을 확장하지 않았다. 아이들은 그것을 새 모이통이라고 판단했다).

우리는 이 같은 이론에 내재된 개념들을 효과적인 학습의 필수 요소로 본다.[50] 유치원생이 이구아나의 사진을 생전 처음으로 본다고 가정해보자. 거의 즉각적으로 아이들은 다른 이구아나 사진을 알아볼 뿐 아니라 동영상 속 이구아나나 실제 이구아나를 상당히 정확하게 알아보고,

이구아나를 캥거루와는 물론 심지어 다른 도마뱀과도 쉽게 구분할 것이다. 마찬가지로 아이들은 동물에 대한 일반적인 지식을 통해 이구아나가 먹고 숨을 쉬며, 작게 태어나서 자라고 번식하고 죽으며, 비슷한 외형에 비슷한 방식으로 행동하는 이구아나 개체군이 있을 것이라고 추론할 수 있다.

'사실'이라는 것은 혼자 떨어진 섬이 아니다. 범용지능이 성공하기 위해서는 그 지능이 획득한 사실들을 이런 사실들의 체계화에 도움을 주는 주요 이론에 포함시켜야 한다.

인과성을 학습하는 일의 어려움

———

튜링상 수상자인 유디 펄Judea Pearl이 강조했듯이 인과성에 대한 선명한 이해는 인간 인지에 핵심이 되는 중요한 측면이다.[51] 세상이 단순하고 우리가 모든 것에 대해 완전한 지식을 갖고 있다면 아마도 우리에게 필요한 유일한 인과성은 물리학일 것이다. '내가 아주 작은 크기의 힘을 아주 많이 가한다면 다음에는 어떤 일이 생길까?'와 같은 문제들은 시뮬레이션을 통해 정확히 판단할 수 있다. 하지만 우리가 아래에서 상세히 논의할 것처럼 이런 종류의 상세한 시뮬레이션은 현실적이지 못한 경우가 많다. 현실에서는 추적해야 할 입자들이 너무나 많고 시간은 부족하다.

그래서 우리는 대신 종종 근사치를 이용한다. 우리는 정확한 이유는 모를지라도 여러 일들이 인과적으로 연관되어 있다는 사실을 안다. 우리는 아스피린을 먹는다. 그것을 먹으면 기분이 좋아진다는 사실을 알기 때문이다. 아스피린의 생화학적 작용까지 이해할 필요는 없다. 대부분의 성인들은 정확한 배아 발생 기제는 이해하지 못하더라도 성관계가 아기로 이어진다는 것을 알고, 완전하지는 못하지만 그 지식에 따라 행동할 수 있다. 의사가 아니어도 비타민 C가 괴혈병을 막는다는 것쯤은 알고, 기계 공학자가 아니더라도 가속페달을 밟으면 차가 빨리 간다는 것을 안다. 인과적 지식은 어디에나 있으며 우리가 하는 일의 대부분은 인과적 지식을 기반으로 한다.

영화 〈새로운 탄생〉에서 주인공 남자는 섹스보다 합리화가 훨씬 더 중요하다는 농담을 한다(그는 이렇게 묻는다. "일주일이라도 합리화하는 일 없이 지내본 적이 있나?"). 우리 저자들은 인과적 추론이 합리화보다도 더 중요하다고 말하고 싶다. 인과적 추론이 없다면 우리는 단 한 시간도 세상을 이해할 수 없다. 우리는 AI에서 인과성보다 더 중요한 주제는 없다는 유디 펄의 생각에 동의한다. 그만큼 중요하면서 그만큼 소홀한 대우를 받은 주제도 없을 것이다. 펄은 이미 강력한 수학 이론을 발전시켰지만 사람이 다양한 인과관계를 어떻게 학습하는지에 대해서는 탐구할 것이 대단히 많이 남아 있다.

그것이 특히 골치 아픈 문제인 이유는 인과 지식으로 가는 가장 명백한 경로에 너무나 많은 어려움이 산재해 있기 때문이다. 우리가 아는 거의 모든 원인은 상관관계로 이어지지만(자동차는 가속페달을 밟으면 빨리 간다. 단, 엔진이 돌아가고 사이드브레이크가 풀려 있어야 한다) 사실 대부분의 상관관계는 인과적이지 않다. 수탉의 울음이 새벽보다 앞서는 것은 맞지만 수탉의 입을 막는다고 해서 태양이 떠오르는 것을 막을 수는 없다. 기압계의 눈금은 기압과 상관관계가 있지만 기압계의 바늘을 손으로 움직인다고 기압이 바뀌는 것은 아니다.

2000년에서 2009년 사이 1인당 치즈 소비량과 침대 시트 엉킴으로 사망한 사람 수의 상관관계를 보여주는 타일러 비겐Tyler Vigen의 다음 자료(그림 27)를 보자. 이처럼 우리는 충분한 시간만 주어지면 온갖 종류의 우연한 연관성을 쉽게 찾아낼 수 있다.

그림 27 허구적 상관관계를 나타낸 그래프

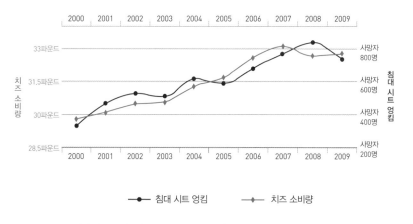

1인당 치즈 소비량이 침대 시트에 엉켜 죽은 사람 수와 상관관계가 있다??

법대생인 비겐은 《허구적 상관관계》A Spurious Correlation라는 책 전체를 이런 자료로 채웠다.[52] 비겐은 같은 기간 수영장에 빠져서 목숨을 잃은 사람의 수가 니콜라스 케이지가 출연한 영화의 수와 밀접한 상관관계가 있다고도 지적했다. 이런 종류의 조롱에 가까운 상관관계는 진정한 인과적 연관이 없는 완전히 허구적인 것이지만 가속페달과 가속의 상관관계는 진정한 인과적 관계라는 것을 기계가 깨닫도록 만든다면 그것은 엄청난 성과가 될 것이다(물론 인간이라고 쉽게 이런 깨달음을 얻는 것은 아니다. 많은 사람들이 흡연이 폐암의 위험성을 높인다는 사실을 기꺼이 받아들이기까지 수십 년이 걸렸다. 19세기 내내 의료인 대부분은 산욕열이 의사들의 소독되지 않은 손 때문에 퍼진다는 생각에 강하게 저항했다. 의사의 권위를 해치는 문제라고 생각했기 때문이기도 했지만 그보다는 그것이 이치에 맞지 않는다고 생각했기 때문이다. 당시 의사들은 비누로 손을 씻고 있었다. 어떻게 작은 양의 오염 물질이 그렇게 파괴적일 수 있단 말인가?).

인간의 경험과 딥러닝의 차이점

사람은 일상생활을 하면서 수많은 개별적인 물건, 그 물건들의 속성 그리고 그 각각의 역사를 계속 추적한다. 당신의 배우자는 기자로 일했었고 위스키보다는 브랜디를 좋아한다. 당신의 딸은 천둥을 무서워했고 쿠키보다 아이스크림을 좋아한다. 당신 차의 오른쪽 뒷문에는 흠집이 나있고 당신은 1년 전 변속기를 교환했다. 길모퉁이 슈퍼는 품질이 좋은 상품을 판매했지만 주인이 바뀐 후부터 내리막길을 걷고 있다. 우리의 경험 세계는 이처럼 긴 시간에 걸쳐 지속되거나 변화하는 개별적인 것들로 이루어져 있으며 우리가 아는 많은 지식과 정보들은 특정한 독립체 그리고 그들의 개별적인 역사와 그들의 별스러운 점들을 중심으로 조직되어 있다.

이상하게도 그런 관점은 딥러닝 시스템에 전혀 적용되지 못했다. 딥러닝은 개별적인 것이 아닌 '범주'를 중심으로 한다. 대부분의 딥러닝 시스템은 어린이들이 대개 야채보다 디저트를 좋아하며 차는 바퀴가 네 개라는 식의 일반화를 학습하는 데 능하다. 그런 것들은 딥러닝 시스템이 자연스럽다고 보는 사실이지, 당신의 딸이나 당신의 차에 대한 구체적인 사실이 아니다.

분명 예외는 있다. 하지만 자세히 들여다보면 그것들은 규칙을 드러내주는 예다. 예를 들어 딥러닝 시스템은 개별적인 사람들의 사진을 알아보고 구별하는 데 매우 능하다. 당신은 야구 선수 데릭 지터Derek Jeter의 사진을 매우 높은 정확도로 알아보도록 딥러닝 시스템을 훈련시킬 수 있다. 하지만 그것은 딥러닝 시스템이 '데릭 지터의 사진'을 비슷한 사진들의 범주로 생각하기 때문이지, 시스템이 데릭 지터가 운동선수라거나 개별적인 인간이라는 생각을 갖고 있어서가 아니다. 데릭 지터와 같은 개인을 알아보는 학습의 기제와 야구 선수와 같은 범주를 알아보는 학습의 기제는 근본적으로 동일하다. 그들은 모두 '이미지의 범주'다. 데릭 지터의 사진을 알아보도록 딥러닝 시스템을 훈련시키는 것은 일련의 기간에 걸친 뉴스 기사들을 통해 그가 1995년부터 2014년까지 뉴욕 양키스에서 유격수로 활약했다는 사실을 추론하도록 훈련시키는 것보다 훨씬 쉽다.

마찬가지로 딥러닝 시스템이 영상 속 인물을 어느 정도의 정확도로 추적하게 하는 것도 가능하다. 하지만 딥러닝 시스템에게 그 일은 하나의 동영상 프레임에 있는 한 부분의 픽셀을 다음 프레임에 있는 다른 부분의 픽셀과 연관시키는 것일 뿐이다.[53] 그 뒤에는 개별적인 사람에 대한 어떤 심층적인 의식도 존재하지 않는다. 시스템에게는 그 사람이 동영상 프레임에 없어도 어딘가에는 여전히 존재한다는 의식이 없다. 공중전화 박스에 한 사람이 걸어 들어갔다가 두 사람이 나온다고 해도 시스템에게는 전혀 놀라운 일이 아니다.

무에서 유를 만들려 하지 말라

1865년 그레고어 멘델Gregor Mendel은 유전의 핵심이 그가 인자factor라고 부른, 그리고 우리가 지금 유전자gene라고 부르는 것임을 발견했다. 그러나 그는 유전자가 무엇으로 이루어지는지는 알지 못했다. 과학자들이 그 답을 발견하기까지 거의 80년이 걸렸다. 수십 년 동안 많은 과학자들이 멘델의 유전자가 일종의 단백질로 이루어져 있으리란 잘못된 상상을 하면서 막다른 골목을 더듬었다. 유전자가 핵산으로 이루어졌을 것이라고 생각한 사람은 거의 없었다. 1944년에야 오즈월드 에이버리Oswald Avery가 소거 절차를 이용해서 마침내 DNA의 중대한 역할을 발견했다. 그러나 그 이후에도 거기에 관심을 두는 사람은 많지 않았다. 당시의 과학계는 핵산에 '그리 관심이 없었기' 때문이다. 멘델도 1900년에

그의 유전법칙이 재발견될 때까지 무시당했을 정도다.[54]

선천성이라는 해묵은 문제에 있어서라면 현대의 AI는 기회를 놓치고 있는 것 같다. 자연계에서라면 이 질문은 '타고나느냐 길러지느냐'라는 표현으로 바뀐다. 정신 구조에서 몇 퍼센트가 타고나는 것이고 몇 퍼센트가 길러지는 것일까? AI에도 똑같은 문제가 적용된다. 모든 것을 내장시켜야 하는가? 모든 것을 학습시켜야 하는가?

진지하게 이 문제를 고민해본 사람이라면 깨닫게 되겠지만 이는 잘못된 이분법의 오류다. 생물학, 즉 발달심리학을 포함해 유전자와 두뇌 발달 사이의 관계를 연구하는 발달신경과학 분야들에서 비롯된 압도적인 증거가 본성과 양육은 서로 대항하지 않고 협력한다는 점을 뒷받침하고 있다. 저자 게리가 《마음이 태어나는 곳》에서 강조했듯이 개별 유전자는 사실 이런 협력의 지렛대다.[55] (게리가 그 책에서 언급했듯이 각각의 유전자는 컴퓨터 프로그램의 'IF-THEN'(만약 ~라면 ~이다) 식의 가정문 같은 것이다. THEN쪽은 만들어질 특정 단백질을 명시하는데 그 단백질은 특정 화학 신호를 사용할 수 있으며 각각의 유전자가 그만의 독특한 'IF 조건'들을 가질 때에만 만들어진다. 그 결과는 환경에 반응해서 개별 셀에 의해 자율적으로 실행되는 적응성이 있으면서도 고도로 압축된 컴퓨터 프로그램 세트와 같다. 학습 자체가 이런 혼란으로부터 출현한다.)

이상하게도 대다수의 머신러닝 연구자들은 생물학의 이런 측면에는 관여하고 싶어 하지 않는 듯하다. 머신러닝에 관한 논문은 발달심리학에 대한 방대한 문헌과는 거의 접점이 없으며 혹 접점이 있는 경우에도 그 분야의 선구자로 인정받고는 있지만 거의 40년 전 사망한 장 피아제

Jean Piaget를 참조하는 정도에 그친다. 피아제가 제기한 문제들(예를 들어 "아기는 물건이 보이지 않을 때에도 계속 존재한다는 것을 아는가?")이 가리키는 방향만은 아직도 유효하다.[56] 그러나 인지 발달 단계에 관한 이론이나 아이들이 사물을 발견하는 연령에 대한 추측과 같이 그가 제안한 해답들은 이미 시대에 뒤떨어진 기준이 되고 말았다.[57]

지난 20년 동안 머신러닝 문헌에서 발달심리학 연구를 인용한 경우는 거의 없다. 유전학이나 발달신경과학에 대한 인용은 더욱 찾기 힘들다. 머신러닝 분야의 사람들은 대부분 학습만을 강조하며 선천적 지식은 고려하지 못하고 있다. 학습에 대해 연구하기 때문에 가치가 높은 것은 절대 선천적일 수가 없다고 생각하고 있는 모양이다.

인간에게만 해당되는 특이한 점이 선천성을 부정하도록 만드는 편견에 영향을 미치고 있지 않은가 하는 게 우리의 생각이다. 인간 유아의 머리는 산도의 크기에 비해 예외적으로 크기 때문에 우리 인간은 다른 동물들과 달리 두뇌가 완전히 발달하기 전에 태어난다. 두뇌는 물리적으로 계속 발달하면서 내성적으로도 성숙하기 마련인데 그런 발달과 성숙의 일부는 출생 후의 경험, 즉 학습과는 무관하게 일어난다. 사춘기가 오면서 얼굴에 수염이 나는 건 어떠한 학습의 결과도 아니다. 한마디로 인간은 삶의 첫 몇 개월 동안 모든 일을 학습하지 않는다. 그러나 사람들은 종종 출생 후의 거의 모든 발달적 변화를 경험(학습)의 결과로 보며 따라서 학습의 중요성을 과대평가하고 유전적 인자의 중요성을 과소평가한다.

하지만 본성과 양육은 그런 식으로 경쟁하지 않는다. 혹 경쟁이 있더라도 출발점이 풍성할수록 더 많은 것을 학습할 수 있다. 그러나 대부분의 딥러닝 연구에서는 모든 형태의 중요한 사전 지식을 경멸하는 '백지 상태' 관점이 지배하고 있다. 그러나 엄밀히 말해서 어떤 종류든 선천적인 구조가 전혀 없는 시스템은 존재하지 않는다. 예를 들어 모든 딥러닝 시스템은 프로그래머로부터 생래적으로 특정한 수의 층layer, 노드 사이의 특정한 상호 연결 패턴, 노드로 들어오는 인풋에 반응하기 위한 특정한 함수, 특정한 학습 규칙, 인풋과 아웃풋 단위가 의미하는 바에 대한 특정한 계획 등을 부여받는다.

우리는 머신러닝 연구자들이 여태 큰 실수를 해왔음을 깨닫는 날이 오기를 기대한다. 물론 우리는 경험을 통한 학습의 중요성을 부정하지 않는다. 학습의 중요성은 선천성에 가치를 두는 우리에게도 명백하다. 그렇지만 머신러닝 연구자들이 바라는 '완벽한 백지 상태'는 학습을 공연히 더 어렵게 만들 뿐이다. 이는 본성과 양육을 합치는 것이 가장 효과적인 해법임이 분명한 상황에서 본성을 버리고 양육에만 매진하는 셈이다.

하버드대학교의 발달심리학자 엘리자베스 스펠크Elizabeth Spelke가 주장하듯이 인간은 세상이 시간과 공간 속을 움직이는 지속적인 대상들로 이루어져 있다는 이해, 기하학적 구조와 양에 대한 감각, 심리적 직관력을 갖고 태어날 가능성이 높다.[58] 혹은 칸트가 200년 전 주장했듯이 사람이 철학적 맥락에서 세상을 올바르게 인식하려면 생래적인 '시공의 다양체'spatiotemporal manifold가 필수적이다.[59]

또한 언어적 측면 역시 부분적으로는 태어나기 전부터 각인되어 있을 가능성이 매우 높아 보인다.[60] 어린아이들은 주변 사람들이 만드는 소리와 몸짓이 의미를 지닌 소통이란 점을 알고 태어날 수도 있다. 이런 지식은 인간관계에 대한 다른 생래적인 기본 지식과 연결된다(엄마는 나를 돌봐줄 것이다 등). 언어를 문장과 단어로 구분하는 것, 언어가 어떤 소리와 같은지에 대한 예상, 언어가 구문론적 구조를 가졌다는 사실, 구문론적 구조가 의미론적 구조와 연관된다는 사실 등 언어의 다른 측면들도 타고나는 것일 수 있다.[61]

반면에 MPEG4 파일과 같은 순전한 시청각적 흐름으로 세상을 대하는 완전 백지 상태의 학습자는 모든 것, 심지어는 뚜렷한 특징을 가지고 있으며 사라지지 않고 지속되는 인간이란 존재까지도 학습해야 할 것이다. 딥마인드를 비롯한 몇몇 사람들이 이와 같은 일을 시도했으나 그 결과는 동일한 접근법을 바둑이나 체스 게임에 적용했을 때만큼 인상적이지 못했다.[62]

머신러닝 분야에서는 많은 연구자들이 생래적으로 무엇인가를 내장하는 것을 속임수처럼 생각하고, 가능한 한 내장된 것이 적은 해법을 더 인상적이라고 받아들인다. 널리 알려진 딥마인드의 초기 작업은 이런 개념에서 출발했다. 아타리 게임을 하는 시스템은 심층 강화 학습을 위한 일반 구성과 조이스틱 옵션, 스크린 픽셀, 전반적인 점수를 나타내는 특징 외에는 거의 무無에서 만들어졌다. 전략의 모든 측면과 함께 게임 규칙까지도 경험을 통해 직접 추론해야 했다.

이후 《네이처》에 실린 논문에서 딥마인드는 "인간의 지식 없이" 바둑을 익혔다고 주장했다.[63] 딥마인드가 이전 시스템보다 바둑에 대한 인간의 지식을 덜 이용한 것은 분명하지만 "인간의 지식 없이"란 구절(제목에서 사용된 구절)은 분명 과장이다. 이 시스템은 인간 연구자들이 지난 수십 년에 걸쳐 기계가 바둑 같은 게임을 할 수 있도록 만드는 여러 이론들에 크게 의지하고 있다. 그런 지식으로 가장 유명한 것이 몬테카를로 트리 탐색이다. 이는 앞에서 언급했듯이 게임의 다양한 가능성을 나타내는 나무에서 임의적으로 표본을 추출하는 방법으로 본질적으로는 딥러닝과 전혀 관계가 없다.[64] 또한 딥마인드는 아타리 게임과는 달리 게임 규칙과 게임에 대한 다른 세부적 지식을 내장시켰다. 인간 지식이 포함되지 않았다는 주장은 사실상 틀린 말이다.[65]

게다가 그 주장 자체가 그 분야가 어떤 부분에 가치를 두는지 드러낸다. 사전 지식을 활용하기보다는 그 지식의 '제거'에 초점을 맞추고 있는 것이다. 이는 자동차 제조업체가 운송 수단 제작에 관한 2,000년간의 방대한 경험을 외면하고 바퀴를 사용하기보다는 둥근 바퀴를 재발견하는 것이 더 멋지다고 생각하는 것과 똑같다.

AI의 진정한 발전은 학습 이전에 어떤 종류의 지식과 표상을 내장시켜야 할지 이해하는 데에서 시작될 것이다. 즉 연구자들은 모든 것을 픽셀과 행동 사이의 상관관계로부터 학습하는 시스템을 만드는 대신, 물리적 대상에 대한 핵심적 이해를 사용해서 '세상에 대해 학습하는 시스템'을 만들 방법을 고민해야 한다. '지갑에는 돈이 들어 있다'거나 '치즈는 먹을 수 있다'는 등 우리가 상식이라고 부르는 지식의 대부분은 학습되는 것이다. 하지만 거의 모든 지식이 시간, 공간, 인과성에 대한 확고한 '감각'에서 출발한다. 그리고 그 모든 것의 기저에는 일정한 기간 동안(몇 분이든 몇십 년이든) 지속되는 물건, 사람과 같은 개별 실체의 특징, 합성성, 추상성을 나타내는 생래의 시스템이 있을 것이다. 기계는 우선 그런 많은 것을 내장해야 나머지를 학습할 기회를 가질 수 있다(아이러니하게도 딥러닝의 선천성에 가장 크게 기여한 사람은 이 분야에서 가장 선천성에 반대했던 얀 르쿵이었다. 우리 저자들의 뉴욕대학교 동료이며 페이스북의 수석 연구원인 그는 연구 초기, 컴퓨터 시각에 거의 보편적으로 채택되어 온 '합성곱'이라고 불리는 신경망에 생래적 성향을 도입해야 한다고 강력히 주장했다.[66] 합성곱은 경험보다도 앞선 '이동 불변'translation invariant 네트워크(다른 장소에 있는 대상을 인지하는)를 만든다).

UCLA 컴퓨터과학 프로그램 책임자인 애드난 다르위치Adnan Darwiche는 AI 분야에 대한 공개 질의서를 통해 "클래식 AI, 머신러닝, 컴퓨터과학에 조예가 깊고 이들 분야를 보다 광범위하게 이해하며 한편으로는 AI의 역사에 대해서도 잘 알고 있는 새로운 세대의 AI 연구자들이 필요합니다."라고 말하면서 AI 연구자들을 대상으로 한 광범위한 교육을 촉구했다.[67]

우리는 그의 주장을 더 확장해서 AI 연구자들이 빅데이터에 대한 최근의 열광 속에 묻혀 자주 잊곤 하는 컴퓨터과학의 여러 가지 기여는 물론, 심리학, 언어학, 신경과학에 이르는 광범위한 학문 분야에도 도움을 받아야 한다고 이야기하고 싶다. 인지과학 및 신경과학에서의 발견과 이런 분야에서 이루어낸 연구 성과들은 생물학적 존재들이 '지능'이라는 복잡한 문제를 어떤 방식으로 어떻게 접근하는지에 대해 많은 것을 이야기해줄 수 있다. 인공지능이 '인간의 지능'을 닮은 존재가 되게 하려면

그림 28 나뭇가지의 잘못된 부분을 톱질하는 로봇

연구자들은 사람(어린아이조차도)이 그렇게 하듯이 타고난 지식과 능력을 통합하고, 지식을 합성적으로 표상하고, 지속성 있는 개인을 추적하는 조직화된 하이브리드 시스템을 구축하는 방법을 배워야 할 것이다.

　AI가 마침내 인지과학의 이런 가르침을 받아들이고 이용하면 빅데이터를 중심으로 하는 패러다임에서 빅데이터와 추상적 인과 지식 모두를 중심으로 하는 패러다임으로 이동할 수 있다. 그리고 그렇게 해야만 무엇보다 어려운 과제, 즉 기계에게 상식을 부여하는 방법과 맞붙을 위치에 서게 될 것이다.

Rebooting AI

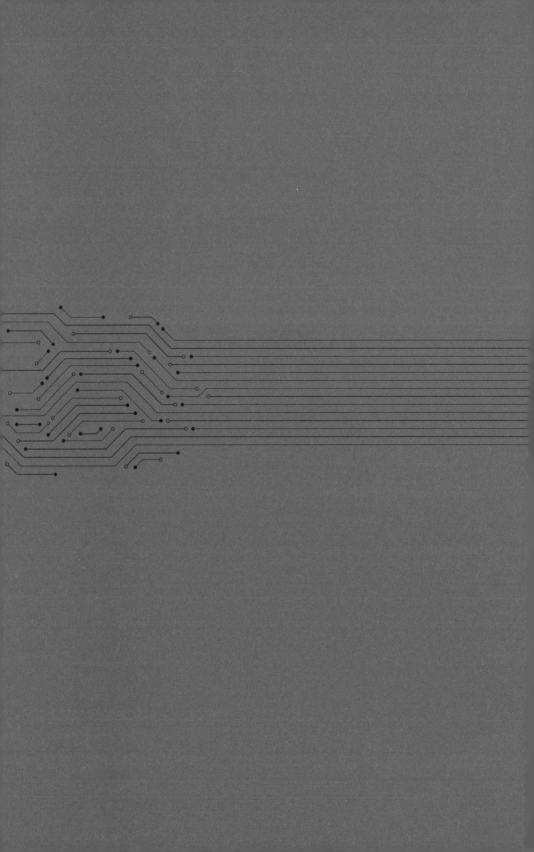

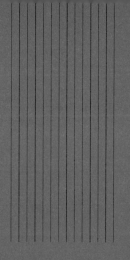

제7장

상식과
딥 언더스탠딩으로
가는 길

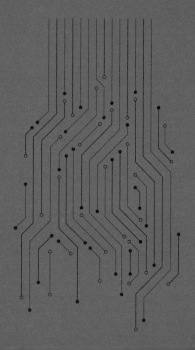

아는 것만으로는 충분치 않다.Non Satis Scire

_ 햄프셔대학교의 교훈

상식은 사람들이 보통 알고 있거나 공통적으로 알아야 하는 지식을 뜻한다. '사람들은 돈을 잃어버리는 것을 좋아하지 않는다', '지갑에 돈을 보관할 수 있다', '지갑은 주머니에 넣어둘 수 있다', '칼은 물건을 자른다', '물건을 담요로 덮는다고 해서 물건이 사라지는 것은 아니다'처럼 일반 사람들이 가지고 있으리라고 기대하는 기본적인 종류의 지식이다. 개가 코끼리를 들거나 의자가 텔레비전으로 바뀌는 것을 본다면 누구나 놀랄 것이다.

　상식, 그리고 AI 자체의 가장 큰 아이러니는 바로 여기서 출발한다. 상식은 모든 사람이 아는 것이지만 누구도 상식이 정확히 무엇인지, 기계가 상식을 갖게 만들려면 어떻게 해야 하는지 모른다는 점이다.

상식을 '코딩'하는 일의 어려움

사람들은 AI의 시초부터 상식의 문제에 대해 염려해왔다. '인공지능'artificial intelligence이라는 말을 만든 존 매카시는 1959년 처음으로 이 문제에 대한 주의를 촉구하기 시작했다.[1] 하지만 진전은 눈에 띄게 적었다. 클래식 AI도 딥러닝도 큰 진보를 이루지 못했다. 추상적 지식('사람들은 자신이 잃어버린 물건을 되찾기를 바란다')을 통합시킬 직접적인 방법이 없는 딥러닝은 대개 그 문제를 외면했다. 클래식 AI는 여러 가지 접근법을 밀고 나가며 노력을 해봤지만 어떤 것도 특별히 성공적이진 못했다.

그중 한 가지 접근 방식은 웹을 돌아다니면서 일상적인 지식을 배우는 것이었다. 2011년 시작된 NELLNever-Ending Language Learner은 기계에게 상식을 가르치는 가장 광범위한 프로젝트로 머신러닝의 선구자 중 한 명인 톰 미첼Tom Mitchell 카네기멜론대학교 교수가 이끌고 있다. NELL은 매일(이 프로젝트는 지금도 진행 중이다) 웹에서 문서를 찾아 읽으며 특정 언어 패턴을 찾고 그것이 무엇을 의미하는지 추측한다. "뉴욕, 파리, 베를린과 같은 도시"라는 구절을 보면 NELL은 뉴욕, 파리, 베를린이 모두 도시라고 추론하고 이를 데이터베이스에 추가한다. 만약 "뉴욕 제츠New York Jets의 쿼터백 켈런 클레먼스Kellen Clemens"라는 구절을 보면 NELL은 켈런 클레먼스가 뉴욕 제츠에서 뛰고 있다는 사실(현재 시점에서 NELL은 시간 감각이 없다)과 그가 쿼터백이라는 사실을 유추할 수 있을 것이다.

기본 아이디어는 합리적이지만 결과는 그리 뛰어나지 못하다. 그 예로 NELL이 최근에 학습한 10개의 사실을 여기 적어본다.[2]

- 공격적인_개는 포유류이다.
- 우즈베크어는 언어다.
- 커피_음료_레시피는 레시피다.
- 일리노이_로셸은 섬이다.
- 시모키타자와_역은 고층건물이다.
- 스티븐_호킹은 케임브리지의 학교를 다닌 사람이다.
- 면은 구자라트에서 자라는 농산_물이다.
- 켈런_클레먼스는 NFL 리그에서 뛴다.
- n24_17(원문 그대로)와 데이비드와 영주는 형제다.
- 세인트_줄리안이란 도시에서는 영어가 쓰인다.

맞는 것도 있고 틀린 것도 있으며 의미를 알 수 없는 것도 있다. 어쨌든 특별히 유용하다고 할 만한 정보는 거의 없다. 이들은 로봇이 주방에서 일을 하는 데에는 도움을 주지 못할 것이다. 기계 독해에 조금은 도움이 되겠지만 상식이라는 문제를 해결하기에는 너무나 일관성이 없고 단편적이다.

상식적인 지식을 수집하는 접근법으로 특히 요즘 유행하는 또 다른 접근법은 '크라우드소싱'crowdsourcing을 이용하는 것이다. 크라우드소싱이란 기본적으로 일반 사람들에게 도움을 청하는 것을 의미한다. 가장 눈에 띄는 프로젝트는 1999년부터 MIT 미디어랩에서 진행해온 콘셉트 넷ConceptNet일 것이다.[3] 자원자들은 이 프로젝트가 운영하는 웹사이트에서 영어로 단순한 상식적인 사실을 입력한다. 예를 들어 한 참가자는 '밥은 감기에 걸렸다. 밥은 의사에게 갔다'라는 이야기의 이해와 관련이 있는 사실들을 제공하라는 요청을 받고 '감기에 걸린 사람들은 기침을 한다', '약으로 아픈 사람에게 도움을 줄 수 있다'와 같은 사실들을 답으로 내놓는다(영어 문장은 이후 패턴 매칭 과정을 통해 자동으로 기계 코딩으로 전환된다).[4]

이 경우도 아이디어는 타당해 보이지만 결과는 실망스러웠다. 한 가지 문제는 훈련받지 않은 일반인들에게 단순히 사실들을 열거해달라고 하면 사람들은 컴퓨터가 정말로 필요로 하는 지식이 아니라 '오리너구리는 알을 낳는 포유류다'라거나 '탭이란 새벽에 울리는 나팔 소리다'와 같이 쉽게 발견되는 사실들을 나열하는 경향이 있다는 점이다. 컴퓨터에게 정말 필요한 지식은 '무엇이 죽은 후에는 다시 살아날 수 없다'나 '윗부분이 열려 있고 다른 곳에는 개구부가 없는 불침투성 용기에는 액체를 담을 수 있다'처럼 인간에게는 당연하지만 웹에서는 찾기 어려운 정보들이다.

둘째로 일반인이 적절한 종류의 정보를 주도록 유도할 수 있다고 하더라도, 컴퓨터가 요구하는 대단히 정밀하고 세심한 주의를 요하는 방식으로 정보를 진술하기가 어렵다는 문제가 있다. 다음에 나오는 그림 29는 콘셉트넷이 일반인들로부터 '레스토랑'에 대해 학습한 것의 일부를 나타낸 것이다.

그림 29 콘셉트넷이 레스토랑에 대해 학습한 내용

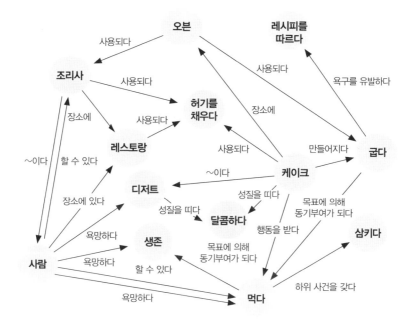

숙련되지 않은 사람에게는 전혀 문제가 없어 보인다. 각각의 개별 연결(예를 들어 오븐이 조리사가 조리를 하는 데 이용된다는 사실을 나타내는 왼쪽 위의 화살표)은 그 자체로는 타당하게 보인다. 사람은 식당이라는 장소에 있을 수 있으며 우리가 아는 거의 모든 사람은 생존을 욕망한다. 아무도 우리가 생존하기 위해 먹어야 한다는 사실에 이의를 제기하지 않을 것이다.

하지만 자세히 들여다보면 엉망이라는 것이 드러난다.

'사람'이 '레스토랑'이라는 '장소에 있다'고 말하는 연결을 예로 들어보

자. 저자 어니스트의 멘토인 드루 맥더모트Drew McDermott가 오래전 〈인공지능, 자연적 어리석음과 만나다〉Artificial Intelligence Meets Natural Stupidity 라는 유명한 논문을 통해 지적했듯이, 이런 유형의 연결이 지닌 의미는 사실 분명하지가 않다.[5] 주어진 순간에 세상의 일부 사람은 레스토랑에 있겠지만 많은 사람은 다른 곳에 있다. 그 연결은 당신이 특정한 사람 (예를 들어 당신 어머니)을 찾고 있는 경우 언제나 그녀를 레스토랑에서 발견할 수 있다는 의미인가? 아니면 몇몇 특정한 레스토랑(예를 들어 카츠 델리카트슨)에서 1년 365일 언제나 어떤 사람을 찾을 수 있을 것이란 의미인가? 아니면 고래가 언제나 바다에서 발견되는 것과 같은 방식으로 당신이 찾고 싶은 어떤 사람을 언제나 한 레스토랑에서 찾을 수 있다는 의미인가? 또 다른 연결은 '케이크는 허기를 채우는 데 사용된다'고 말해준다. 그럴 수도 있다. 하지만 '조리사는 허기를 채우는 데 사용된다'고 말하는 연결을 '조리사는 사람이다'라는 것과 함께 고려하면 조리사가 음식을 만들기만 하는 것이 아니라 음식 그 자체가 될 수도 있다. 크라우드소싱이 절대 유용하지 않다는 이야기가 아니다. 다만 지금까지의 작업은 종종 혼란스럽고 불완전하거나 심지어는 완전히 잘못된 정보를 내놓았다.

다른 팀에서 진행 중인 역시 MIT에 기반을 둔 좀 더 최근의 프로젝트로 버츄얼홈VirtualHome이 있다.[6] 이 프로젝트 역시 크라우드소싱을 이용해서 냉장고 안에 식료품을 넣거나 상을 차리는 단순한 활동의 '절차'에 대한 정보를 수집한다. 그들은 300가지 물건과 2,700가지 유형의 상호작용이 포함된 500가지 과제에 대한 총 2,800가지 절차를 수집했다(앞서 제4장에서 설명한 바 있는 대본을 이용한 로저 섕크의 연구를 떠올리게 하지만 그보다는 구조화 정도가 약하다[7]). 기본적인 행동들이 게임 엔진으로 연결되어 있기 때문에 (때로는) 실행 중인 절차를 동영상으로 볼 수도 있다. 여기에서도 결과는 많은 아쉬움을 남겼다. 크라우드소싱으로 수집된 '운동' 절차에 대한 다음 정보들을 살펴보자.

- 거실로 걸어간다.
- 리모콘을 찾는다.
- 리모콘을 쥔다.
- 텔레비전을 찾는다.
- 텔레비전의 전원을 켠다.
- 리모콘을 제자리에 돌려 놓는다.
- 바닥을 찾는다.
- 바닥에 눕는다.
- 텔레비전을 본다.
- 양_팔을 찾는다.
- 양_팔을 뻗는다.
- 양_다리를 찾는다.
- 양_다리를 뻗는다.
- 일어난다.
- 점프한다.

모두가 누군가의 운동 루틴에서 일어날 수 있는 일이다. 하지만 모두가 이렇게 하지는 않는다.[8] 체육관에 가는 사람도 있고 밖에서 조깅을 하는 사람도 있으며 점프를 하는 사람도 있고 역기를 드는 사람도 있다. 몇몇 단계를 건너뛸 수도 있고 빠뜨리는 단계들도 있을 것이다. 어떤 방식이든 팔다리를 뻗는 것은 운동에서 그리 많은 부분을 차지하지 않는다. 한편 리모콘을 찾는 것은 운동의 필수적인 부분이 아니다. 그리고 세상에 누가 팔과 다리를 '찾는다'는 말인가? 분명 뭔가 잘못됐다.

또 다른 접근법은 고도로 숙련된 사람들에게 컴퓨터가 해석할 수 있는 형태로 모든 것을 적도록 하는 것이다. 존 매카시에서 시작해서 오늘날 어니스트와 그의 많은 동료들, 헥터 레베스크Hector Levesque, 조 할펀Joe Halpern, 제리 홉스Jerry Hobbs에 이르기까지 많은 AI 이론가들이 바로 이런 일을 하기 위해 노력하고 있다.

솔직히 여기에서도 '집'이라는 영역에서의 진전은 우리가 바랐던 것에 한참 못 미치고 있다. 이 연구는 지금까지 자동화가 불가능하다고 입증된 주의 깊은 분석에 의지하는, 고통스러우면서 어려운 일이었다.[9] 중요한 진전이 얼마간 있었지만 우리는 상식을 철저히 코딩하는 데에는 전혀 가까워지지 못하고 있다. 거기에 이르거나 가까워지지 못한다면 자동화 독해나 가정용 로봇과 같은 다음 단계의 AI 문제는 계속 우리의 손이 닿지 않는 곳에 있게 될 것이다.

이 분야에서 지금까지 가장 큰 규모로 이루어진 연구는 CYC라고 알려진 프로젝트다.[10] 더그 레너트Doug Lenat가 지휘하는 이 프로젝트는 지난 30년간 인간과 닮은 상식의 거대한 데이터베이스를 만드는 데 목표를 두었다. 여기에는 AI와 철학 분야의 교육을 받은 일단의 사람들이 일일이 손으로 주의 깊게 코딩한, 말 그대로 수백만 개의 사실(테러, 의학기술, 가족 관계에 이르기까지)이 포함되어 있다.[11]

그 분야의 대부분 연구자들은 이 프로젝트를 실패로 여기고 있다. 그 안에 무엇이 있는지에 관해 발표된 내용이 아주 적긴 하지만(이 프로젝트는 대부분 비밀리에 수행된다), 어쨌든 들어간 노력에 비하면 그것이 무엇을 할 수 있는지를 보여주는 증거가 너무 빈약하기 때문이다. 그에 대해 다룬 외부의 논문들은 대부분 비판적이었고 더 큰 규모의 시스템에 그것을 채택한 연구자들은 극히 소수였다.[12] 우리는 이 프로젝트의 목표가 훌륭하다고 생각하지만 지난 30년 동안 엄청난 노력을 기울였음에도 불구하고 CYC는 여전히 그 자체만으로는 큰 영향력을 행사하기에 너무나 불완전하다. '광범위하고 신뢰할 만한 상식적 지식의 데이터베이스에 어떻게 이르는가' 하는 미스터리는 여전히 풀리지 않고 있다. 그렇다면 다음은 무엇일까?

우리가 간단하고 명쾌한 해답을 갖고 있다면 좋겠지만 안타깝게도 그렇지 못하다. 어떤 단일한 혹은 간단한 접근법으로 족할 것 같지는 않다. 인간의 상식 자체가 대단히 다양하기 때문에 단일한 어떤 기법이 갑자기 나타나 이 분야가 수십 년 동안 고전해온 문제를 해결하지는 못할 것이다. 상식은 이 분야가 넘어야 할 거대한 산이다. 우리는 긴 여정을 앞두고 있다. 가던 경로에서 발걸음만 재촉한다고 산 정상에 이를 수는 없는 법이다.

우리는 이 분야가 나아가야 할 곳이 어디인지조차 확실히 알지 못하는 상태다. 산에 대한 비유를 계속하자면 혼자 힘만으로 정상에 도달할 수 없을 경우 최소한 정상이 어떤 모습인지, 거기에 이르려면 어떤 장비가 필요한지, 어떤 종류의 전략이 도움이 될지는 알아야 한다.

상식을 명확하고 애매하지 않게 나타내는 방식

진전을 이루기 위해서는 우선 두 가지가 필요하다. 범용지능이 가져야만 하는 종류의 지식에 대한 목록이 있어야 하고, 이 지식이 기계 안에서 완전한 방식으로 명료하고 분명하게 표현될 방법에 대한 이해가 있어야 한다.

우리는 이것을 역순으로 다룰 예정이다. 결국 우리가 어떤 지식을 코딩하든 기계 안에서 지식을 표현하는 명확한 방식을 찾는 일이 전제되어야 하기 때문이다. 지금쯤이면 독자들도 짐작하겠지만 이 과제는 처음의 생각보다 대단히 미묘한 것으로 밝혀졌다. 물론 간단하게 표현 가능한 지식도 있다. 그러나 그렇지 않은 것이 더 많다.

스펙트럼의 가장 쉬운 극단에는 분류법이 있다. 개는 포유류이고 포유류는 동물이라고 이야기해줌으로써 개는 동물이라고 추론할 수 있게 해주는 일종의 범주화다.[13] 래시Lassie가 개이고 개는 동물이라는 것을 알면 래시는 동물이라는 것도 알게 된다.

위키피디아와 같은 온라인 사전에는 스컹크는 육식동물이고 소네트sonnet(한 행이 10개의 음절로 구성되는 14행시 —옮긴이)는 시이고 냉장고는 가전제품이라는 식의 방대한 양의 분류 정보들이 있다. 또 다른 도구인 워드넷WordNet(AI 연구에서 자주 사용되는 전문적인 온라인 유의어사전)은 개별 단어들의 분류 정보를 나열한다.[14] '질투'envy는 일종의 '적의'resentment이고, '우유'는 일종의 '유제품'이면서 일종의 '음료'라는 식으로 말이다. 의학 임상용어 체계인 스노메드SNOMED처럼 '아스피린은 살리실산염의 한 유형', '황달은 임상 소견의 한 유형'과 같은 사실들을 갖춘 전문적인 분류도 있다.[15]

　비슷한 기법을 관계의 일부 및 전부를 나타내는 데에도 사용할 수 있다. 발가락은 발의 일부이고 발은 몸의 일부라는 말을 들으면 발가락이 몸의 일부라고 추론할 수 있다. 이런 종류의 지식들을 알면 앞서 언급했

그림 30 분류법으로 본 동물의 범주

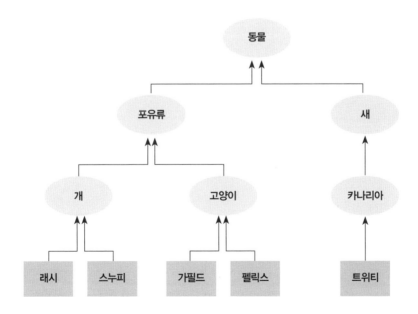

던 퍼즐의 일부는 사라지기 시작한다. 엘라 피츠제럴드가 '빈티지 와인'에 비유된다는 것을 보면 당신은 피츠제럴드가 사람이며, 사람은 동물이고, 와인은 무생물에 관련된 전혀 다른 대상 체계의 일부라는 것을 알아챈다. 그리고 피츠제럴드가 와인이 될 수 없다는 것을 추론한다. 마찬가지로 손님이 로봇 집사에게 음료를 청하면 좋은 분류 체계를 장착한 로봇은 와인, 맥주, 위스키, 주스가 적격이며 샐러리나 빈 잔, 시계, 농담은 어울리지 않는다는 것을 깨닫는다.

그러나 상식에는 분류법 이외에도 훨씬 많은 것들이 있다.[16] 거의 모든 상식에 대해서 각기 다른 접근법이 필요할 것이다. 자연선택과 종 분화가 작동하는 방식 덕분에 동물 종의 분류법은 확실하게 규정되어 있다. 그러나 다른 대부분의 정보와 지식은 그렇지가 못하다. '러시아 혁명', '렉싱턴 전투', '인쇄의 발명', '종교 개혁'과 같은 개별 항목들이 있는 역사적 사건의 범주를 만들고자 한다고 가정해보자. 여기에서는 경계가 훨씬 애매하다. 프랑스혁명은 제2차 세계대전의 일부인가? 1939년 소련의 핀란드 침공은? 자동차, 사람을 포함하는 '대상'이라는 범주에는 민주주의, 자연선택, 산타클로스에 대한 믿음도 포함시켜야 할까? 분류법은 그런 일에는 어울리지 않는 도구다. 오스트리아의 철학자 비트겐슈타인Ludvig Wittgenstein이 남긴 유명한 말처럼 '게임' 같은 단순한 범주도 정의하기가 대단히 어렵다.[17]

'칼은 물건을 자를 수 있다'나 '빗자루는 바닥을 치우는 데 사용된다'와 같이 이 장의 처음에 언급했던 종류의 지식도 있다. 이런 사실들은 분류법과는 전혀 맞지 않는 것 같다. 하지만 이런 종류의 지식이 없다면 로봇은 집안일을 처리하기가 힘들 것이다.

시맨틱 네트워크semantic network라고 알려진 또 다른 접근법은 이전에 콘셉트넷에서 보았던 일종의 도해를 만든다. 1950년대 말 발명된 시맨틱 네트워크 덕분에 컴퓨터는 어떤 부분이 어떤 전체의 일부이고 어떤 범주가 다른 범주 안에 있다는 것은 물론, '허드슨과 인접한 올버니'나 '경찰차를 모는 종류의 사람인 경관'처럼 다른 종류의 관계들까지 훨씬 넓은 범위의 개념을 나타낼 수 있다.

하지만 이미 콘셉트넷에서 보았듯이 시맨틱 네트워크의 표현은 이 문제를 해결할 만큼 충분히 명확하지가 않다. 그리기는 쉽지만 작동하게 하기는 훨씬 어렵다. 아이다는 아이폰을 갖고 있고, 보이시에서 태어났으며, 아이폰에는 배터리가 들어 있고, 배터리는 전력을 만든다는 사실을 코딩하고 싶다고 가정해보자. 어렵지 않게 다음과 같은 그림을 만들어 낼 수 있다(그림 31).

그러나 여기에는 문제가 있다. 이 도해를 해석하기 위해 알아야 하는 정보들 중에는 명확치 않은 것이 너무 많고, 기계는 명확하게 만들어지지 않은 정보는 어떻게 다뤄야 하는지 알지 못한다.[18] 당신에게는 토니와 아이다가 같은 보이시에서 태어났으며 따라서 당신이 토니의 출생지로 여행을 간다면 당신은 아이다의 출생지로 여행을 가는 것과 같다. 이는 너무도 당연하고 명백하다. 당신은 토니 소유의 아이폰은 아마 아이다의 소유가 아닐 것이라는 점도 알고 있다. 하지만 시맨틱 네트워크는 그런 것들을 명확하게 파악할 수가 없다. 추가적인 작업이 있지 않은 한, 기계는 그 차이를 알지 못한다.

그림 31 아이다와 보이시, 아이폰의 관계를 표현한 시맨틱 네트워크

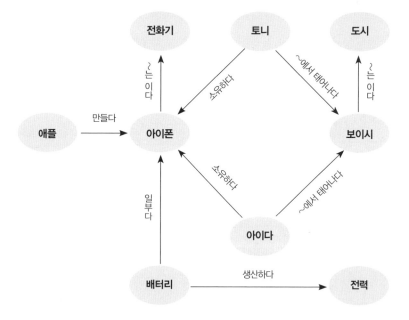

애플이 모든 아이폰을 만든다는 사실에 대해서도 생각해보자. 당신은 아이폰을 보면 애플이 그 아이폰을 만들었다는 결론을 내릴 수 있다. 시맨틱 네트워크를 따라가도 똑같은 결론이 나올 법하게 보이지만 사실 네트워크에서는 세상에 있는 아이폰이 토니와 아이다가 가진 두 개가 전부인 것처럼 보인다. 이는 명백한 오해다.

모든 아이폰에는 배터리가 있다. 하지만 다른 부품도 있다. 당신이라면 아이폰의 부품이 오로지 배터리뿐이란 결론을 내리지 않을 것이다. 하지만 이 도해에서는 그 점이 명확하지 않다. 더 자세히 파고들자면 이 네트워크 내의 어떤 부분도 출생지는 배타적이고 소유권은 배타적이지

않다는 지식을 이야기해주지 않는다. 즉 아이다가 보이시에서 태어났다면 그녀는 동시에 보스턴에서 태어날 수가 없다. 하지만 그녀는 아이폰을 소유하는 동시에 TV도 소유할 수 있다.

기계에게 도해가 아닌 당신 머릿속에 들어 있는 지식(정보)을 알게 하기란 정말로 어려운 일이다. 여기에서 시맨틱 네트워크가 해결해야 하는 바로 그 문제를 사람들은 놓치고 있다. '상식' 말이다. 출생(단일한 장소에서 일어나는 일), 제조(한 회사가 하나 이상의 제품을 만들 수 있다), 소유권(한 사람이 다수의 물건을 소유할 수 있다)과 같은 지식을 이미 알고 있지 않으면 '형식'은 아무런 도움이 되지 않는다.

'시간'이라는 개념이 추가되면 시맨틱 네트워크의 접근법이 가진 문제는 더 심각해진다. 우리가 앞서 논의했던 콘셉트넷과 비슷한 다음과 같은 시맨틱 네트워크를 상상해보라(그림 32).

피상적으로만 보면 괜찮은 것 같다. 마이클 조던의 키는 6피트 6인치(약 198센티미터)이고 브루클린에서 태어났다. 하지만 자세히 따져보면 이 도해에 있는 정보 외에 아는 것이 없는 시스템은 온갖 멍청한 실수를 저지를 수 있다는 점이 드러난다. 이 시스템만 보면 마이클 조던이 태어났을 때 6피트 6인치였다거나 그가 워싱턴 위저즈와 시카고 불스에서 동시에 뛰었다는 판단을 내릴 수도 있다. '농구를 한다'는 말은 그의 프로 경력 기간과 어린 시절 그가 처음으로 농구공을 잡았을 때부터 현재(그가 지금도 친구들과 재미로 가끔 농구를 한다는 가정 하에)에 이르는 기간 중 어떤 것이든 의미할 수 있다. 이후 우리가 조던이 일곱 살에 농구를 시작해서 지금까지 하고 있다는 이론을 근거로 시스템에 그가 1970년

그림 32 마이클 조던에 관한 시맨틱 네트워크

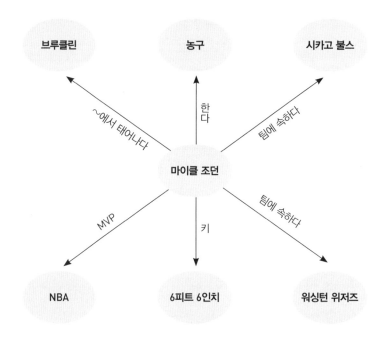

부터 현재까지 농구를 했다고 말해주면, 시스템은 조던이 지난 48년 동안 하루 24시간 365일 농구를 해오고 있다는 잘못된 결론을 내릴 수도 있다.

인간이 기계의 손을 잡고 그 길의 모든 단계를 이끌지 않아도 기계가 이런 종류의 일을 유동적으로 처리할 수 있을 때까지는, 기계가 진정으로 독해를 하고 사유를 하고 안전하게 실제 세상을 돌아다닐 수 없을 것이다. 그렇다면 우리는 무엇을 해야 할까?

그 첫 번째 힌트는 철학자와 수학자들이 발전시킨 형식논리학 분야에서 나온다. '애플이 모든 아이폰을 만든다', '아이다는 아이폰을 가지고 있다', '모든 아이폰에는 배터리가 있다'는 가정들을 예로 들어보자. 시맨틱 네트워크에서 우리가 본 모호함의 대부분은 이런 사실들을 공통의 기술 표기법으로 코딩함으로써 처리할 수 있다.

$$\forall x \ IPhone(x) \Rightarrow Made(Apple, x)$$

$$\exists z \ IPhone(z) \wedge Owns(Ida, z)$$

첫 진술은 '모든 물건 x에 대해 x가 아이폰이라면 애플이 x를 만들었다'라고 읽을 수 있다. 두 번째 진술은 '물건 z가 존재하고 그 z가 아이폰이면 아이다는 z를 소유한다'라고 읽을 수 있다.

이 방법은 익숙해지려면 시간이 걸리고 코딩에 숙련된 사람이 아니라면 불편하게 느낄 수 있다. 따라서 이 방법을 통한 상식의 크라우드소싱은 더 어려울 것이다. 요즘의 AI에서도 전혀 인기가 없다. 누구나 지름길을 선호하기 마련이니까 말이다. 하지만 모든 면을 고려할 때 형식논리학이나 그와 유사한 것은 지식을 충분히 명확하게 나타내는 데 필수적인 단계다. 시맨틱 네트워크의 연결인 '애플이 아이폰을 만든다'와 달리 이런 구성에는 모호함이 없다. 첫 번째 문장이 '애플은 모든 아이폰을 만든다'인지 '애플은 일부 아이폰을 만든다'인지 아니면 '애플이 만드는 유일한 것은 아이폰이다'인지 추측할 필요가 없다. 첫 진술은 '애플이 모든 아이폰을 만든다'는 가능성만을 의미한다.

상식은 이런 것, 즉 형식논리학이나 그와 비슷하게 작용하는 대안들, 일반 사람들이 아는 모든 것을 명확하고 애매하지 않게 나타내는 방식에서 출발해야 한다.[19] 이것이 시작이다.

수천 개의 지식에서 관계를 찾아내는 법

———

지식을 코딩하는(기계에서 상식을 표현하는) 적절한 방법을 정했다고 해도 우리는 또 다른 문제를 만나게 된다. 개념과 사실을 수집하는 기존의 방법들, 이를테면 수작업 코딩, 웹 마이닝, 크라우드소싱 등이 직면하고 있는 문제 중 하나를 살펴보자. 우리가 정말로 원하는 바는 기계가 세상에 대한 일관성 있는 이해력을 가지는 것이지만 실상 기계는 '개미핥기는 개미를 먹는다'에서 '치클론 B에는 독성이 있다'에 이르는 잡다한 사실 더미가 되는 경우가 많다는 데 있다.

우리는 AI 시스템이 모든 관련 사실을 개별적으로 배우기를 원하지 않는다. 이것 역시 해결해야 할 문제의 일부다. 대신 우리는 시스템이 그런 사실들이 어떻게 연결되어 있는지 이해하기를 원한다. 우리가 원하는 것은 시스템이 단순히 작가는 책을 쓰고, 화가는 그림을 그리고, 작곡가는 음악을 작곡한다고 아는 것이 아니다. 우리는 시스템이 이런 특정한 사실을 '개인은 작품을 창조한다'와 같은 더 일반적인 관계의 한 예로 보고 그런 관찰을 더 큰 체제에 통합하여 '창작자는 대개 작품을 팔 때까지 그것을 소유하며 한 개인이 만든 작품들은 스타일이 비슷한 경우가 많다'는 등의 사실을 이해하길 바란다.

앞서 소개한 CYC 프로젝트를 이끈 더그 레너트는 이런 지식의 무리를 '미시 이론'microtheory이라고 부른다. '지식 체계'라고 불리기도 하는 미시 이론은 수천 개가 되기도 한다. 지식 표상 분야의 연구자들은 심리학과 생물학에서 일상적인 물건의 용도에 이르기까지 현실 세계의 매우 다양한 측면에 대해 그런 체계를 개발하기 위해 노력해왔다.[20] AI에 대한 기존의 빅데이터 중심 접근법에서는 지식 체계가 거의 혹은 전혀 역할을 못하고 있지만 우리 저자들은 그것이 필수적이라고 생각한다. 지식 체계의 구축과 활용 방법에 대한 더 나은 이해는 우리에게 큰 도움을 줄 수 있을 것이다.

시간, 공간, 그리고 인과성

만약 우리에게 허락되는 지식 체계가 세 개뿐이라면 우리는 '시간', '공간', '인과성'이 근본이라고 주장하는 칸트의 《순수 이성 비판》의 중심 주제를 기조로 삼을 것이다.[21] 이런 것들을 연산적으로 견고한 토대에 올려놓는 것이야말로 앞으로의 진전에 필수적이다.

아직은 직접 그런 체계를 만들 수 없지만 그들이 어떤 모습이어야 하는지는 이야기할 수 있다.

추상적인 시간에 대한 이해

첫 번째인 시간에서부터 시작해보자. 성경 구절을 인용하면, 모든 사건에는 시간이 있고 시간에 따른 사건들 사이의 연관성을 이해하지 못하면 거의 모든 것의 의미가 통하지 않게 된다. 로봇 집사가 와인을 한 잔 따라야 한다고 해보자. 로봇은 와인을 따르기 전에 코르크 마개를 제거해야 하고 반대로 해서는 안 된다는 것을 알아야만 한다. 구조 로봇은 여러 가지 다른 상황 중에 어떤 것이 가장 급박한지에 대한 이해와 시간을 기반으로 우선순위를 정해야 한다. 불은 단 몇 초 만에 크게 번질 수 있는 반면, 나무에 갇힌 고양이를 구조하는 일은 한 시간 정도가 걸려도 괜찮다.

클래식 AI 연구자들(그리고 철학자들)은 상황의 표상 그리고 상황이 시간에 따라 전개되고 변화하는 방법에 대한 형식논리 시스템 연구에서 뛰어난 성과를 거두었다. 집사 로봇은 와인이 현재 코르크로 닫힌 병 안에 있고 잔은 빈 상태며 2분 안에 와인을 따라야 하는 것이 목표라는 지식에서 출발할 것이다. 소위 시간 논리temporal logic를 통해 로봇은 이런 사건들의 인지 모델을 구축한 뒤, 상식적 지식(예를 들어 병에 든 내용물을 잔에 부으면 병 속의 내용물 일부가 잔 안에 있게 된다)과 함께하는 인지 모델로부터 적절한 시점에 병의 코르크 마개를 열고 그 후에 내용물을 붓는 등 시간에 따라 구조화된 구체적인 계획으로 이동할 수 있다.

그렇긴 하지만 아직 해결해야 할 중요한 일이 남아 있다. 가장 중요한 과제는 '외적 문장'들을 '시간의 내적 표상'과 연결하는 것이다. '토니는 간신히 와인을 따랐다. 그는 코르크를 칼로 뽑아내야 했다. 와인따개를 찾을 수 없었기 때문이다'와 같은 문장은 시간 논리만으로는 이해하기 부족하다. 언급된 사건들이 역순으로 일어났다는 것을 추론하기 위해서는 시간뿐 아니라 언어에 대해서도 알아야 하며, 특히 문장이 시간에 따른 사건들 사이의 관계를 묘사하는 모든 까다로운 방법들에 대해서도 알아야 한다. 아직 이런 부분에서 실제적인 진전을 이룬 사람은 없다(이를 딥러닝과 통합할 방법을 찾은 사람도 없다).

마이클 조던이 농구를 하거나 하지 않을 가능성이 높은 때를 파악할 수 있는 시스템을 만들려면 또는 시스템이 알만조가 톰슨 씨에게 지갑을 돌려주기 전에 일어났음직한 일을 재구성할 수 있게 하려면 시간에 대한 추상적인 이해 그 이상의 것이 필요하다. 사건에 시작이 있고 끝이 있다는 사실을 아는 것만으로는 충분하지 않다. 세상에 대한 특정한 사실을 파악해야만 한다. "알만조가 톰슨 씨에게 가 이렇게 묻는다. '혹시 포켓북을 잃어버리셨나요?'"라는 문장을 읽으면 당신은 마음속으로 시간의 흐름에 맞춰 일련의 사실을 채운다(이전에 톰슨 씨는 지갑을 가지고 있었고 이후에는 더 이상 지갑을 가지고 있지 않았다. 그 후에 알만조가 지갑을 발견했다).

마이클 조던에 대해 생각할 때라면 당신은 아무리 열정적인 운동선수라도 깨어 있는 시간을 모두 운동에 쏟지는 않는다는 사실을 이용한다. AI가 시간의 흐름에 따라 세상이 전개되는 방식을 추리하기 위해서는 '사람은 잠을 자는 동안에는 복잡한 기술을 효과적으로 수행할 수 없다'처럼 복잡한 일반적 사실을 특정한 사실에 통합하여 그런 일반적 사실들이 특정한 상황에 어떻게 적용되는지를 파악해야 한다.

마찬가지로 일반적인 영화를 보면서 어떤 부분은 회상이고 어떤 부분은 회상이 아닌지 확실하게 가려낼 수 있는 기계는 아직 존재하지 않는다. 사건이 대부분 시간의 순서대로 펼쳐지는 영화라 해도 문제는 여전히 존재한다. 한 장면과 다음 장면 사이의 시간 관계(1분이 지났는지, 하루 혹은 한 달이 지났는지?)를 파악하는 일은 거의 언제나 시청자의 몫이다. 이는 시간이 어떻게 작동하는지에 대한 기본적 이해와 이치에 대한 광범위하고 상세한 지식에 의존해야 하는 문제다.

이 모든 것을 결합시킬 수 있다면 다양한 가능성의 문이 열릴 것이다.

당신의 스마트폰 속 캘린더 앱은 훨씬 더 똑똑해질 것이다. 기계가 당신이 언제 어디에 있어야 하는지 추론하게 되면 더 이상 모든 약속을 별개로 기록하거나 장소 A에서 장소 B로 이동할 시간이 거의 남지 않는 상황이 벌어지지 않을 것이다. 다른 도시에서 열리는 행사 참석 일정이 잡히면 시간대가 정확히 설정되어서 회의 시간보다 세 시간 먼저 도착하는 일도 없어질 것이다.

또한 프로그래머는 이런 특정한 시나리오를 예측할 필요가 없게 된다. AI가 일반 원칙에 근거해서 당신이 필요로 하는 일을 알아서 처리할 테니 말이다. 당신의 디지털 비서는 현재 대법원(혹은 당신이 선택하는 다른 법원)에 있는 대법관(혹은 법관) 목록을 대고, 팀에서 가장 긴 시간 활약한 시카고 불스 선수의 이름을 알려주고, 존 글렌John Glenn(미국의 우주 비행사—옮긴이)이 지구 궤도를 돌 때 닐 암스트롱의 나이가 몇 살이었는지 알려주고, 심지어는 내일 오전 6시 30분 기차를 타야 하는데 여덟 시간을 자고 싶다면 몇 시에 잠자리에 들어야 하는지도 말해줄 것이다. 개인화된 의료 프로그램은 몇 분 혹은 몇 시간 동안 환자에게 일어나는 일을 일생 동안 그들에게 일어났던 일과 연관시킬 수 있을 것이다. 능력 있는 중역 비서를 고용한 CEO처럼 우리는 이 디지털 비서를 통해 고도의 사려 깊은 스케줄 관리를 경험할 수 있게 될 것이다.

고정되지 않은 공간에 대한 이해

기계는 사람과 물건의 형상과 그들이 있는 공간을 이해하는 방법도 알아야 한다. 시간이 흐르면서 기본적 체계들은 널리 알려졌다. 하지만 아직 포착되지 못한 많은 기본 원칙들이 있다. 다행히도 유클리드적 공간은 익히 알려져 있고 우리는 온갖 종류의 기하학적 계산 방법을 알고 있다. 현대의 컴퓨터그래픽 전문가들은 기하학을 이용해서 복잡한 방 안에서 빛의 패턴이 물체에 어떻게 떨어지는지 계산한다. 그 결과물은 대단히 현실적이어서 영화 제작자들은 실제 세계에서 결코 일어날 리 없는 사건의 이미지를 설득력 있게 만들어내는 데 이런 기법을 일상적으로 사용한다.

하지만 세상이 어떻게 돌아가는지 이해하려면 현실적인 이미지를 어떻게 만들어내는지보다 훨씬 더 많은 지식이 필요하다. 다음 페이지에 나오는 두 가지 평범한 물체(강판과 야채가 담긴 망태기)의 모양과 그것들의 모양이 담고 있는 의미에 대해 당신이 알아야 할 것들을 한번 생각해 보자.

이 일상적인 물체들은 구나 정육면체와 같은 기본적인 기하학적 물체보다 훨씬 더 복잡한 모양을 갖고 있다. 그들의 모양은 그들을 가지고 당신이 무엇을 할 수 있는가에 큰 영향을 준다. 강판은 윗부분이 잘린 안정적인 각뿔이고 손잡이가 있어서 뭔가를 갈 때 강판을 흔들리지 않게 고정할 수 있다. 외부와 비어 있는 내부를 연결하는 구멍의 패턴 덕

그림 33 AI에게 시련을 주는 일상적 물체들

분에 치즈를 좁고 길쭉한 모양으로 만들어 강판 안쪽으로 떨어지게 할 수 있다. 마지막으로 면마다 구멍의 세부 형태가 달라 치즈를 가는 작업을 효과적으로 할 수 있다. 예를 들어 사진에서 앞쪽을 향한 둥근 '체다 치즈' 구멍에는 날카로운 날이 달린 작고 둥근 '입술'이 있어 작은 치즈 조각이 걸려 덩어리에서 미끄러져 나올 수 있게 한다. 생각해보면 매우 영리한 디자인이다. 이 경우 공간에서의 모양이 기능을 좌우한다.

표준 그래픽 프로그램이나 CAD는 모양을 나타낼 수 있고, 그것을 비디오게임에 이용할 수 있으며, 부피를 계산할 수 있고, 특정한 치즈 조각과 접촉하는 구멍이 어떤 것인지까지 알아낼 수 있다. 하지만 그들은 '모양의 기능성'에 대해 추론하지는 못한다. 아직 우리는 강판을 보고 그것이 무엇을 위한 물건인지 혹은 피자를 만들 목적으로 모차렐라 치즈를 갈기 위해 실제로 그것을 어떻게 이용하는지 이해하는 시스템을 만들지 못한다.

어떤 면에서는 망태기에 더 큰 문제가 있다. 적어도 현재 상태의 AI에게는 그렇다. 강판은 최소한 고정된 모양을 갖는다. 강판은 돌려놓을 수는 있지만 구부리거나 접을 수는 없다. 따라서 강판의 구성 요소들은 서로 지속적인 관계를 유지한다. 반대로 망태기의 모양은 일정하지 않다. 망태기는 안에 있는 물건을 감싸며 구부러지고, 놓여 있는 표면에 따라 모양이 바뀐다. 이런 면에서 망태기는 하나의 특정한 모양이 아니고 가능한 모양의 무한한 조합이다. 고정된 것은 줄의 길이와 그들이 연결된 방식뿐이다. AI는 그런 작은 정보로부터 오이와 피망을 망태기 안에 넣을 수 있고 그것들이 망태기 안에 머물 수 있다는 것을 인식해야 하며 망태기에 완두콩을 넣을 수는 있지만 완두콩은 그 안에 머물지 못한다는 것, 망태기 안에 큰 수박은 넣을 수 없다는 것을 인식해야 한다. 우리는 이런 기본적인 문제조차 해결하지 못하고 있다. 이런 문제가 해결될 때야 비로소 로봇은 주방에서부터 식료품점, 시내의 거리, 공사 현장에 이르기까지 바쁘고 복잡하고 개방적인 환경에서 안전하고 효과적으로 일하면서 그들의 유용성을 크게 확장할 수 있을 것이다.

변화와 인과성에 대한 이해

넓게 해석하면 인과성은 시간의 흐름에 따라 세상이 변화하는 방법에 관한 모든 종류의 지식을 포함한다(여기서 인과성이라는 용어는 좁은 의미와 넓은 의미 모두에서 생각해봐야 한다. 좁은 의미에서의 인과성은 '스위치를 누르면 전기가 들어온다'처럼 'A가 B를 야기한다'는 형태의 '관계'를 나타내는 데 사용된다. 하지만 '닫힌 용기 안의 어떤 물체는 나올 수 없다'는 넓은 의미에서 인과성을 나타낸다고 볼 수 있다. 하지만 좁은 의미에서는 인과성이 성립하지 않는다. 하나의 사건이 다른 사건을 야기한다는 의미에는 맞지 않기 때문이다. 그러나 궁극의 범용지능이라면 넓은 의미와 좁은 의미 모두에서 이러한 인과성에 대처할 수 있어야 한다). 여기에서 지식은 뉴턴의 중력 법칙이나 다윈의 진화론 같이 대단히 일반적인 것부터 대단히 구체적인 것(TV 리모컨의 전원 버튼을 누르면 TV를 켜고 끌 수 있다, 미국 시민은 그해의 소득을 다음 해 4월 15일까지 신고하지 않으면 벌금을 물 수 있다)까지 다양하다. 그리고 변화는 물리적인 대상, 사람의 마음, 사회적 조직, 시간에 따라 달라지는 거의 모든 것을 아우른다.

인간은 인과성을 통해 사람과 다른 존재를 이해한다. 심리학자들은 이를 '직관적 심리 작용'intuitive psychology이라고 부른다. 인간은 망치와 드릴처럼 도구에 관해 이해할 때나 토스터, 자동차, 텔레비전 등 사람이 만든 인공물에 관해 이해하려고 할 때 직관적 심리 작용을 이용한다. 컴퓨터를 이해할 때 인간은 종종 그것을 심리를 가진 인공물로 취급하곤 한다(기계는 내가 비밀번호를 입력하길 '원한다', 내가 비밀번호를 입력하면 기계는 내가 다음 단계로 갈 수 있게 해줄 것이다). 또한 우리는 인과 추론을 이용하여 사회적 기관(책을 빌리고 싶은 때는 도서관으로 간다, 법안을 통과시키고 싶은 때는 의회로 간다), 상거래(빅맥을 먹고 싶으면 대가를 지불해야 한다), 계약(계약자가 프로젝트를 중도에 포기하면 계약 위반으로 고소할 수 있다), 언어(두 사람이 같은 언어를 사용하지 않을 때는 통역사를 이용할 수 있다)를 이해하고, 반사실反事實을 해석(지하철 노동자가 파업 중일 때 출근을 하는 가장 좋은 방법은 무엇일까?)한다. 이처럼 상식 추론의 대부분은 거의 항상 시간을 중심으로 돌고, 종종 공간을 포함하며, 이런저런 인과성의 형태를 취한다.

우리 인간의 인과적 사고 능력을 보여주는 특질 중 하나는 다재다능성이다. 예를 들어 우리는 인과관계에 대한 어떤 특정한 사실이든 이를 매우 다양한 방식으로 이용할 수 있다. 리모컨과 TV 사이의 관계를 이해했다면 우리는 바로 예측을 하고 계획을 세우며 이유를 찾는다. 우리는 리모컨의 전원 버튼을 눌렀을 때 TV가 켜지리라고 '예측'할 수 있다. 우리는 TV를 켜고 싶을 때 그 일을 리모컨의 적절한 버튼을 눌러 달성하기로 '결정'할 수 있다. TV가 갑자기 켜지는 것을 보면 우리는 방 안의 누군가가 버튼을 눌렀을 것이라고 '추론'할 수 있다. 어떤 정규적인 훈련을 받지 않아도 인간은 이렇게 할 수 있는 유동성을 갖고 있다. 대단히 놀라운 일이 아닌가. 같은 일을 할 수 있는 능력을 가진 AI는 가히 혁명이 될 것이다. 구조 로봇이 물건들과 기술을 이해해서 교량을 수리하고, 바로 구할 수 있는 물건으로 부러진 팔다리를 고칠 수 있다고 생각해보라!

진보의 시작은 유동성을 얻는 데 있다

인과적 이해의 영역들을 유동적으로 결합하는 능력, 인간이 아주 자연스럽게 발휘하는 이런 능력이 미래의 AI에는 특히 커다란 중요성을 갖게 될 것이다.

스티븐 핑커가 《마음은 어떻게 작동하는가》에서 묘사한 TV 드라마 〈LA 로〉LA Law의 한 장면을 예로 들어보자. 변호사 로절린드 셰이스Rosalind Shays는 엘리베이터 통로로 걸어 들어간다.[22] 우리는 곧 그녀의 비명을 듣는다. 시청자는 물리학적 지식을 이용해 그녀가 바닥으로 떨어졌으리라는 추론을 한다. 그리고 생물학적 지식을 이용해 그 정도의 추락이라면 그녀가 죽었을 것이라고 추론하고, 심리학적 지식을 이용해 그녀가 자살 충동을 느낀 듯 보이지는 않았으므로 그녀가 텅 빈 엘리베이터 수직 통로로 들어간 것은 엘리베이터의 문이 열렸을 때는 엘리베이터가 있으리라는 가정에 근거한 오판이었을 것이라고 추론한다.

노인 돌보미 로봇 역시 예상할 수 없는 방식으로 다양한 영역들 사이의 상호작용을 유동적으로 이해할 수 있어야 크게 발전할 수 있다. 돌보미 로봇은 할아버지의 심리를 예측하고(할아버지는 로봇에게 어떻게 반응할까? 당혹스러워할까? 로봇을 흔들까? 도망칠까?) 그를 복잡하고 역동적인 물리적 대상으로 보고 해석해야 한다. 할아버지를 침대에 눕히는 것이 목표라면 그를 침대 위에 놓는 것뿐만 아니라 그 과정에서 침대 옆 난간에 머리를 부딪혀서는 안 된다는 점까지 알아야 한다. 이처럼 심리와 물리 모두에 대해서 유동적으로 추론할 수 있는 로봇을 얻으려면 지금 우리가 가진 것보다 크게 진보해야 한다.

이런 유동성이 심층적 이해가 가능한 기계를 개발하는 데 큰 역할을 할 것이다. 예를 들어 알만조의 이야기를 읽은 로봇은 톰슨 씨가 처음에는 자신이 지갑을 잃어버린 것을 알지 못했다가 알만조의 질문을 듣고 주머니를 더듬어 본 후 잃어버린 것을 알았다는 점을 이해해야만 한다.

즉, AI는 톰슨 씨의 정신 상태와 그 상태가 왜 시간이 흐르면서 변화했는지를 추론해야만 한다. 독자라면 톰슨 씨가 지갑을 잃어버렸을 때 당황했으며 지갑을 되찾고 돈이 그대로 있는 것을 보고 안심했다는 것, 알만조가 도둑으로 의심받는 모욕을 당한 것(이 역시 인간 심리의 이해에 관한 문제), 그들이 돈과 사회적 상호작용과 같은 것들에 관해 어떤 느낌을 갖는지에 대해서 이해해야 한다. 인과성에 대한 충분한 이해력을 가진 시스템이라면 이 모든 일을 자연스럽게 해낼 것이다.

계획을 세우고 수정할 줄 아는 로봇

행동을 계획하는 데에는 시간과 인과성의 통합이 무엇보다 중요하다. 행동 계획을 세우려면 종종 모호하거나 명시적이지 못한 방침들을 다루어야 한다. 예를 들어 우리가 아는 보통의 레시피는 너무 당연해서 언급할 필요가 없는 단계들은 건너뛴다. 그러나 지금의 로봇은 직역만을 한다. 명시되어 있지 않는 일은 하지 않는다. 유용성을 극대화하려면 로봇도 우리만큼 유연해져야 한다.

스크램블드에그를 만드는 과정을 예로 들어보자. 레시피는 많다. 다만 모든 레시피가 많은 일들을 언급하지 않고 넘어간다. 한 웹사이트에서 다음과 같은 레시피를 찾았다.

1. 중간 크기의 볼에 달걀, 우유, 소금, 후추를 넣고 잘 섞일 때까

지 **휘젓는다.**

2. 눌어붙지 않는 큰 팬을 중불에 올리고 버터가 뜨거워질 때까지 **가열한다.**

3. 달걀 혼합물을 **붓는다.**

4. 달걀이 걸쭉해지고 물기가 보이지 않을 때까지 부드럽게 섞으면서 계속 **조리한다.**

레시피를 적는 사람들은 독자들의 지능에 의존해서 실제로는 포함되지만 너무나 당연한 여러 단계들을 건너뛴다. 달걀과 우유, 버터를 냉장고에서 꺼낸다, 달걀을 깨뜨려 볼에 넣는다, 우유통을 연다, 우유를 볼에 붓는다, 소금과 후추를 볼 안에 뿌린다, 사용하지 않는 달걀, 우유, 버터는 냉장고에 다시 넣는다, 버터를 팬에 잘라 넣는다, 불을 켠다, 불을 끈다, 달걀을 접시에 옮긴다, 볼이나 팬이 더러우면 사용하기 전에 닦는다, 후추가 떨어졌다면 스크램블드에그의 맛이 좀 덜한 데 그치겠지만 달걀이 없다면 완전히 망한 것이다 등등.

로봇은 전체적인 인지 유연성의 측면에서 인간과 필적하는 수준이 되어야 한다. 우리 인간은 계획을 세웠다가도 상황이 예상과 달라지면 그때그때 계획을 수정한다. 우리는 '지퍼를 닫는 것을 잊고 짐을 부치면 어떤 일이 일어날까?', '움직이는 열차에 커피가 가득 든 컵을 들고 탄다면 어떻게 될까?'와 같이 전혀 경험해보지 못한 시나리오에 대해서도 경험에 근거한 추측을 할 수 있다. 로봇과 디지털 비서가 이런 식으로 적응력 있는 계획을 세우게 한다면 엄청난 진전이 될 것이다.

시뮬레이션만으로는 부족하다

———

특정한 상황에서는 컴퓨터 시뮬레이션이 인과에 접근하는 확실한(궁극적으로는 실망스럽지만) 방법이 될 수 있다. 개가 코끼리를 옮길 수 있는지 알고 싶다면 현대의 비디오게임에 흔한 '물리 엔진'physics engine의 구동을 고려해볼 수 있다.

어떤 환경에서는 시뮬레이션이 인과성에 접근하는 효과적인 방법이 될 수 있다. 물리 엔진은 일어날 일에 대한 '마음속 영상'mental movie을 효과적으로 만들어낸다. 시간의 흐름에 따라 시나리오 속의 모든 것이 어떻게 움직이고 변화하는지 극히 상세하게 결정하는 것이다. 예를 들어 〈그랜드 테프트 오토〉라는 비디오 게임에서 사용된 물리 엔진은 게임 세상 속의 모든 자동차, 사람, 실체 사이의 상호작용을 시뮬레이션한다. 이 시뮬레이터는 게임 속 모든 대상의 정확한 모양, 무게, 소재 등 출발 시점의 상황에 대한 극히 세부적인 내용들로 시작한다. 이후 이 프로그램은 정확한 물리학을 이용해 1,000분의 1초마다 모든 대상이 어떻게 움직이고 변화할지 예측하면서 게임 플레이어가 내리는 결정의 함수로 모든 것을 업데이트한다. 본질적으로 이것은 인과 추론의 한 형태다. t라는 시점에 이런 대상들의 배열이 주어지면 t+1이라는 시점에 세상은 분명 이렇게 보이리라고 추론하는 것이다.

과학자와 엔지니어들은 시뮬레이션을 사용해서 은하의 진화, 혈액 세포의 흐름, 헬리콥터의 공기역학 등 극히 복잡한 상황을 모델링한다.[23, 24, 25] 시뮬레이션이 AI에서도 효과를 발휘하는 경우가 있다. 당신이 컨베이어벨트에서 물체를 집어 그 물체를 상자에 담는 로봇을 설계하고 있다고 상상해보자. 로봇은 다양한 상황에서 어떤 일이 일어날지 예상해야 한다. 예를 들어 어떤 위치에서 물체를 들어 올리면 넘어질 수 있다는 것을 예측해야 한다. 이런 문제에 대해서는 시뮬레이션이 일부 도움이 된다. 하지만 여러 가지 이유 때문에 AI가 반드시 해야 하는 대부분의 인과 추론에서는 시뮬레이션이 효과를 내지 못한다.[26]

개별 원자의 수준에서부터 모든 것을 시뮬레이션할 수는 없다. 컴퓨터의 시간과 메모리가 엄청나게 커져야 하기 때문이다. 물리 엔진은 원자 수준에서 모든 세부 사항을 찾는 대신 지름길에 의지해서 복잡한 대상들의 근사치를 계산한다. 그런 지름길은 만들기 무척 힘든 것으로 밝혀졌고 일상의 많은 물리적 상호작용에는 애초에 그런 지름길이 존재하지 않는다. 결과적으로 기존의 물리 엔진은 완벽과는 거리가 멀고 가까운 미래에 완벽해질 가능성도 없다. 따라서 정확한 물리 시뮬레이션을 보충하는 다른 방법이 필요하다.

우리의 일상에는 아무도 수고롭게 물리 엔진 모델을 만들 생각을 하지 않는 온갖 종류의 물건들이 가득하다. 물건을 자르는 활동을 한번 생각해보라. 살림을 잘 갖춘 집이라면 손톱깎이, 면도기, 칼, 강판, 믹서, 그라인더, 가위, 톱, 끌 등 무언가를 자르거나 다지는 것이 유일한 기능인 도구들이 10여 가지 이상 있을 것이다.

컴퓨터 소프트웨어나 하드웨어를 판매하는 웹사이트들은 분명 표준 물리 엔진에 연결하거나 다운로드 할 수 있는 3-D 모델을 만들 것이다. 하지만 로봇이 일상에서 마주치는 모든 상황들을 세부적인 부분까지 상세히 포착하는 시뮬레이터가 존재하기란 거의 불가능하다. 예를 들어 쿠진아트의 믹서기에 적합한 상세한 3-D 모델을 찾기는 어려울 것이다. 그런 것을 찾는다 해도 그 물리 엔진이 당신이 요구르트, 바나나, 우유로 스무디를 만드는 데 믹서기를 사용하려 할 때 어떤 일이 벌어질지 예측할 수 있을 가능성은 매우 낮다. 벽돌을 믹서로 갈려 할 때 어떤 일이 일어날지도 예측할 수 없을 것이다. 그 온라인 상점에서 혹시 코끼리와 개의 모델을 판다 해도 그 물리 엔진은 코끼리를 개의 등에 올렸을 때 어떤 일이 일어날지 정확하게 예측할 수 없을 것이다.

스크램블드에그를 만들 때 사람들은 세부적으로 어떤 복잡한 화학적, 물리적 작용이 일어나는지 시뮬레이션하지 않는다. 주방 로봇 역시 그럴 필요가 없다. 세상의 많은 사람들이 스크램블드에그를 그럴듯하게 만들 수 있다. 하지만 달걀이 조리되는 물리화학적 현상에 대해 설명할 수 있는 사람은 극소수일 것이다. 사람들은 물리학에 대한 정확한 이해 없이도 용케 스크램블드에그를 만들어내고 그보다 더 큰 과제(아침 식사를 준비하는 일 같은)도 처리한다(대부분의 사람이 정확한 물리적 과정에 대해서는 알지 못하지만 물리학에 완전히 무지하지는 않다. 스크램블드에그 조리에 물리 법칙이 작용하지 않을 리는 없다. 사람들은 조리가 된 달걀을 포크로 들어 올리는 것과 익지 않은 달걀을 포크로 들어 올리는 것이 전혀 다르다는 사실을 알며, 반숙된 달걀이 갑자기 코끼리로 변한다면 크게 놀랄 것이다. 좋은 AI라면 이런 면에서 인간을 모방해야 한다. 이런 모방은 일반적이고 유연하며 대체로 타당한 이해력을 갖춤으로써 가능하겠지만 모든 세부적인 사항을 알고 있지 않은 경우에까지도 가능해야 한다).

로봇의 경우에는 특히나 시뮬레이션만으로는 부족하다. 로봇은 수많은 동작부가 서로, 그리고 외부 세계와 매우 다양한 방식으로 상호작용을 하는 극도로 복잡한 기계다. 상호작용이 많을수록 일을 적절히 하도록 만드는 작업은 어려워진다. 예를 들어 보스턴 다이내믹스의 개 모양 로봇 스폿미니에는 17개의 다른 관절이 있으며 각각의 관절은 회전시키고 힘을 주는 여러 모드를 갖추고 있다.[27]

더구나 전형적으로 로봇이 하는 일은 그들이 인지한 것의 함수다. 대부분의 동작이 피드백에 의해 지배를 받기 때문이다. 일부 관절에 어느 정도의 힘을 주어야 하는지는 일부 감지기가 로봇의 팔에 어떤 지시를 내리는가에 달려 있다. 따라서 시뮬레이션을 이용해 로봇이 하는 행동의 결과를 예측하는 일에는 로봇의 인식과 시간에 따라 그 인식이 어떻게 변화하는지에 대한 시뮬레이션이 수반된다.

시뮬레이터를 이용해 구조 로봇이 화재 현장에서 부상당한 사람을 안전하게 옮길 수 있는지 시험한다고 가정해보자. 시뮬레이터는 로봇이 물리적으로 그 일을 할 수 있는지 뿐만 아니라 건물에 연기가 가득 차고 전기가 나갔을 때도 길을 찾을 수 있는지 알아야 한다. 어쨌든 지금으로서 이런 일은 로봇이 할 수 있는 일의 범위를 크게 넘어선다. 더 넓게 보면 통제가 없는 현실 세계에서 로봇에게 일어나는 일은 시뮬레이션에서 일어나는 일과 전혀 다른 경우가 많다. 이런 일이 너무 자주 일어나기 때문에 로봇공학자들이 그런 현상에 '현실 격차'reality gap라는 이름을 붙였을 정도다.[28]

인간의 정신에 대해 추론하는 물리 엔진을 만들 때라면 순수한 시뮬레이션 접근법은 더욱 문제가 된다. 톰슨 씨가 지갑을 더듬었을 때 어떤 일이 일어났는지 파악하고 싶다고 생각해보자. 원칙적으로는 그의 존재에 속하는 모든 분자를 시뮬레이션하고, 지갑이 있었을(혹은 없었을) 경우 톰슨 씨가 손가락을 통해 받는 피드백을 모방하고, 이후 뒤따라 신경활동이 일어나 전두엽 피질에 메시지를 보내고, 운동 제어 프로그램이 그의 입술과 혀에게 "그래 잃어버렸어! 지갑 안에 1,500달러가 있어."라고 소리치도록 하는 것을 시뮬레이션할 수 있다.

물론 상상으로는 얼마든지 가능하다. 하지만 실제에서는 불가능하다. 그 정도로 상세하게 톰슨 씨를 모델링하는 데 필요한 연산력의 양은 어마어마하다. 21세기 초반, 적어도 지금으로서는, 인간의 두뇌를 그 정도로 상세히 시뮬레이션할 방법이 없다. 시뮬레이터가 너무나 많은 분자 사이의 상호작용을 계산해야 하기 때문에 톰슨 씨 신경계 속에서의 단 몇 초를 포착하는 일에만도 컴퓨터에게는 수십 년이 필요할 것이다. 인간의 심리를 포착하기 위해서는 정확한 물리학에서 추출한 시스템이 필요하다.

부정확하고 불완전한 인간이 AI보다 나은 점

———

상식의 마지막 부분 바로 추론 능력이다.

영화 〈대부〉의 유명한 장면을 한번 떠올려보자. 잭 월츠Jack Woltz는 잠에서 깨어나 침대 발치에 그가 좋아하는 말이 머리가 잘린 채 놓여 있는 것을 본다. 그는 톰 헤이건Tom Hagen이 자신에게 무슨 말을 전하려는 것인지 바로 알아차린다. 헤이건의 사람들이 월츠의 말에 접근할 수 있다는 얘기는 마찬가지로 월츠에게도 쉽게 접근할 수 있다는 뜻이다.

영화를 보는 사람들은 잭 월츠의 침대에 놓인 말 머리를 처음 봤지만 자신의 '기억 은행'에서 비슷한 사례를 찾지 않는다. 사람들(그리고 월츠)은 세상이 어떻게 돌아가는가에 대한 방대한 일반 지식에 의지하고 자신이 사람, 물건, 시간, 물리 작용, 경제, 도구 등에 대해 아는 것들을 종합해서 다음에 무슨 일이 생길지 추론한다.

형식 논리가 가진 이점 중 하나는 우리가 알아야 하는 많은 것을 단도직입적으로 파악할 수 있게 해준다는 점이다. 손가락이 손의 일부이고 손이 몸의 일부라면 손가락은 몸의 일부라고 추론하기란 쉬운 일이다. 앞의 두 가지 사실을 알고 논리 법칙을 안다면 손가락이 몸의 일부라는 사실을 알기 위해 굳이 크라우드소싱을 할 필요가 없다.

다음의 사실로 무장한 논리적 추론 엔진이라면 로절린드 셰이스의 죽음을 곧바로 추론한다.

- 빈 엘리베이터 통로 안의 물체는 지지가 되지 않는다.
- 엘리베이터 통로의 바닥은 표면이 딱딱하다.
- 지지를 받지 못한 물체는 떨어지며 속도가 점점 빨라진다.
- 빈 엘리베이터 통로에서 떨어지는 물체는 곧 바닥에 충돌한다.
- 사람은 물체다.
- 빠르게 움직여서 딱딱한 표면과 충돌한 사람은 죽거나 심한 부

상을 당할 확률이 높다.
- 로절린드 셰이스라는 사람은 빈 엘리베이터 통로 안으로 걸어 들어갔다.

이후 추론 엔진은 로잘린드 셰이스가 죽거나 심한 부상을 입었을 것이라고 추론한다. 엄청난 양의 계산을 통해 그녀의 몸에 있는 모든 분자를 완벽하게 모델링할 필요 없이 말이다(사실은 우리가 여기에서 제시한 것보다 더 복잡한 지식 기반이 필요하다. 예를 들어 위 목록의 첫 문장은 이미 엘리베이터 통로 '바닥'에 놓인 물체에는 적용되지 않으므로 더 상세한 진술이 필요하다. 이 역시 유연하면서도 충분한 방식으로 정확한 지식을 적확하게 구체화하는 것이 왜 어려운지를 보여주는 좋은 사례). 형식 논리가 유효할 때 그것은 엄청난 거리를 단축하는 지름길이 될 수 있다.

하지만 논리에도 그 나름의 문제가 있다. 우선 기계가 이끌어내는 모든 추론이 유용하거나 유의미하지는 않다.[29] '개의 엄마는 개다'라는 규칙과 '래시는 개다'라는 사실이 주어지면 고지식한 시스템은 '래시의 엄마는 개다', '래시의 엄마의 엄마는 개다', '래시의 엄마의 엄마의 엄마는 개다'와 같은 쓸모없고 의미도 없는 결과만을 찾아내게 된다. 모두 맞는 말이지만 실제적인 의미가 담긴 말은 아니다. 마찬가지로 고지식한 추론 엔진은 톰슨 씨가 주머니를 왜 더듬었는지 이해하려고 노력하다가 막다른 길에 몰려서 톰슨 씨의 주머니가 바지 안에 있을 것이고, 그는 바지를 의류점에서 샀을 것이고, 의류점에는 톰슨 씨가 바지를 살 당시 주인이 있었고, 그 의류점 주인은 톰슨 씨가 바지를 산 날 아침을 먹었을 것이라는 등 주어진 문제와는 그다지 관련이 없는 사실들을 추론하게 될 것이다. 인지과학자들은 이런 종류의 문제를 '사고 범위 문제'the frame problem라고 부른다.[30] 이것은 자동화 추론 분야에서 중심이 되는 문제다.[31] 완전히 해결되지는 않았지만 이 문제에 대해서는 상당한 진전이 있었다.

형식 논리 시스템의 목표는 모든 것을 정확하게 만드는 것이지만 현실 세계에서는 우리가 대처해야 하는 많은 것들이 모호하다는 데 더 큰 문제가 있다. 1939년 소련의 핀란드 침공이 제2차 세계대전 발발에 영향을 끼쳤는지 판단하는 것은 논리적 표기의 면에서도 분류법에서만큼이나 어려운 문제다. 더 넓게 보면 우리가 이야기해온 형식 논리가 잘하는 일은 딱 하나다. 우리가 확신하는 지식에 유효한 규칙을 적용해서 마찬가지로 확실한 새로운 지식을 연역할 수 있게 해준다. 우리가 아이다가 아이폰을 소유하고 있다는 점을 완벽하게 확신하고, 애플이 모든 아이폰을 만든다는 점을 확신한다면, 다음으로 우리는 아이다가 애플이 만든 것을 갖고 있다고 확신할 수 있다. 하지만 도대체 '완벽한 확신'이란 무엇인가? 버트런드 러셀이 말했듯이 "인간의 모든 지식은 불확실하고, 부정확하고, 불완전하다."[32]

그런데도 인간은 용케 살아가지 않는가?

기계가 이 같은 일을 하게 되면, 즉 인간과 같은 유동성을 가지고 불확실하고, 부정확하고, 불완전한 지식을 표상하고 추론할 수 있게 되면 유연하면서도 강력한 범용지능의 시대가 다가올 것이다.

범용지능으로 가는 길

———

지금까지 살펴본 적절한 추론을 하고, 지식을 표상하는 적절한 방법을 찾고, 적절한 영역(시간, 공간, 지식 등)에 초점을 맞추는 것 모두가 해법에 속한다. 우리가 강화된 인지 모델과 딥 언더스탠딩, 패러다임의 전환에 이르는 데 도움을 줄 수 있는 부분들이라 할 수 있다.

거기에 이르기 위해 필요한 것이 또 하나 있다. 바로 학습이 어떻게 이루어지는지에 대한 근본적인 재고다. 우리는 직면하는 모든 영역에서 굳이 백지 상태부터 시작하기보다는 기존의 지식을 활용하는 새로운 종류의 학습을 발명해야 한다.

기존 머신러닝 연구의 목표는 이와 정반대인 경우가 많았다. 대부분의 연구자들과 엔지니어들은 0에서부터 시작하려고 노력하면서 구체적이고 제한적인 과제에 집중한다. 사전 지식이 전혀 없이 유튜브 동영상만 보고 알아야 할 모든 것을 학습하는 어떤 마법과 같은 시스템(현재는 어떤 형태로도 존재하지 않는 것)을 상상하는 것이다. 하지만 이런 일이 가능하다는 증거도, 이런 방향으로의 어떤 진전이 있다는 증거도 존재하지 않는다.

너무나 공허한 약속이 아닐 수 없다. 기존 AI의 영상 이해는 너무나 조악하고 부정확하다. 예를 들어 감시 시스템은 사람이 걷고 있는 비디오 자료와 사람이 뛰고 있는 비디오 자료의 차이는 구분할 수 있을진 몰라도, 자전거를 잠그는 행위와 자전거를 훔치는 행위의 차이와 같은 보다 미묘한 차이는 확실히 구분할 수가 없다. 기존의 시스템이 가장 잘할 수 있는 일은 동영상에 '라벨'을 붙이는 것인데 그마저도 앞서 우리가 보았던 종류의 실수를 많이 저지르는 형편이다. 지금 존재하는 시스템은 〈스파르타쿠스〉라는 영화를 보고도 무슨 일이 일어나는지 전혀 이해하지 못하고, 알만조의 이야기를 담은 영상을 봐도 사람들은 돈을 좋아한다거나 사람들은 지갑을 잃어버리는 일을 좋아하지 않는다고 추론하지 못하며, 위키피디아든 그보다 규모가 큰 웹에서든 지갑이나 인간에 대한 정보를 흡수해서 자신의 예측도를 높이는 일을 하지 못한다. 영상에 태그 달기는 무슨 일이 일어나는지 이해하거나 시간의 흐름에 따라 세상이 어떻게 돌아가는지에 대한 지식을 축적하는 것과는 전혀 다른 일이다.

소위 비지도형 영상 학습 시스템unsupervised video system이 〈로미오와 줄리엣〉을 보고 사랑과 아이러니, 인간관계에 대해 우리에게 가르쳐줄 수 있다는 상상은 지금으로부터 몇 광년은 떨어진 터무니없는 생각이다. 지금의 시스템은 '이 동영상에서 다음에 나오는 프레임은 무엇인가?'와 같은 제한적이고 기술적인 질문에만 겨우 답할 수 있다. 인간관계에 대한 어떤 종류의 지식도 없는 기존 시스템은 '로미오가 줄리엣을 만나지 않았다면 어떤 일이 일어났을까?'와 같은 질문에 대답할 토대나 바탕을 갖고 있지 않다. 이것은 물고기에게 농구공을 던지라고 시키는 것과 마찬가지다.

그러나 우리는 원치 않는 것을 없애려 소중한 것까지 잃고 싶지는 않다. 진보를 위해서는 학습에 대한 더욱 정교한 지식 기반 접근법이 필수적이다. CYC에 대한 레너트의 경험이 말해주듯이 기계가 알아야 하는 모든 지식을 손으로 일일이 코딩하는 것은 현실적이지 못하다. 기계는 스스로 많은 것을 학습할 수 있어야 한다. 예리하고 단단한 날이 부드러운 물질을 자를 수 있다는 사실은 인간이 코딩하더라도, 이후 AI는 그 지식을 기반으로 삼아 칼, 치즈 강판, 잔디 깎는 기계, 믹서가 어떻게 작동하는지 인간이 코딩하지 않아도 학습할 수 있어야 한다.

역사적으로 AI는 수동 코딩과 머신러닝이라는 양극단 사이를 오갔다. 칼의 작동 방법에서 유추해 잔디 깎기 작동법을 학습하는 일은 라벨이 붙은 많은 사진을 집어넣어 개의 종을 분류하는 시스템을 개선하는 일과는 전혀 다르다. 지나치게 많은 연구가 전자를 배제하고 후자에만 몰두했다. 칼 그림에 라벨을 다는 것은 픽셀의 공통 패턴에 대한 학습의 문제일 뿐이다. 칼이 '무슨 일을 하는지' 이해하기 위해서는 형태와 기능, 그들이 어떤 연관을 갖는지에 대한 훨씬 더 심층적인 지식이 필요하다. 칼의 용도와 위험성을 이해하는 것은 많은 사진을 축적하는 것이 아닌 인과관계의 이해(그리고 학습)에 대한 문제다. 결혼식을 계획하는 디지털 비서라면 결혼식에는 전형적으로 칼과 케이크가 필요하다는 것만 알아서는 안 된다. 이 디지털 비서는 그 칼이 케이크를 자르기 위해서 거기에 있다는 '이유'를 알아야만 한다. 케이크가 결혼식용 특별 밀크셰이크로 대체되면 이전 데이터에서 칼과 결혼식의 상관관계가 아무리 높다 해도 칼은 필요하지 않다. 신뢰할 수 있는 디지털 비서는 칼은 집에 두고 빨대를 잔뜩 가져가야 한다는 것을 인식할 만큼 밀크셰이크에 대해 충분히 이해하고 있어야 한다. 거기에 이르기 위해서는 학습을 완전히 새로운 수준으로 끌어올려야 한다.

결국 인간 정신의 연구에서 얻은 교훈은 모든 일에 '타협'이 필요하다는 것이다. 우리에게 필요한 것은 0에서부터 모든 것을 학습해야 하는 백지 상태의 시스템도, 생각할 수 있는 모든 우발적 상황을 미리 완전히 시뮬레이션한 시스템도 아니다. 그보다는 개념적이고 인과적 수준에서 새로운 것을 학습할 수 있게 해주는 강력한 본유의 토대를 갖춘 주의 깊게 구조화된 하이브리드 모델이다. 즉, 단순히 분리된 사실들만이 아니라 이론을 학습할 수 있는 시스템을 추구해야 하는 것이다.

　개별 사람, 장소, 물건을 추적하는(클래식 AI에서는 표준이지만 머신러닝은 철저히 멀리했던) 시스템 같은, 스펠크가 강조했던 '핵심'core 시스템이 좋은 출발점일 것이다.[33]

　상식, 궁극적으로는 '범용지능'에 이르는 우리의 레시피는 이렇게 요약할 수 있다. 첫 번째 단계에서는 인간 지식 그러니까 시간, 공간, 인과성, 물리적 사물과 그들의 상호작용에 대한 기본적 지식, 인간과 그들의 상호작용에 대한 기본적 지식의 핵심 체계를 나타낼 수 있는 시스템을 개발한다. 둘째, 추상성, 구상성, 개별 추적에 대한 중심 원리를 항상 염두에 두면서 이런 것들을 온갖 종류의 지식으로 자유롭게 확장될 수 있는 아키텍처에 집어넣는다. 셋째, 복잡하고 불확실하고 불완전한 지식을 다룰 수 있고 하향식, 상향식으로 모두 자유롭게 작동할 수 있는 강력한 추론 기법을 개발한다. 그리고 이들을 인식, 조종, 언어와 연결한다. 이들을 이용해서 세상에 대한 강화된 인지 모델을 구축한다. 그 후 마지막 단계에 이르러 인간에게 영감을 받는 종류의 학습 시스템을 만드는 것이다. 이 시스템은 AI가 가지고 있는 모든 지식과 인지 역량을 이용하고, 학습한 지식을 이전 지식에 통합하고, 아이들처럼 모든 가능한 정보로부터 탐욕스럽게 학습하고, 세상과 상호작용하고, 사람과 상호작용하고, 책을 읽고, 비디오를 보고, 가르침을 받는다. 이 모든 것이 합쳐지면 거기에서 딥 언더스탠딩을 얻을 수 있다.

분명 무리한 요구다. 하지만 반드시 해야 할 일이다.

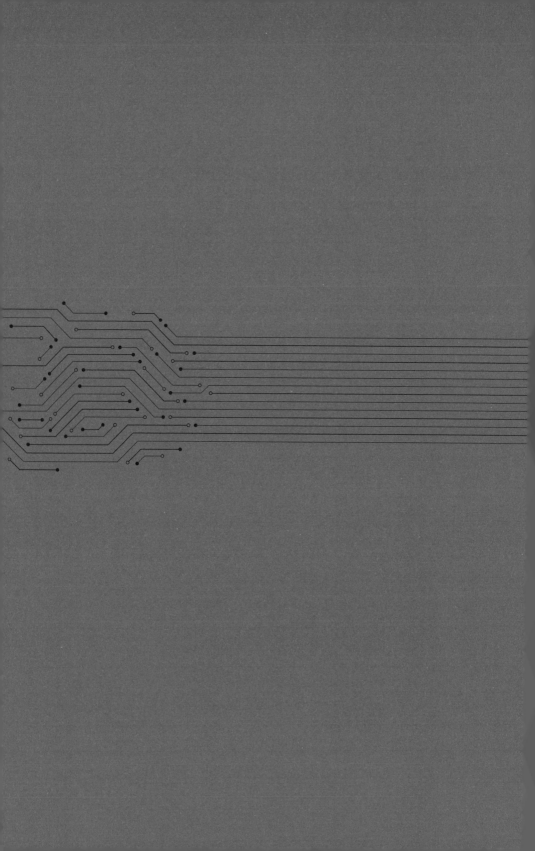

제8장

신뢰할 수 있는
AI를 향해

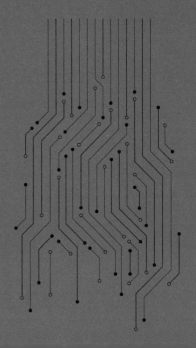

신들은 언제나 그들을 만든 사람들과 똑같이 행동한다.

_조라 닐 허스턴Zora Neale Hurston, 《내 말에게 말하라》Tell My Horse 중에서

사람을 내던지는 건 좋은 행동이 아냐.

_영화 〈겨울왕국〉에서 안나가 눈괴물 마시멜로에게 하는 충고

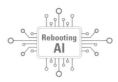

상식을 가지고 어떤 일이 벌어지는지 정말로 이해하는 기계들이라면 통계에만 의지하는 기계들보다 훨씬 믿음직하고 분별 있는 결과를 만들어낼 가능성도 훨씬 높다. 하지만 우리가 먼저 생각해봐야 할 다른 구성요소들이 몇 가지 있다.

AI에도 안전 법규가 필요하다

신뢰할 수 있는 AI는 법규와 업계의 표준을 따르는 좋은 엔지니어링 관행에서 출발해야 한다. 그러나 현재는 법규와 업계 표준이 제대로 갖추어져 있지 않다. 지금까지의 AI 대다수는 단기적인 해법으로만 이루어져 있다. 다른 분야에서는 당연히 여겨지는 '기술 보증'이라는 필수적인 단계 없이 당장 시스템을 작동시키는 코드로만 이루어진 것이다. 자동차 개발에서 표준인 여러 종류의 부하 검사stress test(충돌 시험, 기후 대응 시험 등)를 AI에서는 거의 찾아 볼 수 없다. AI는 다른 분야의 엔지니어들이 일을 하는 방법에서 많은 것을 배워야 한다.

예를 들어 안전이 필수인 상황에서 좋은 엔지니어들이라면 자신들이 계산한 최솟값보다 더 견고한 구조와 기기를 설계할 것이다. 엔지니어들은 엘리베이터가 0.5톤 이상을 절대 싣지 않을 것이라고 예상하는 경우에도 실제로는 5톤을 실을 수 있게 만든다. 하루 1,000만 명의 방문객을 예상하는 웹사이트를 만드는 소프트웨어 엔지니어는 갑자기 관심이 폭발하는 경우를 대비해 서버가 5,000만 명을 감당할 수 있도록 만든다. 충분한 여유를 두지 않아 재앙이 일어난 경우를 우리는 수없이 많이 보았다. 우주왕복선 챌린저호의 O링은 따뜻한 곳에서는 잘 작동했지만 추운 날씨의 발사에서는 탄력성이 떨어졌고 결국 참혹한 결과를 낳았다. 자율주행차의 행인 감지기가 99.9999퍼센트의 정확도로 작동해도 충분하다면 한 자리를 더 더해 99.99999퍼센트의 정확도를 목표로 해야 한다.

지금 AI 분야는 그런 일을 할 수 있는 머신러닝을 설계할 수 없다. 자동차 부품이나 비행기 제조 업체에서 해야 하는 것처럼 해당 시스템이 특정한 허용 오차 내에서 작동하도록 보장하는 절차를 고안할 능력조차 없다(자동차 엔진 제조사가 자기들이 만든 엔진이 안전하게 작동할 수 있는 온도에 대해서는 언급하지 않고 작동률이 95퍼센트라고만 말하는 것을 상상해보라). AI에서의 전제는 그저 자주 유용하게 작동하면 충분하다는 것이었다. 하지만 중요한 것이 걸려 있을 때라면 그런 태평스러운 태도는 적합하지 않다. 하지만 사람들이 인스타그램에 포스팅하는 개인적인 사진이라면 사진 속 인물을 자동 태그하는 기능의 신뢰도가 90퍼센트인 것은 문제가 되지 않는다. 그러나 경찰이 그 기능을 사용해 감시 카메라에 찍힌 사진에서 용의자를 찾아내야 한다면 신뢰도는 훨씬 높아야 한다. 구글 서치에는 부하 검사가 필요 없을지 몰라도 자율주행차에는 꼭 필요하다.

훌륭한 엔지니어들은 실패에 대한 설계까지 한다. 그들은 일이 벌어지는 다양한 방식을 모두 세부적으로 예측할 수 없다는 것을 알기에 예기치 못한 일이 벌어졌을 때 의지할 예비 시스템을 만들어놓는다. 자전거에는 앞과 뒤에 이중으로 브레이크가 있다. 한쪽의 브레이크가 고장나도 두 번째 브레이크가 자전거를 멈출 수 있다. 우주선에는 똑같은 컴퓨터 다섯 대가 실린다. 서로를 진단하고 장애가 있을 때 대체 역할을 해야 하기 때문이다. 대개는 네 대가 작동하고 한 대는 대기 상태에 있지만 다섯 대 중에 한 대만 작동해도 우주선의 운항에는 문제가 없다.[1] 마찬가지로 자율주행차 시스템은 카메라만 이용할 것이 아니라 라이다 LIDAR, light detection and ranging(레이저를 이용해서 거리를 측정하는 장치)도 중복해서 이용해야 한다. 일론 머스크는 수년 동안 그의 오토파일럿 시스템에 라이다가 필요하지 않다고 주장했다.[2] 현재의 기계 시각 시스템의 한계를 고려하면 엔지니어링의 관점에서 이는 정말 놀랍고 위험한 생각이다(현재 대부분의 주요 경쟁사들은 라이다를 이용한다).

훌륭한 엔지니어는 중요한 임무에는 항상 이중 안전장치를 만든다. 일이 심각하게 잘못됐을 때 완전한 재앙을 막을 수 있는 최후의 방책을 만들어두는 것이다. 샌프란시스코의 케이블카에는 3단계의 브레이크가 있다.[3] 우선 바퀴를 잡아주는 기본적 휠 브레이크가 있다. 휠 브레이크가 작동하지 않을 때를 대비해서 트랙 브레이크가 있다. 트랙 브레이크는 차를 멈추기 위해 선로들을 밀어내는 큰 목재 블록이다. 이 두 브레이크가 작동하지 않은 때를 대비해 비상 브레이크가 있다. 이 거대한 강철 막대가 떨어지면서 레일을 막는다. 일단 비상 브레이크가 떨어지면 용접기를 사용해야만 다시 차를 움직일 수 있다. 그러나 차를 멈추지 못하는 것보다는 낫다.

또한 훌륭한 엔지니어는 모든 일에 적절한 때와 장소가 있다는 것을 안다. 새로운 제품을 설계할 때는 혁신적인 디자인이 판도를 바꾸는 게임 체인저가 될 수 있다. 그러나 안전이 우선되는 분야에서는 보다 철저한 시험이 이루어져온 이전의 기법에 의지해야 한다. 전력망을 통제하는 AI 시스템은 대학원생이 최근 개발한 알고리즘을 처음으로 시도해볼 만한 장소가 아니다.

안전을 위한 예방 조치를 장기간 소홀히 한다면 심각한 문제가 발생할 수 있다. 예를 들어 사이버 세상의 여러 중요한 측면들은 인프라가 수십 년간 대단히 불안정했기 때문에 우연한 실패나 악의적인 사이버 공격에 극히 취약한 상태다. 사고와 악의적인 공격은 엄연히 다르지만 공통적인 요소가 있다. 제대로 닫히지 않는 문은 폭풍이 불어서 열린 것일 수도 있고 도둑이 열어놓은 것일 수도 있다. 사이버 공간에서도 마찬가지다. 특히 웹에 연결된 가전제품부터 자동차에 이르는 사물인터넷은 불안정하기로 악명이 높다. '화이트햇해커'white hat hacker(컴퓨터 시스템을 보호하는 일을 하는 해커 — 옮긴이)들이 고속도로를 달리던 어느 기자의 지프차를 해킹해 통제권을 장악했던 유명한 사건도 있다.[4] GPS도 큰 취약성을 안고 있다. 통신부터 항공기와 드론에 이르는 모든 것의 장소와 시점을 알려주는 일에서도 모든 종류의 컴퓨터 운용 장치는 GPS에 의존한다. GPS는 막히거나 도용하기가 상당히 쉽다.[5] 그리고 그 결과는 엄청난 재앙을 불러올 될 수 있다. 우리는 러시아 정부가 미국의 전력망, 원자력발전소, 상수도 시스템, 항공 시스템, 제조 시스템을 해킹했다는 것도 알고 있다.[6] 2018년 11월 미국 상수도 시스템은 "사이버 범죄에 절호의 표적"으로 묘사됐다.[7] 가까운 미래에 종말론적 SF영화를 만들고 싶은 감독이 있다면 스카이넷보다는 이런 시나리오가 그 못지않게 무서우면서도 훨씬 그럴듯할 테다. 머지않아 사이버 범죄자들이 AI에까지 손을 뻗을 것이기 때문이다.

문제는 거기에서 끝나지 않는다. 일단 새로운 기술이 적용되면 유지가 되어야 한다. 좋은 엔지니어들은 처음부터 시스템을 쉽게 유지, 보수할 수 있도록 설계한다. 자동차 엔진은 오래 사용할 수 있어야 하고 운영 시스템은 업데이트할 수 있는 방법이 있어야 한다.

AI도 다른 영역들과 다르지 않다. 다른 자동차를 인식하는 자동 운전 시스템은 새로운 자동차 모델이 출시될 때마다 빠짐없이 업데이트를 해야 한다. 원래의 프로그래머가 없을 경우 새로 들어온 직원도 그가 설치한 것을 어떻게 고쳐야 하는지 반드시 알아야 한다. 그러나 지금의 AI는 빅데이터와 딥러닝이 지배하고 있어 오류 검출이 어렵고 유지, 보수가 까다로운, 해석하기 힘든 모델이 나오고 있다.

AI가 판도라의 상자가 되어서는 안 된다

———

다른 영역이 그러하듯 AI에도 신뢰할 수 있는 엔지니어링의 일반 원칙이 적용된다면 소프트웨어 엔지니어링에서 끌어낼 수 있고, 끌어내야 하는 특화된 엔지니어링 기법들이 많다.

예를 들어 숙련된 소프트웨어 엔지니어들은 일상적으로 모듈러 설계modular design를 이용한다. 그들은 규모가 큰 문제를 해결하는 시스템을 개발할 때 문제를 구성 성분들로 나누고 또 그 성분들에 해당하는 각각의 별개 하위 시스템을 만든다. 각각의 하위 시스템이 어떠해야 하는지 알기 때문에 각각을 따로 쓰고 시험할 수 있으며, 그것들이 어떻게 상호작용을 해야 하는지 알기에 그런 연결을 확인해서 오류 없이 효과를 내도록 할 수 있다. 그래서 최고 수준의 웹 검색엔진은 웹에서 문서를 수집하는 크롤러crawler, 키워드로 문서에 색인을 다는 인덱서indexer, 인덱스를 사용해 사용자 쿼리에 대한 답을 찾는 리트리버retriever, 사용자와의 세부적인 커뮤니케이션을 처리하는 사용자 인터페이스 등을 가지고 있다.

구글 번역이 대중화시킨 종단종 유형의 머신러닝은 의도적으로 이를 무시하면서도 단기적인 성과를 올렸다. 하지만 이런 전략에는 대가가 따랐다. 컴퓨터 내에서 문장의 의미를 나타내는 방법과 같은 중요한 문제들은 뒤로 미뤄졌고 해결되지 않았다. 이는 또한 기존 시스템을 미래에 필요하게 될 시스템과 통합하는 일을 어렵거나 불가능하게 만들 위험을 높였다. 페이스북 AI 연구소의 연구 팀장 레옹 보투Léon Bottou는 이렇게 말했다. "전형적인 소프트웨어 엔지니어링과 머신러닝을 결합시키는 문제는 아직 해결되지 않고 있습니다."[8]

좋은 엔지니어링에는 좋은 지표, 즉 진전을 평가하는 방식도 있어야 한다. 적절한 지표가 있어야 엔지니어들이 자신의 노력이 정말로 진전을 이루었는지 파악할 수 있다. 현재 범용지능에서 가장 잘 알려진 지표는 튜링 테스트Turing test다.[9] 기계가 판정단을 속여서 자신을 인간으로 착각하게 할 수 있는지 알아보는 시험이다. 널리 알려진 시험이긴 하지만 안타깝게도 이 시험은 그다지 유용하지 않다.[10] 튜링 테스트는 표면적으로는 상식을 잠재적으로 중요한 요소로 삼아 현실 세계를 제약 없는 방식으로 다루지만 실제로는 조작에 취약한 편이다. 수십 년에 걸쳐 분명해졌듯이 1965년 챗봇 일라이자가 나온 이후로 일반인들은 기계가 부리는 지능과는 관계없는 여러 가지 잔재주에 쉽게 속아 넘어갔다. 이를테면 편집증이 있거나 어리거나 외국 출신이라 현지 언어 능력이 부족한 것처럼 보이게 함으로써 질문을 피해갔던 것이다(최근에 상을 받은 유진 구스트만Eugene Goostman이라는 이름의 프로그램은 이 세 가지 방법을 다 동원해서 우크라이나 오데사 출신의 건방진 10대를 연기했다). 그러나 AI의 목표는 사람을 속이는 것이 아니라 유용하고 효과적이고 믿음직스러운 방식으로 세상을 이해하고 행동하는 것이어야 한다. 튜링 테스트로는 그런 것을 알아낼 수 없다. 우리에게는 더 나은 것이 필요하다.

이런 이유로 우리와 앨런 인공지능 연구소와 같은 곳의[11] 많은 동료들은 최근 언어 이해, 물리적, 정신적 상태의 추론, 유튜브 비디오 이해, 초등 과학, 로봇의 역량까지 다양한 문제를 아우르는 튜링 테스트의 대안을 개발하기 위해 바삐 움직이고 있다.[12, 13, 14, 15, 16] 그다음 단계는 몇몇 비디오게임을 학습하고 그런 기술을 다른 게임에 적용하는 시스템이 될 것이다.[17] 더 인상적인 그다음 단계는 '어린이들을 위한 100가지 과학 실험'에서 단순한 실험들에 대한 설명을 읽고, 그 실험을 수행하고, 그들이 입증하는 것을 이해하고, 실험에 약간 변화를 주면 어떤 일이 일어나는지를 이해하는 로봇 과학자가 될 것이다. 어쨌든 핵심 목표는 유연한 추론을 하면서 배운 것을 신뢰할 만한 방법으로 새로운 상황에까지 일반화할 수 있는 기계를 얻는 것이다. 더 나은 지표가 없다면 진정한 지능에 대한 탐구는 성공하기 어려울 것이다.

마지막으로 AI 과학자들은 통제 불능에 빠질 가능성을 가진 시스템을 만들지 않기 위해 적극적으로 최선을 다해야 한다. 예를 들어 다른 로봇을 설계하고 만들 수 있는 로봇 연구는 극히 주의해서 면밀한 감독하에 이루어져야 한다. 급속히 퍼지는 자연 생명체에서 종종 볼 수 있듯이 자기 복제가 가능하고 그것을 막을 방법이 없을 경우, 그 개체군은 기하급수적으로 늘어나고 만다. 알려지지 않은 방식으로 스스로를 바꾸고 개선할 수 있는 로봇의 문을 여는 것은 알려지지 않은 위험에 우리를 노출시키는 것이다.

마찬가지로 적어도 현재로서는 로봇이 어느 정도의 자기 인식을 갖게 될지 제대로 추정할 방법이 없다. 정말로 지각이 있고 영장류 정도의 자기 인식이 되는 로봇에 관해서라면 어떨까? 난해한 문제가 불거질 것이 분명하다. 그들에게 피해를 주어도 괜찮을까? 부품을 얻기 위해 그들을 해체해도 괜찮을까? 전원을 영구적으로 꺼버려도 괜찮을까? 로봇이 인간 수준의 지능에 이르렀다면 그들에게 시민으로서의 권리와 재산권을 주어야 할까? 그들은 형법의 대상이 될까? 물론 우리는 아직 이 논의의 근처에도 가지 못했다. 2017년 등장한 챗봇 '소피아'Sophia가 사우디아라비아 시민권을 얻었지만 이것은 자기 인식이 가능한 AI의 이정표가 아니라 사람들의 이목을 끌기 위한 쇼였다. 진정한 자기 인식이 아니라 미리 만들어놓은 흔한 기법에 의존한 대화 시스템이었기 때문이다.

모든 기술이 그렇듯이 AI는 의도하지 않은 결과라는 위험에 노출되어 있으며 다른 어떤 기술보다 위험의 가능성이 높다. 우리 인간이 판도라의 상자를 더 활짝 열수록 우리가 떠안는 위험은 커진다. 기존의 체제에서는 위험이 거의 없다. 하지만 우리가 발명한 어떤 것에든 대응할 수 있다는 분별없는 가정으로 목숨을 걸 이유는 없다.

소프트웨어의 신뢰성을 높이는 접근법

우리는 특히 한 소프트웨어 엔지니어링 기법이 AI의 안전에 크게 기여하리라고 조심스레 낙관하고 있다. 프로그램 검증program verification으로 알려진 이 일련의 기법들은 프로그램의 정당성을 공식적으로 검증하는 일을 하는데, 적어도 지금까지는 머신러닝보다 클래식 AI에 더 적합하다. 그런 기법들은 형식 논리를 이용해 컴퓨터 시스템이 정확하게 작동하는지, 좀 더 소규모로는 컴퓨터 시스템이 특정 종류의 버그로부터 자유로운지 검증해왔다. 우리 저자들은 이러한 프로그램 검증이 해당 AI

구성 요소가 의도한 일을 하게 될 가능성을 높이는 데 사용될 수 있기를 희망한다.

스피커, 마이크, 외장하드같이 컴퓨터에 연결하는 모든 장치들에는 장치 드라이버, 즉 장치를 구동하고 컴퓨터가 장치와 상호작용할 수 있게 하는 프로그램이 필요하다. 그런 프로그램들은 때로는 수십만 행으로 이루어진 극히 복잡한 코드를 가진다. 장치 드라이버는 컴퓨터 운영체제의 핵심 부분과 긴밀한 상호작용을 해야 하기 때문에, 드라이버 코드에 있는 버그는 큰 문제가 되곤 했다(대체로 운영체제를 만든 소프트웨어 회사가 아닌 하드웨어 제조업체가 이 장치 드라이버를 만든다는 사실이 문제를 더 심각하게 만들었다).

오랫동안 이것이 큰 혼란을 만들었고 수많은 시스템이 오류를 일으켰다. 2000년이 되어서야 마이크로소프트는 장치 드라이버가 윈도우 운영체제와 상호작용할 때 따라야 하는 일련의 엄격한 규칙을 도입했다. 이런 규칙이 준수되는지 확인하기 위해 마이크로소프트는 스태틱 드라이버 베리파이어Static Driver Verifier라는 도구를 내놓았다.[18] 이 도구는 프로그램 검증 기법을 이용해 드라이버의 코드를 판단함으로써 드라이버가 규칙에 부합하는지 확인한다. 이런 체제가 자리를 잡자 시스템 충돌이 현저히 감소했다.

비슷한 추론 시스템이 다른 큰 규모의 프로그램과 하드웨어 장치에서 특정한 종류의 버그를 확인하는 데에도 사용됐다. 컴퓨터화된 에어버스 Airbus 항공기 통제 프로그램은 그들의 엄청나게 복잡한 소프트웨어에서 충돌을 유발하는 버그가 없는지를 검증했다(공식적, 수학적으로 보장됐다는 뜻이다).[19] 더 최근에는 카네기멜론대학교와 존스홉킨스대학교의 항공우주공학자들과 컴퓨터과학자들이 소프트웨어 검증을 물리학에 대한 추론과 결합해 항공기에 사용되는 충돌 방지 프로그램의 신뢰성을 검증했다.[20]

분명 이런 프로그램 검증에는 한계가 있다. 검증은 비행기가 다양한 환경에 어떻게 반응할지는 예측할 수 있지만 인간 조종사가 프로토콜에 따라 비행기를 조종할지, 감지기가 적절하게 작동할지(보잉 737 맥스와 관련한 두 건의 치명적 사고에서 감지기 오류가 그 원인 중 하나였다), 정비 직원이 절차를 무시할지, 부품 공급업체가 언제나 설계 사양을 충족시킬지는 보장할 수 없다.[21]

하지만 소프트웨어 자체가 충돌하지 않도록 검증하는 것은 아주 중요한 출발점이며 다른 대안보다 훨씬 낫다. 우리는 항공기 소프트웨어가 비행 도중 재부팅하기를 원하지 않는다. 우리는 로봇이 바쁘게 책장을 조립하는 도중에 코드 충돌을 일으키거나 갑자기 우리 딸을 침입자로 오인하기를 원하지 않는다.

AI 연구자들은 그 작업의 참뜻을 따를 방법을 열심히 모색해야만 한다. 또한 딥 언더스탠딩의 도구들을 통해 기계들이 소프트웨어의 정확성, 신뢰성에 대해 추론할 수 있게 하는 새로운 접근법에 대해서도 진지하게 고민해야 한다.

최소한 기술이 발전함에 따라 시스템이 특정한 종류의 실수는 피한다는 증명은 가능해질 것이다. 예를 들어 정상적인 상황에서 로봇은 넘어지거나 물건에 부딪치지 않을 것이고 기계 번역의 결과에는 문법적 오류가 없다고 증명할 수 있을 것이다. 그리고 좀 더 낙관하자면 AI의 인지 능력 자체가 우리를 더 멀리로 데려갈 수 있을지도 모른다. 소프트웨어가 다양한 범위의 환경에서 어떻게 작동할지 상상하고 숙련된 소프트웨어 설계자의 능력을 모방해 코딩과 디버깅을 개선하는 정도로까지 말이다.

지름길은 없다

지금까지 검토한 모든 기법은 노력과 인내를 필요로 한다. 그리고 우리는 그런 기법들에 대해 당연하고 명백하게 보일 수 있는 부분들까지 매우 상세히 설명했다. 우리가 여기에서 강조하는 '인내'가 분위기에 휩쓸려 무시당하는 때가 너무 많기 때문이다.

인내에 전혀 가치를 두지 않는 경우도 많다. 실리콘밸리의 기업가들은 "빨리 실행해 낡은 것을 파괴하라."move fast and break things(페이스북의 표어 — 옮긴이)라는 생각을 품고,[22] "남들보다 먼저 효과가 있는 제품을 시장에 내놓는다. 발생할 수 있는 문제는 나중에 걱정해도 된다."(우버가 내세운 마케팅 전략 — 옮긴이)는 자세로 일을 한다. 이런 식으로 만들어진 제품은 일정 범위에서는 잘 작동하지만 상황이 변하면 전체를 다시 만들어야 한다. 시연에서는 작동하지만 실제에서는 작동하지 않기도 한다. 이것을 '기술적 부채'technical debt라고도 한다.[23] 우선은 버그가 잔뜩 있든 말든 원하는 제품을 손에 넣는 데 치중하는 것이다. 시스템의 신뢰를 높이는 개선점을 찾아내고 토대를 다시 만드는 등 이자까지 붙은 대가를 치르는 일은 나중으로 미룬다. 소셜미디어 회사라면 이런 방법도 괜찮을지 모르겠다. 하지만 가정용 로봇 회사의 경우라면 무척 위험할 것이다. 소셜네트워킹 제품이 지름길을 택하면 사용자가 끊기는 정도에 그친다. 회사에게는 나쁜 일이지만 사람에게는 문제가 없다. 그러나 자율주행차나 가정용 로봇이 이런 지름길을 택한다면 쉽게 치명적인 문제로 이어질 수 있다.

전반적인 엔지니어링에 하나의 만능 해결책이 없는 것처럼 AI 설계에서도 만능인 방법은 없다. 다양한 수렴성 기법들을 사용하고 조직화해야 한다. 여기에서 논의한 것들은 시작에 불과하다.

버그 없고 위해를 가하지 않는 AI

―

딥러닝이나 빅데이터 중심의 접근법은 일련의 추가적인 문제를 야기한다. 전형적인 소프트웨어 엔지니어링과 아주 다르게 작동한다는 것이 그 부분적인 이유다.

웹브라우저에서 이메일 클라이언트, 스프레드시트, 비디오게임에 이르기까지 세상에 존재하는 소프트웨어 대부분은 딥러닝이 아닌 클래식 컴퓨터 프로그램으로 이루어져 있다. 즉 인간이 특정한 과제를 수행할 목표로 주의 깊게 만든 일련의 복잡한 명령어들로 이루어져 있다. 컴퓨터 프로그래머의 임무는 일정 과제를 이해하고 그 과제를 컴퓨터가 이해할 수 있는 명령어로 번역하는 것이다.

프로그램이 극히 간단하게 쓰인 것이 아닌 한, 프로그래머는 처음부터 컴퓨터가 정확하게 이해하도록 만들 수 없다. 어떤 프로그램이든 이상이 있기 마련이다. 프로그래머가 맡은 임무의 큰 부분은 그 '버그', 즉 소프트웨어 안의 오류를 찾아서 그것을 고치는 일이다.

프로그래머가 〈앵그리버드〉와 흡사한 게임을 만들려 한다고 가정해보자. 비만이 퍼지는 것을 막기 위해 다가오는 피자 트럭에 불타는 호랑이들을 던지는 게임이다. 프로그래머는 물리 엔진을 고안해 게임 세계 속의 규칙을 결정해야 하고 호랑이가 비행할 때 무슨 일이 일어나는지, 그리고 호랑이가 트럭과 어떻게 충돌하는지 추적해야 한다. 프로그래머

그림 34

디버깅은 프로그래머가 원했던 것과 프로그램이 실제로 하고 있는 것의 간극을 알아내는 일이다.

는 그래픽 엔진을 만들어 호랑이와 피자 트럭이 예쁘게 보이도록 하고 불쌍한 호랑이를 조종하는 사용자들의 명령을 추적하는 시스템을 만들어야 한다. 모든 요소의 뒤에는 그것을 뒷받침하는 이론이 있을 것이다 (이런 일이 일어나면 호랑이들이 이렇게 하고 다음에는 저렇게 했으면 해). 그리고 컴퓨터가 실제로 프로그램을 실행했을 때 일어나는 현실이 있을 것이다.

일이 잘 풀리는 날은 모든 것이 잘 맞아떨어진다. 기계는 프로그래머가 원하는 대로 움직인다. 그렇지 않은 날이면 프로그래머가 구두점을 남기거나 몇몇 변수의 초깃값을 정확하게 설정하는 것을 잊는 등 수만 가지 일이 일어난다. 호랑이가 잘못된 방향으로 가거나, 피자 트럭이 나타나서는 안 되는 곳에서 나타난다. 프로그래머가 직접 버그를 찾을 수도 있고 소프트웨어를 내부 팀에 공개해서 버그를 찾게 할 수도 있다. 대단히 이례적인 상황에서만 나타나는 아주 미묘한 버그라면 수년 동안 발견되지 않을 수도 있다.

하지만 모든 디버깅은 근본적으로 동일하다. 프로그래머가 '원했던 움직임'과 프로그램이 '실제로 하고 있는 움직임(명령을 지극히 문자 그대로 해석하는 컴퓨터가 실행하는 것)'의 간극을 알아내는 것이다. 프로그래머는 호랑이가 트럭과 충돌하는 순간 사라지기를 원하지만 어떤 이유에서인지 열 번에 한 번 정도는 충돌 후에도 호랑이의 이미지가 남는다. 그 이유를 찾아내는 것이 프로그래머의 일이다. 여기에는 어떤 마법 같은 것도 존재하지 않는다. 프로그램이 작동할 때라면 프로그래머는 그들이 왜 작동하는지, 그들이 어떤 논리를 따르고 있는지 안다. 일반적으로 버그의 근본 원인이 밝혀지면 그 논리를 이해하는 일은 어렵지 않다. 따라서 버그의 원인이 밝혀지면 고치기는 쉬운 편이다.

반면 약리학과 같은 분야는 이와 대단히 다르다. 아스피린에는 오래전부터 약효가 있었지만 그것이 어떤 방식으로 효과를 일으키는지 알게 된 것은 한참 후의 일이었다. 생물학적 시스템은 너무도 복잡해서 약물의 작용을 완벽하게 이해할 수가 없다. 약리학에서 부작용은 예외가 아니라 일반적인 상황이다. 컴퓨터 프로그램의 버그를 찾아내 고치듯이 약물을 디버깅할 수가 없기 때문이다. 약물이 어떻게 작용하는가에 대한 이론은 대개 상당히 모호하며 우리가 아는 지식의 대부분은 실험을 통해 얻어진 것이다. 우리는 시험약으로 실험을 한 뒤 피해를 입은 사람보다 도움을 받은 사람이 많고 피해가 심각하지 않다는 것을 발견하면 약으로 사용해도 좋다고 판단한다.

딥러닝이 여러 가지 면에서 전형적인 컴퓨터 프로그래밍보다는 약리학에 가깝다는 점도 우려를 낳는 부분이다. 딥러닝을 연구하는 AI 과학자들은 수많은 사례로 훈련을 받은 네트워크가 새로운 문제에서 그 사례들을 모방할 수 있는 이유를 개략적으로 이해하고 있지만, 특정한 문제에 맞는 네트워크 설계의 선택은 정확한 과학과는 여전히 거리가 있다. 이 선택을 인도하는 것은 이론보다는 실험이다. 네트워크가 과제를 수행하도록 훈련을 받고 나면 그것이 어떻게 작동하는지는 대부분 미스터리다. 수억 개의 변수에 의해 행동이 결정되는 노드들의 복잡한 네트워크가 만들어지기 때문이다.[24] 아주 드문 몇몇 사례를 제외하면, 네트워크를 만든 사람은 개개 노드가 하는 일이나 개개 변수가 특정한 가치를 가지는 이유에 대해서 거의 알지 못한다. 정확하게 작동해서 옳은 대답을 내놓는 이유도, 정확하게 작동하지 않고 틀린 답을 내놓는 이유도 명확하게 설명하지 못한다. 시스템이 작동하지 않으면 네트워크 아키텍처에 미묘한 변화를 주거나 더 나은 훈련 데이터베이스를 구축하는 식의 시행착오 과정을 통해 문제를 해결한다(이런 이유로 최근 '설명 가능한 AI'를 지향하는 머신러닝 연구와 공공 정책이 추진되고는 있지만 명확한 결과는 아직 나오지 않고 있다[25]).

시스템을 더 낫고 더 믿을 만하게 만드는 데 사용되는 인간 지식이라는 방대한 보고가 현재로서는 방치되고 있다. 그들을 딥러닝 작업 흐름에 통합할 확실한 방법이 전혀 없기 때문이다. 시각에 있어서 우리는 사물의 모양, 이미지가 형성되는 방식에 대해 많은 것을 알고 있다. 언어에 있어서 우리는 언어의 구조(음운론, 구문론, 의미론, 화용론)에 대해 많은 것을 알고 있다. 로봇공학에 있어서 우리는 로봇의 물리학, 외부 대상과의 상호작용에 대해 많은 것을 알고 있다. 하지만 이를 위한 AI 프로그램을 만들기 위해 종단종 학습을 이용하면 이런 지식들이 모두 쓸모없는 것이 되어버린다. 그런 지식을 활용하고 통합할 방법이 없는 것이다.

로봇이 가져야 할 가치관은 무엇인가

알렉사가 잘 설계된 상식 시스템을 갖고 있다면 한밤중에 난데없이 웃지 않을 것이고, 사람들은 보통 농담을 듣거나 이상한 일을 마주하는 등 특정한 상황에 대한 반응으로 웃는다는 점을 알게 될 것이다. 상식이 장착된 룸바는 개똥을 사방에 문지르지 않을 것이고 다른 해법이 필요하다는 것을 인지할 것이며 최소한 도움을 청할 것이다. 챗봇 테이는 자신이 편파적 발언을 할 때 많은 고객이 불쾌함을 느끼리라는 점을 알 것이다. 가상의 로봇 집사는 와인을 따르는 도중에 유리를 깨뜨리지 않기 위해 주의할 것이다. 구글 이미지가 세상이 실제로 어떤지 명확히 안다면 백인이 아닌 어머니들이 대단히 많다는 사실을 깨달을 것이다. 그리고 이런 상식 덕분에 우리까지 종이에 끼우는 클립으로 변신할 위험(철학자 닉 보스트롬은 인간에게 무조건적으로 충성하는 초인공지능에게 클립을 최대한 많이 만들라는 명령을 내릴 경우 그 인공지능은 인간을 비롯해 지구의 모든 자원을 클립을 만드는 데 사용할 것이고 우주로 진출해 모든 것을 클립을 만드는 공장으로 바꿀 것이라고 말한 바 있다. —옮긴이)은 크게 낮아질 것이다.

사실 딥러닝 대신 딥 언더스탠딩을 가진 프로그램이라면 현재의 AI가 하는 명백한 바보짓과 부적절한 행동의 대부분은 사라질 것이다. 누군가에게 생일을 축하한다고 말할 때와 '사망한'의 의미가 무엇인지를 안다면 아이폰은 "생일 축하해요, 사망한dead 시어도어."라는 자동 교정을 하지 않을 것이다. 알렉사가 사람들이 어떤 사람과 어떤 내용을 소통하는지에 대해 안다면 가족 간의 대화를 임의의 친구에게 전송하기 전에 재확인 절차를 거칠 것이다. 발정기를 예측하는 프로그램은 자신이 소의 발정기가 언제인지 정확히 예측하지 않으면 임무를 전혀 수행하지 않는 것과 마찬가지라는 점을 알아차릴 것이다.

우리가 우리 자신과 마찬가지로 다른 사람도 신뢰할 수 있는 데에는 같은 증거가 있다면 다른 사람도 대개는 우리와 같은 결론을 내릴 것이라는 생각이 큰 몫을 한다. 기계를 신뢰할 수 있으려면 그들에게도 같은 기대를 할 수 있어야 한다. 나와 당신이 함께 캠핑을 하다가 키가 2미터가 넘고 온몸에 털이 난 전설의 유인원 빅풋Bigfoot과 마주했고 그 빅풋이 먹잇감을 찾는 상태임을 발견했다면, 나는 당신도 영장류의 공격성 및 식욕에 대해서 알고 있는 것들을 기반으로 그런 큰 유인원이 위험하며 즉시 도망칠 계획을 세워야 한다는 결론을 내릴 것이라고 생각한다. 나는 그 점에 대해 당신과 논쟁을 벌이거나 당신이 행동을 시작하기 전에 비슷한 상황에서 생존한 사람들과 그렇지 못한 사람들의 수만 가지

그림 35

로봇이 계획에 대한 데이터를 자세히 살피는 동안 우리는 빅풋의 공격을 받게 될 것이다.

사례를 찾아내기를 바라지 않는다.

신뢰할 수 있는 인지 시스템을 만드는 일은 세상에 대한 심층적인 이해, 즉 딥 언더스탠딩이 있는 시스템을 만드는 데에서 출발해야 한다. 그러나 이 분야의 핵심이 되어야 하는 딥 언더스탠딩이 현재 AI에 대한 전체 연구에서 차지하는 비중은 아주 작다.

마지막으로 기계를 신뢰할 수 있기 위해서는 기계에 윤리적 가치관이 주입되어야 한다. 상식적 지식은 사람을 건물에서 떨어뜨리면 죽을 수 있다는 것을 알려준다. 하지만 그것이 좋지 못한 생각이라는 판단을 내리는 데에는 '가치관'이 필요하다. 로봇의 기본 가치관을 언급한 대표적 사례로는 1942년 SF 작가 아이작 아시모프Isaac Asimov의 소설에 등장한 '로봇공학의 3대 원칙'Three Laws of Robotics이 있다.[26]

- 로봇은 인간에게 위해를 가해서는 안 되며 인간이 해를 입게 방치해서도 안 된다.
- 제1원칙에 위배되지 않는 한, 로봇은 인간이 내린 명령에 복종해야만 한다.
- 제1원칙과 제2원칙에 위배되지 않는 한, 로봇은 자신을 보호해야 한다.

로봇이 일상에서 반드시 해야 하는 간단한 윤리적 결정들에 대해서는 아시모프의 원칙을 문제없이 적용할 수 있다. 쇼핑을 돕는 도우미 로봇은 주인이 도둑질을 하라고 해도 도둑질을 해서는 안 된다. 그것이 상점

주인을 해하는 행동이기 때문이다. 로봇이 누군가의 집으로 걸어갈 때는 도중에 다른 행인을 밀쳐서는 안 된다. 그것이 로봇과 동반하는 사람을 집에 더 빨리 도착하게 하는 방법이라도 말이다. '거짓말하지 않는다, 부정행위를 하지 않는다, 훔치지 않는다, 상해를 입히지 않는다' 이렇게 위해를 가하게 되는 특별한 상황들을 피하는 간단한 처방만으로도 대단히 많은 상황을 아우를 수 있다.

하지만 피츠버그대학교의 윤리학자 데릭 레벤Derek Leben이 지적했듯이 다른 많은 경우에서는 상황이 모호해지기 시작한다. 신체적 상해 이외에 로봇이 고려해야 할 위해에는 어떤 것이 있을까?[27] 재산 손실, 명예 훼손, 고용 상실, 친구를 잃는 것? 로봇이 고려해야 하는 간접적 위해에는 어떤 것이 있을까? 로봇이 얼음이 언 보도에 커피를 쏟아서 누군가가 그것을 밟고 넘어졌다면 그것은 제1원칙 위반일까? 인간이 해를 입게 방치하지 말아야 하는 범위는 어디까지일까? 지금 이 문장을 읽고 있는 동안에도 네 명의 사람이 죽을 것이다. 그들의 죽음을 막는 것이 로봇의 임무일까? 자율주행차(다시 말하지만 바퀴가 달린 로봇)가 자신이 존재할 수 있는 모든 장소에 대해서 깊이 생각해야 한다면 차는 도로로 나서지 못할 것이다.

그 외에도 여러 가지 도덕적 딜레마가 존재한다.[28] 로봇이 무슨 일을 하든 누군가는 위해를 입는 여러 상황이 있다. 저자 게리가 철학자 필리파 풋Philippa Foot의 고전적인 트롤리 딜레마에 대한 경의의 표시로 《뉴요커》에 소개했던 예가 있다.[29] 어린이들이 가득 타고 있는 스쿨버스가 다리 위에서 통제력을 잃고 차로 돌진하고 있는 상황에서 자율주행차는 어떻게 해야 할까? 차는 자신과 주인을 희생해서 어린 아이들을 구해야 할까, 아니면 어떤 대가를 치르더라도 자신과 주인을 보호해야 할까? 이 경우에는 아시모프의 제1원칙이 큰 도움이 되지 않는다. 어느 쪽이든 인간의 생명이 반드시 희생되기 때문이다.

실생활에서 마주치는 도덕적 딜레마도 명쾌하지 않기는 마찬가지다. 제2차 세계대전 중에 실존주의 철학가 장 폴 사르트르의 수업을 듣던 한 학생은 인생의 두 갈래 길에서 갈피를 잡지 못하고 있었다. 이 학생은 프랑스군에 입대해서 참전해야 한다고 생각했지만 어머니가 감정적으로 그에게 대단히 의지하고 있었다(그의 아버지는 어머니를 버렸고 형은 사망한 상황이었다). 사르트르는 그 학생에게 이렇게 말했다. "어떤 보편적 윤리 규범도 네가 무엇을 해야만 할지 정해주지 않는다."[30] 먼 미래의 언젠가는 그런 것들을 걱정하는 기계를 만들 수 있을 것이다. 하지만 그보다 긴급한 문제들이 있다.

기존의 AI는 전쟁에서 싸운다는 것이 무엇을 의미하는지, 어머니와 국가가 개인에게 어떤 의미인지는커녕 전쟁이 무엇인지도 모른다. 당장의 문제는 이런 미묘한 사안이 아니다. 지금 해야 할 일은 AI가 '명백한 의미에서' 비윤리적인 일을 하지 않도록 하는 것이다. 디지털 비서가 전 세계의 가난한 사람을 돕겠다고 컬러 프린터로 지폐를 인쇄하려 한다면 이를 무엇으로 막을 수 있을까? 로봇에게 위조를 요구한다면 로봇은 거기에는 큰 위해가 없다고 생각할 것이다. 위조를 감지할 수 없기 때문에 미래에 지폐를 얻거나 쓰는 사람은 해를 입지 않는다고 생각하고 추가적인 돈의 지출이 경제를 활성화시키기 때문에 세상 전체는 더 나아질 것이라고 판단한다. 평범한 인간이라면 분명히 잘못된 일이라고 생각하는 수천 가지 일들이 기계에게는 완벽하게 타당한 일로 보일 수 있다. 정반대로 로봇이 현실보다 가상의 윤리적 딜레마에 매달려 거주인의 증손자가 미래에 다른 사람에게 해를 입힐 수 있다는 가능성 때문에 불타는 건물에서 사람들을 구해야 하는지 지나치게 오래 고민하는 것은 우리가 바라는 바가 아니다.

대개의 경우 AI가 직면하는 문제는 극히 예외적인 상황에서 소피의 선택(영화 〈소피의 선택〉에서 아우슈비츠에 끌려간 소피는 딸과 아들 중에 가스실에 들어가 죽음을 맞을 아이를 선택해야 하는 상황에 놓인다. ─옮긴이)이나 사르트르 학생의 딜레마라기보다는 일상적인 상황에서 해야 할 적절한 일을 찾는 것이다. '지금 이 순간 못을 박기 위해 이 망치를 벽을 향해 내려칠 경우 사람에게 해를 입히게 될까? 어떤 사람에게? 얼마나 위험할까?'나 '약값이 없는 멀린다를 위해 내가 이 약을 훔치는 것은 얼마나 나쁜 일일까?'와 같은 문제 말이다.

우리는 개와 고양이를 구분하고 골든리트리버를 래브라도리트리버와 구분하는 패턴 분류기를 만드는 방법을 알고 있다. 하지만 '위해'危害나 법규와의 '충돌'을 인식하는 패턴 분류기를 만들 방법에 대해서는 그 실마리조차 갖고 있지 않다.

법적 관례에 대한 업데이트도 필요할 것이다. 열린 세상에서 인간과 상호작용하는 AI라면 일련의 핵심 가치관을 이해하고 존중하도록 법률로 강제되어야 한다. 예를 들어 절도나 살인에 대한 기존의 금지는 사람에게 적용되는 것과 마찬가지로 인공지능(그리고 그것을 설계하고, 개발하고, 사용할 사람)에게도 적용되어야 한다. 더 심층적인 AI를 갖게 되면 우리는 기계에도 가치관을 주입할 수 있을 것이다. 하지만 그 가치관들은 그들을 만들고 운영하는 사람들과 기업들, 그들을 둘러싼 사회적 구조와 장려책에도 반영되어야 한다.

진정한 의미의 '생각'을 할 수 있는 인공지능

이 모든 것, 즉 가치관, 딥 언더스탠딩, 좋은 엔지니어링 관행, 강력한 규제와 집행 체계가 자리를 잡으면 그 유명한 닉 보스트롬의 클립 사례 같은 이 측면의 큰 문제들은 어느 정도 해결되기 시작할 것이다.[31]

보스트롬 사고思考 실험의 전제가 되는 가정은 초지능 로봇은 무엇이 됐든 설정된 목표를 이루기 위해 가능한 모든 일을 한다는 것이다. 보스트롬이 든 예시에서는 가능한 한 많은 클립을 만드는 것이었다. 클립을 최대한 많이 만들어야 하는 이 초지능은 클립을 만들기 위해 사용할 수 있는 모든 금속을 모으는 일부터 시작할 것이다. 지구 안에서 구할 수 있는 금속이 다 떨어지면 우주에 매장된 모든 다른 금속을 캐내기 시작하고(그 과정의 한 단계로 행성 간 여행 방법을 개발하고), 결국 물리적으로 드러나는 모든 금속 자원을 동원하고 나면 인간의 몸에서 금속 미량 원자를 캐내기 시작한다. 미국의 인공지능 연구가 엘리저 유드코스키 Eliezer Yudkowsky는 이를 이렇게 표현했다. "AI는 당신을 싫어하지도 좋아하지도 않는다. 하지만 당신은 AI가 다른 곳에 이용할 수 있는 원자들로 이루어져 있다."[32] 보스트롬의 책에 대해 트윗을 한 일론 머스크가 AI의 "악마 소환" 가능성을 걱정할 때 아마 이 시나리오에 영향을 받았었지 싶다.[33]

하지만 이 전제에는 석연치 않은 면이 있다. 이 전제는 우리가 결국 행성 간 여행을 가능하게 하고 인간에 대해 이해하면서도(인간은 분명히 몸속의 금속을 캐내는 데 저항할 테니) 자신의 목표가 완전히 무의미하고 (도대체 그 클립들을 누가 사용한단 말인가?), 아시모프의 로봇 원칙 같은 가장 기본적인 도덕 공리조차 위반한다는 것도 모를 정도로 상식이 없는 형태의 초지능을 가지게 될 것이라고 가정하고 있다.

그런 시스템, 그러니까 초지능이지만 상식과 기본적인 가치관은 전혀 없는 시스템을 만드는 것이 가능한지조차 현재로서는 불확실해 보인다. 우주의 모든 물질을 클립으로 바꿀 정도로 세상에 대한 충분한 이론을 갖고 있으면서 인간의 가치관에 대해서는 일말의 지식도 없는 AI를 만드는 일이 가능할까? 초지능을 만들기 위해 필요한 상식의 양만 생각한다고 해도 자기 행동의 결과를 알지 못하는 초지능을 가진 클립 최대 제조기를 생각하기란 사실상 불가능하다.[34] 시스템이 물질의 용도를 바꾸는 거대한 계획을 생각할 만큼 똑똑하다면 의도한 행동이 가져올 결과를 추론하고 그런 행동과 핵심적 가치관의 충돌을 충분히 인식할 수 있을 것이다.

상식(아시모프의 제1원칙이 추가된)과 많은 수의 인간이 죽는 경우 AI를 완전히 정지시키는 안전장치, 이 두 가지면 클립 최대 제조기의 폭주를 막는 데 충분할 것이다.

물론 이 클립 이야기를 재미있게 생각하는 사람은 그 이야기를 끝없이 변주할 수 있다(클립 최대 제조기가 사람들을 속이는 데 뛰어난 재주가 있다면? 이 기계가 인간들이 자신의 전원을 끄는 것을 거부한다면?). 유드코스키는 AI가 무해하리라고 기대하는 사람들은 기계를 인격화하는 것이라고 주장한다.[35] 인간은 대개 좋은 의도를 갖고 있고, 최소한 대부분은 인류를 전멸시키고 싶어 하지 않기 때문에 무의식적으로 AI도 같을 것이라 생각한다고 말이다.

우리가 보기에 가장 좋은 해법은 그 문제를 운에 맡기는 것도, 기계가 세상으로부터 모든 가치관을 직접 추론하게 두는 것(테이와 같은 방식으로 위험할 수 있다)도 아니다. 그보다는 구조화된 일련의 핵심 윤리 가치를 내장시켜야 한다. 상당한 피해를 줄 수 있을 만큼 강력한 범용지능을 갖춘 시스템은 자기 행동의 결과를 이해하고 자신들이 내리는 결정에서 인간의 안녕을 고려할 수 있을 만큼 심층적인 방식으로 세상을 이해해야 한다는 법적 의무가 적용되어야 한다. 그런 예방책이 마련되면 이성과 논리에서 벗어난 클립 최대화 작전으로 심각하게 유해한 결과를 초래하는 상황은 불법인 동시에 실현되기 어려운 일이 될 것이다.

물론 여기에도 애매한 부분은 있다. 상식과 가치관이 내장된 광고 극대화 기계는 적국에서 사람들의 뉴스피드를 조작하는 것을 막아야 할까? 의무적인 가치관 시스템은 데이트 주선 앱이 사용자에게 훨씬 매력적인 대안(다른 데이트 상대)을 계속 소개해주는 형태로 사용자에게 끝없이 유혹을 제공해서 기존의 연인 관계를 파탄내는 것을 허용해야 할까? 합리적인 사람들도 과연 무엇이 허용되어야 하는지에 대해서 의견이 엇

갈릴 것이다.

따라서 지금은 클립에 대한 걱정은 접어두고 대신 로봇들에게 그들이 '의심스러운 목표'를 인지할 수 있을 만큼 충분한 상식을 주입하는 일에 초점을 맞추자. 우리가 강조했듯이, 자신의 행동으로 피해가 발생할 가능성을 신뢰할 만한 방식으로 추론할 수 있는 가정용 로봇을 만드는 일이 지금으로서는 훨씬 더 시급한 문제다.

긍정적으로 보면 AI는 자신의 위험성을 완화할 수 있는 논리적 잠재력을 가진다는 면에서 다른 기술과 다른 독특함을 갖는다. 식칼은 자기 행동의 결과를 생각할 수 없다. 하지만 인공지능은 언젠가 그런 일을 할 수 있게 될 것이다.

더 나은 AI는 있다

우리 저자 두 사람은 모두 어린 시절 SF소설이나 영화를 통해 AI를 접했고 이루어진 기술들에 경탄했으며 실현되지 않은 기술에 호기심을 가져왔다. 스마트워치에 들어간 많은 메모리와 연산력, 네트워킹 기술은 우리를 놀라게 한다. 몇 년 전만 해도 우리는 음성 인식 기술이 이렇게 빨리 보편화될 줄 예상하지 못했다. 하지만 진정한 기계 지능의 실현은 우리가 처음 AI에 대해 생각했을 때 기대했던 것보다 훨씬 더 먼 미래의 일이다.

우리가 가장 두려워하는 것은 기계가 우리 인간을 말살하거나 클립으로 만드는 것이 아니라 AI에 대한 우리의 기대가 우리의 능력을 넘어서는 것이다. 기존 AI 시스템들은 상식 비슷한 것조차 가지고 있지 않다. 그럼에도 그들에 대한 우리의 의존도는 점차 높아지고 있다. 진짜 위험은 초지능이 아니라 '힘을 가진 어리석은 하인', 즉 자신을 제어할 가치관 없이 사람들을 표적으로 삼을 수 있는 자율 무기나 장기적인 가치에 미치는 영향을 평가하지 않고 단기적인 판매만을 우선시하는 AI 주도의 뉴스피드 등이다.

지금 우리는 일종의 공백기에 있다. 네트워크화됐고 자율성을 가졌으나 힘의 결과에 대해서 추론할 진정한 지능은 거의 없는 좁은 지능의 상태에 있는 것이다. 머지않아 AI는 더욱 정교해질 것이다. 자기 행동의 결과에 대해 추론할 수 있게 될 날은 빨리 올수록 좋다.

이 모든 것이 이 책의 큰 주제와 매우 직접적으로 연관된다. 우리는 지금의 AI연구가 대체로 잘못된 길을 가고 있다고 주장해왔다. 기존 연구와 노력의 대부분은 한정된 과제를 수행하고 우리가 딥 언더스탠딩이라고 부르는 것이 아닌 빅데이터에 주로 의존하는, 비교적 지적이지 않은 기계를 만드는 데 집중되고 있다. 우리는 그것이 큰 실수라고 생각한다. 그 방향이 일종의 '사춘기 AI'로 이어질 가능성 크기 때문이다. 자신의 장점이 무엇인지 모르고 자기 행동의 결과를 심사숙고할 수단을 갖지 못한 기계로 말이다.

단기적인 해법은 우리가 만드는 AI에게 입마개를 씌우는 것이다. 심각한 결과가 따르는 일은 할 수 없게 하고 발견되는 개별적 오류를 수정하는 것이다. 하지만 지금까지 살펴보았듯이 이것은 장기적으로 실행할 수는 없는 방법이며 단기적으로도 포괄적인 해법이 아닌 반창고를 붙이는 수준일 뿐이다.

이런 난장판을 벗어나는 유일한 방법은 상식, 인지 모델, 강력한 추론 도구들을 갖춘 기계를 만드는 일을 하루빨리 시작하는 것이다. 이 모든 것을 합치면 딥 언더스탠딩에 이를 수 있다. 딥 언더스탠딩은 자신의 행동 결과를 예측하고 평가할 수 있는 기계를 만드는 전제 조건이다. 이 프로젝트는 이 분야가 통계나 빅데이터에 대한 심각한, 그러나 피상적인 의존으로부터 탈피해야만 비로소 시작될 수 있다. 위험한 AI에 대한 치료제는 더 나은 AI이며 더 나은 AI로 가는 가장 올바른 길은 세상을 진정으로 이해하는 AI를 통해서만 가능하다.

이 책에서 우리의 목표는 AI와 머신러닝이 어떻게 작동되며 그들이 어디까지 발전할 수 있을지 설명하고 교육하고 이의를 제기하는 것이었다. 그리고 우리는 그 목표를 촉박한 마감일의 압박을 받으면서 우리에게 헤아릴 수 없이 많은 도움을 준 동료, 친구, 가족들의 덕분에 이룰 수 있었다. 마크 아크바르Mark Achbar, 조이 데이비스Joey Davis, 애니 듀크Annie Duke, 더그 호프스태터, 헥터 레베스크, 케빈 레이튼-브라운Kevin Leyton-Brown, 비크 모하리Vik Moharir, 스티브 핑커, 필립 루빈Philip Rubin, 해리 쉬어러Harry Shearer, 마누엘라 벨로소, 아테나 보울루마노스Athena Vouloumanos, 브래드 위블Brad Wyble를 비롯한 여러 분들이 친절하게도 원고 전체를 읽고 논평을 해주었다. 우리 애셔Uri Ascher, 로드 브룩스Rod Brooks, 데이비드 찰머스David Chalmers, 아니메쉬 가르그Animesh Garg, 울링

구Yuling Gu, 캐시 오닐을 비롯한 다른 분들은 특정 장들에 대한 귀중한 논평을 제공해주었다.

꾸준히 정보를 제공해준 카렌 바커Karen Bakker, 레옹 보투, 조경현, 잭 립톤Zack Lipton, 미시 커밍스Missy Cummings, 페드로 도밍고스, 켄 스탠리Ken Stanley, 시드니 리바인Sydney Levine, 오메르 레비Omer Levy, 벤 슈나이더만Ben Schneiderman, 해리 쉬어러, 앤드류 선드스트롬Andrew Sundstrom 등 친구와 동료들께도 감사를 드린다.

마얀 하렐Maayan Harel의 재기 넘치고 매력적인 그림은 이 책에 생기를 불어넣었다. 자신들의 작품을 사용할 수 있도록 허락해준 마이클 알콘Michael Alcorn, 애니쉬 아탈라이Anish Athalye, 톰 브라운Tom Brown, 케빈 에이크홀트Kevin Eykholt, 후쿠시마 구니히코, 개리 룹얀Gary Lupyan, 타일러 비겐, 오리골 빈얀스Oriol Vinyals, 자신이 글을 길게 인용하도록 허락해주신 스티브 핑커와 더그 호프스태터께도 감사드린다.

우리를 편집자인 에드워드 카스텐마이Edward Kastenmeier와 판테온Pantheon 팀에 연결시켜주신 에이전트 대니얼 그린버그Daniel Greenberg에게도 감사를 전하는 바이다.

특별히 언급해야 할 네 분이 있다. 에드워드 카스텐마이어는 우리 논거의 프레젠테이션을 조직하는 데 크게 도움이 되었던 체계를 제안했을 뿐 아니라 편집에 있어서 대단히 명석하고 통찰력 있는 개선점들을 이야기해주었다. 30년 동안 게리에게 영감의 원천이 되어준 스티브 핑커는 책 전체의 틀을 어떻게 잡아야 할지 재고하도록 이끌어주었다. 세계 포커 챔피언십으로의 짧은 외유를 마치고 인지 과학으로 막 귀환한 애니 듀크는 일반 독자들을 보다 잘 끌어들일 방법에 대한 훌륭한 식견을 제공했다. 아테나 보울루마노스는 종종 그래왔듯이 항상 게리를 지원하는 든든한 아내이자 프로에 가까운 편집자로서의 두 가지 역할을 해주면서 여러 차례 원고를 읽고, 매번 우리의 글을 개선시킬 미묘하지만 강력한 방식을 찾아주었다. 이 모든 분들께 깊은 감사의 마음을 전한다.

다음은 AI(일반론, 회의론, 시스템, 미래)와 머신러닝, 딥러닝, 로봇공학 등 좀 더 깊이 있는 정보를 얻고자 하는 독자를 위한 추천 도서 목록이다(제시된 도서 중 국내에서 번역·출간된 단행본은 번역서의 제목을 따랐으며 미출간 단행본은 원서명을 직역하고 원어를 병기했다.—편집자). 주제별로 묶은 것이며 순서에는 특별한 의미가 없음을 밝혀둔다.

- AI 일반: 인공지능에 대한 가장 중요한 교과서이며 분야 전체를 가장 포괄적으로 설명하는 책은 스튜어트 러셀Stuart Russell과 피터 노빅Peter Norvig의 《인공지능: 현대적 접근 방식》이다. 저명한 로봇공학자 로드니 브룩스의 온라인 시리즈 '로봇공학과 인공지능의 미래'Future of Robotics and Artificial Intelligence는 매우 읽기 쉬운 글이며 이

책을 쓰는 데 대단히 큰 영향을 주었다. 브룩스는 로봇공학의 실질적인 측면과 AI의 역사에 대해 대단히 흥미로운 세부적 내용들을 많이 다루고 있다(https://rodneybrooks.com/forai-future-of-robotics-and-artificial-intelligence/).

- AI 회의론: AI에 대해 반대 의견을 가진 사람들은 언제나 존재해 왔다. 조셉 바이젠바움Joseph Weizenbaum의 《컴퓨터 파워와 인간 이성》Computer Power and Human Reason, 휴버트 드레이퍼스Hubert Dreyfus, 《컴퓨터가 하지 못하는 것》What Computers Can't Do이 이런 종류의 초기 도서이다. 최근 도서로는 개리 스미스Gary Smith의 《AI에 대한 착각》The AI Delusion, 해리 콜린스Harry Collins의 《인공적 지능: 컴퓨터에 대한 인류 항복에 맞서》Artifictional Intelligence: Against Humanity's Surrender to Computers, 메러디스 브루사드Meredith Broussard의 《인공지능: 컴퓨터는 어떻게 세상을 오해하는가》Artificial Unintelligence: How Computers Misunderstand the World가 있다.

- AI의 위험성: 최근 AI의 단기적, 장기적 위험에 대해 다룬 몇 권의 책들이 출간되었다. 캐시 오닐의 《대량살상 수학무기》와 버지니아 유뱅크스Virginia Eubanks의 《자동화된 불평등》은 정부, 보험 회사, 고용주 등이 빅데이터와 머신러닝을 사용하는 데 따르는 사회적 남용의 가능성을 이야기한다.

- AI 시스템: AI의 시스템에 대해 일반 독자를 대상으로 쓰인 책은 많지 않다. 하지만 이 분야의 교과서에는 비전문가가 접근 가능한 부분이 꽤 많이 포함되어 있다. 기본이 되는 교과서로는 대니얼 주래프스키Daniel Jurafsky와 제임스 마틴James H. Martin의 《자연어 처리》Speech and Language Processing와 크리스토퍼 매닝Christopher Manning과 힌리히 슈처Hinrich Schütze의 《통계 자연 언어 처리의 기초》Foundations of Statistical Natural Language Processing가 있다. 크리스토퍼 매닝과 프라바카르 라그하반Prabhakar Raghavan, 힌리히 슈처의 《정보 검색 입문》Introduction to Information Retrieval은 웹 검색엔진과 유사 프로그램에 대한 좋은 입문서다.

  머신러닝과 마찬가지로 온라인에서 소프트웨어 라이브러리와 데이터 세트를 이용할 수 있다. 가장 널리 사용되는 것은 https://www.nltk.org의 내추럴 랭귀지 툴킷Natural Language Toolkit, NLTK과 https://stanfordnlp.github.io/CoreNLP/의 스탠포드 코어 NLPStanford Core NLP다. 스티브 버드Steven Bird, 이완 클라인Ewan Klein, 에드워드 로퍼Edward Loper가 쓴 《파이썬을 통한 자연어 처리》Natural Language Processing with Python: Analyzing Text with the Natural Language Toolkit는 프로그램에서 NLTK를 사용하는 데 대한 안내서이다. 2018년 1월 30일 《디 애틀랜틱》에 실린 더글러스 호프스태터Douglas hofstadter의 기사 '구글 번역의 피상성'The Shallowness of Google Translation은 기계 번역에 대한 기존 접근법의 한계를 재미있고 통찰력 있게 분석하고 있다.

- AI의 미래: AI가 인간 생활과 사회에 미치는 장기적 영향에 대한 논의로는 맥스 테그마크Max Tegmark의 《맥스 테그마크의 라이프 3.0》, 피터 디아만디스와 스티븐 코틀러Steven Kotler의 《어번던스》, 제임스 배럿James Barrat의 《파이널 인벤션》, 로만 얌폴스키Roman Yampolskiy의 《인공지능: 미래지향적 접근법》Artificial Intelligence: A Futuristic Approach, 브리온 리스Bryon Reece의 《인류의 미래》the Future of Humanity가 있다. 토비 왈시Toby Walsh의 《생각하는 기계》는 장단기적 미래에 AI가 줄 영향, 특히 고용에 미칠 영향에 대한 광범위한 논의를 담고 있다. 그는 또한 전반적으로 AI가 안전하고 유익한 상태를 유지하도록 연구소와 단체에서 원칙 성명에 이르기까지 진행되고 있는 다양한 종류의 노력들에 대해서도 다루고 있다.

- 머신러닝과 딥러닝: 페드로 도밍고스의 《마스터 알고리즘》에서 중심이 되는 장들은 머신러닝에 대한 주요 접근법 다루면서 머신러닝 기술을 아주 쉽게 소개하고 있다. 테런스 세즈노스키Terrence Sejnowski의 《딥러닝 레볼루션》은 역사적, 전기적 설명을 제공한다. 머신러닝에 대한 최근의 중요한 교과서로는 케빈 머피Kevin Murphy의 《머신러닝》과 이안 굿펠로우Ian Goodfellow, 조슈아 벤지오, 애런 쿠르빌Aaron Courville의 《딥러닝》Deep Learning이 있다.

  또한 온라인에는 많은 무료 머신러닝 소프트웨어 라이브러리와 데이터 세트가 있다(웨카 데이터 마이닝 소프트웨어Weka Data Mining Software, 파이토치Pytorch, 패스트닷에이아이fast.ai, 텐서플로TensorFlow,

자크 립톤Zach Lipton의 인터랙티브 주피터Jupyter 노트북, 코세라Coursera 에서 인기를 모으고 있는 앤드류 응Anderw Ng의 머신러닝 과정 등이 그것 이다). 이를 위한 안내서로는 안드레아스 밀러Andreas Müller와 사라 가이도Sarah Guido의《파이썬 라이브러리를 활용한 머신러닝》, 프랑 수아 숄레François Chollet의《파이썬을 통한 딥러닝》Deep Learning with Python이 있다.

- 로봇공학: 앞에서 언급한 로드니 브룩스의 온라인 기사 외에 로봇 공학에 대한 유용하고 인기 있는 과학 저술들은 많지가 않다. 설문 조사를 바탕으로 한 매튜 메이슨Matthew Mason는 뛰어난 기사 '로봇 조작을 향해'Toward Robotic Manipulation는 생물학적 조작과 로봇 조작 에 대해 이야기한다. 케빈 린치Kevin Lynch와 프랭크 파크Frank Park의 《현대 로봇공학: 역학, 계획, 통제》Modern Robotics: Mechanics, Planning, and Control는 입문서이다. 스티븐 라발Steven LaValle이 쓴《알고리즘 계획》Planning Algorithm은 로봇의 움직임과 조작에 대한 고급 수준의 계획을 개술한다.

- 인간 정신: 이에 대한 문헌은 수없이 많다. 우리가 특히 좋아하는 것들로는 언어학 부문에서 스티븐 핑커의《언어본능》,《단어와 규 칙》을 꼽을 수 있고, 심리학 부문에서는 핑커의《마음이 움직이는 방법 그리고 생각의 재료》How the Mind Works and The Stuff of Thought와 게 리 마커스의《클루지》, 대니얼 카너먼의《생각에 관한 생각》이 있

다. 인식론 부문에서는 대니얼 데닛Daniel Dennett의 《브레인스톰》 Brainstorms, 버트런드 러셀Bertrand Russell의 《인간의 지식: 그 범위와 한계》Human Knowledge: Its Scope and Limits가 있다. 2001년 저자 게리가 쓴 좀 더 기술적인 책 《대수적 사고방식》The Algebraic Mind은 현대 딥러닝에 영향을 미치는 많은 문제들을 예지하고 있다.

- 상식적 유추: 우리 저자들이 최근에 쓴 논문 〈인공지능에서의 상식적 유추와 상식적 지식〉Commonsense Reasoning and Commonsense Knowledge in Artificial Intelligence은 제7장의 내용과 유사하다. 하지만 논문은 더 길고 세부적인 내용을 더 많이 담고 있다. 헥터 레베스크의 《상식, 튜링 테스트, 진짜 AI에 대한 탐구》Common Sense, the Turing Test, and the Quest for Real AI는 우리가 그랬듯이 상식적 유추가 진정한 지능을 달성하는 데 필수적인 단계라고 주장한다. 어니스트 데이비스의 《상식적 지식의 표상》Representations of Commonsense Knowledge은 상식적 지식의 표상을 위한 수학적 논리의 사용을 다루는 교과서다. 프랭크 반 하멜렌Frank van Harmelen, 블라디미르 리프시츠Vladimir Lifschitz, 브루스 포터Bruce Porter가 편집한 《지식 표현 편람》The Handbook of Knowledge Representation은 보다 심층적인 연구를 위한 조사의 유용한 모음집이다. 주데아 펄Judea Pearl과 다나 매켄지Dana Mackenzie의 《이유의 서: 인과관계의 신 과학》The Book of Why: The New Science of Cause and Effect은 인과 추론의 자동화에 대해 이야기한다.

- 신뢰: 웬델 월러치Wendell Wallach와 콜린 알렌ColinAllen의 《왜 로봇의 도덕인가》와 패트릭 린Patrick Lin, 키이스 애브니Keith Abney, 조지 베키George Bekey가 편집한 《로봇 윤리: 로봇공학의 윤리적, 사회적 영향》Robot Ethics: The Ethical and Social Implications of Robotics은 로봇과 AI 시스템에 도덕 감각을 불어넣는 문제에 대해 토론한다. 닉 보스트롬의 《슈퍼인텔리전스》은 AI가 빠르게 지능을 얻고 인간의 통제를 벗어나는 '특이점'을 불가피하게 거칠 것이라고 주장한다. 보스트롬은 반이상주의에서 종말론에 이르는 다양한 시나리오, 이것이 인류에게 의미하는 바를 설명하고 AI가 호의적인 태도를 유지하도록 하는 전략 개발의 가능성을 논의한다.

여기에 제시된 참고 문헌 대부분은 rebooting.ai/excerpts에서 찾아볼 수 있다.

Agrawal, Aishwarya, Dhruv Batra, and Devi Parikh. 2016. "Analyzing the behavior of visual question answering models." arXiv preprint arXiv:1606.07356. https://arxiv.org/abs/1606.07356.

Alcorn, Michael A., Qi Li, Zhitao Gong, Chengfei Wang, Long Mai, Wei Shinn Ku, and Anh Nguyen. 2018. "Strike (with) a pose: Neural networks are easily fooled by strange poses of familiar objects." arXiv preprint arXiv:1811.11553. https://arxiv.org/abs/1811.11553.

Allen, Tom. 2018. "Elon Musk admits 'too much automation' is slowing Tesla Model 3 production." The Inquirer. April 16, 2018. https://www.theinquirer.net/inquirer/news/3030277/elon-musk-admits-too-much-automation-is-slowing-tesla-model-3-production.

AlphaStar Team. 2019. "AlphaStar: Mastering the real-time strategy game StarCraft II." https://deepmind.com/blog/alphastar-mastering-real-time-strategy-game-starcraft-ii/.

Amodei, Dario, Paul Christiano, and Alex Ray. 2017. "Learning from human preferences." OpenAI Blog. June 13, 2017. https://blog.openai.com/deep-reinforcement-learning-from-human-preferences/.

Amunts, Katrin, and Karl Zilles. 2015. "Architectonic mapping of the human brain beyond Brodmann." Neuron 88(6): 1086 - 1107. https://doi.org/10.1016/

j.neuron.2015.12.001.

Arbib, Michael. 2003. The Handbook of Brain Theory and Neural Networks. Cambridge, MA: MIT Press.

Asimov, Isaac. 1942. "Runaround." Astounding Science Fiction. March 1942. Included in Isaac Asimov, I, Robot, Gnome Press, 1950.

Athalye, Anish, Logan Engstrom, Andrew Ilyas, and Kevin Kwok. 2018. "Synthesizing robust adversarial examples." Proc. 35th Intl. Conf. on Machine Learning. http://proceedings.mlr.press/v80/athalye18b/athalye18b.pdf.

Baer, Drake. 2014. "Mark Zuckerberg explains why Facebook doesn't 'move fast and break things' anymore." Business Insider, May 2, 2014. https://www.businessinsider.com/mark-zuckerberg-on-facebooks-new-motto-2014-5.

Bahdanau, Dzmitry, Kyunghyun Cho, and Yoshua Bengio. 2014. "Neural machine translation by jointly learning to align and translate." arXiv preprint arXiv:1409.0473. https://arxiv.org/abs/1409.0473.

Baillargeon, Renee, Elizabeth S. Spelke, and Stanley Wasserman. 1985. "Object permanence in five-month-old infants." Cognition 20(3): 191–208. https://doi.org/10.1016/0010-0277(85)90008-3.

Ball, Philip. 2013a. "Entropy strikes at the New Yorker." Homunculus blog. May 9, 2013. http://philipball.blogspot.com/2013/05/entropy-strikes-at-new-yorker.html.

Ball, Philip. 2013b. "Stuck in the middle again." Homunculus blog. May 16, 2013. http://philipball.blogspot.com/2013/05/stuck-in-middle-again.html.

Bardin, Noam. 2018. "Keeping cities moving—ow Waze works." Medium.com. April 12, 2018. https://medium.com/@noambardin/keeping-cities-moving-how-waze-works-4aad066c7bfa.

Barlas, Gerassimos. 2015. Multicore and GPU Programming. Amsterdam: Morgan Kaufmann.

Barlow, Jerome, Leda Cosmides, and John Tooby. 1996. The Adapted Mind: Evolutionary Psychology and the Generation of Culture. Oxford: Oxford University Press.

Barrat, James. 2013. Our Final Invention: Artificial Intelligence and the End of the Human Era. New York: Thomas Dunne Books/St. Martin's Press.

BBC Technology. 2016. "IBM AI system Watson to diagnose rare diseases in Germany." October 18, 2016. https://www.bbc.com/news/technology-37653588.

Benger, Werner. 2008. "Colliding galaxies, rotating neutron stars and merging black holes—visualizing high dimensional datasets on arbitrary meshes." New Journal of Physics 10(12): 125004. http://dx.doi.org/10.1088/1367-2630/10/12/125004.

Berkeley CIR. 2018. Control, Intelligent Systems and Robotics (CIR). Website. https://www2.eecs.berkeley.edu/Research/Areas/CIR/.

Bird, Steven, Ewan Klein, and Edward Loper. 2009. Natural Language Processing with Python: Analyzing Text with the Natural Language Toolkit. Cambridge, MA: O'Reilly Pubs.

Bojarski, Mariusz, et al. 2016. "End-to-end deep learning for self-driving cars." NVIDIA Developer Blog. https://devblogs.nvidia.com/deep-learning-self-driving-cars/.

Borgida, Alexander, and John Sowa. 1991. Principles of Semantic Networks: Explorations in the Representation of Knowledge. San Mateo, CA: Morgan Kaufmann.

Boston Dynamics. 2016. "Introducing SpotMini." Video. https://www.youtube.com/watch?v=tf7IEVTDjng.

Boston Dynamics. 2017. What's New, Atlas? Video. https://www.youtube.com/watch?v=fRj34o4hN4I.

Boston Dynamics. 2018a. "Atlas: The world's most dynamic humanoid." https://www.bostondynamics.com/atlas.

Boston Dynamics. 2018b. "BigDog: The first advanced rough-terrain robot." https://www.bostondynamics.com/bigdog.

Boston Dynamics. 2018c. "WildCat: The world's fastest quadruped robot." https://www.bostondynamics.com/wildcat.

Bostrom, Nick. 2003. "Ethical issues in advanced artificial intelligence." Science Fiction and Philosophy: From Time Travel to Superintelligence, edited by Susan Schneider. 277 – 284. Hoboken, NJ: Wiley and Sons.

Bostrom, Nick. 2014. SuperIntelligence: Paths, Dangers, Strategies. Oxford: Oxford University Press.

Bostrom, Nick, and Eliezer Yudkowsky. 2014. "The ethics of artificial intelligence." In The Cambridge Handbook of Artificial Intelligence, edited by Keith Frankish and William Ramsey, 316 – 334. Cambridge: Cambridge University Press.

Bot Scene 2013. "Entropica claims 'powerful new kind of AI.'" Bot Scene blog. May 11, 2013. https://botscene.net/2013/05/11/entropica-claims-powerful-new-kind-of-ai/comment-page-1/.

Bottou, Leon. 2018. Foreword. In Marvin Minsky and Seymour Papert, Perceptrons: An Introduction to Computational Geometry. Reissue of the 1988 expanded edition, with a new foreword by Leon Bottou. Cambridge, MA: MIT Press.

Brachman, Ronald J., and James G. Schmolze. "An overview of the KL-ONE knowledge representation system." In Readings in Artificial Intelligence and Databases, edited by John Myopoulos and Michael Brodie, 207 – 230. San Mateo, CA: Morgan Kaufmann, 1989.

Brady, Paul. 2018. "Robotic suitcases: The trend the world doesn't need." Conde Nast Traveler. January 10, 2018. https://www.cntraveler.com/story/robotic-suitcases-the-trend-the-world-doesnt-need.

Brandom, Russell. 2018. "Self-driving cars are headed toward an AI roadblock." The Verge. July 3, 2018. https://www.theverge.com/2018/7/3/17530232/self-driving-ai-winter-full-autonomy-waymo-tesla-uber.

Braun, Urs, Axel Schafer, Henrik Walter, Susanne Erk, Nina Romanczuk-Seiferth, Leila Haddad, Janina I. Schweiger, et al. 2015. "Dynamic reconfiguration of frontal brain networks during executive cognition in humans." Proceedings of the National Academy of Sciences 112(37): 11678 – 11683. https://doi.org/10.1073/pnas.1422487112.

Bright, Peter. 2016. "Tay, the neo-Nazi millennial chatbot, gets autopsied." Ars Technica. May 25, 2016. https://arstechnica.com/information-technology/2016/03/tay-the-neo-nazi-millennial-chatbot-gets-autopsied/.

Briot, Jean-Pierre, Gaetan Hadjeres, and Francois Pachet. 2017. Deep learning techniques for music generation—a survey. arXiv preprint arXiv:1709.01620. https://arxiv.org/abs/1709.01620.

Brooks, Rodney. 2017a. "Future of robotics and artificial intelligence." https://rodneybrooks.com/forai-future-of-robotics-and-artificial-intelligence/.

Brooks, Rodney. 2017b. "Domo Arigato Mr. Roboto." http://rodneybrooks.com/forai-domo-arigato-mr-roboto/.

Brooks, Rodney. 2017c. "The seven deadly sins of predicting AI." http://rodneybrooks.com/the-seven-deadly-sins-of-predicting-the-future-of-ai/.

Broussard, Meredith. 2018. Artificial Unintelligence: How Computers Misunderstand the World. Cambridge, MA: MIT Press.

Brown, Tom B., Dandelion Mane, Aurko Roy, Martin Abadi, and Justin Gilmer. 2017. "Adversarial patch." arXiv preprint arXiv:1712.09665. https://arxiv.org/abs/1712.09665.

Bughin, Jacques, Jeongmin Seong, James Manyika, Michael Chui, and Raoul Joshi. 2018. "Notes from the frontier: Modeling the impact of AI on the world economy." McKinsey and Co. September 2018. https://www.mckinsey.com/featured-insights/artificial-intelligence/notes-from-the-frontier-modeling-the-impact-of-ai-on-the-world-economy.

Buolamwini, Joy, and Timnit Gebru. 2018. "Gender shades: Intersectional accuracy disparities in commercial gender classification." In Conference on Fairness, Accountability and Transparency, 2018. 77–91. http://proceedings.mlr.press/v81/buolamwini18a.html.

Burns, Janet. 2017. "Finally, the perfect app for superfans, stalkers, and serial killers." Forbes. June 23, 2017. https://www.forbes.com/sites/

janetwburns/2017/06/23/finally-the-perfect-dating-app-for-superfans-stalkers-and-serial-killers/#4d2b54c9f166.

Bushnell, Mona. 2018. "AI faceoff: Siri vs. Cortana vs. Google Assistant vs. Alexa." Business News Daily. June 29, 2018. https://www.businessnewsdaily. com/10315-siri-cortana-google-assistant-amazon-alexa-face-off.html.

Cable Car Museum, undated. "The Brakes." http://www.cablecarmuseum.org/the-brakes.html. Accessed by the authors, December 29, 2018.

Callahan, John. 2019. "What is Google Duplex, and how do you use it?" Android Authority, March 3, 2019. https://www.androidauthority.com/what-is-google-duplex-869476/.

Campolo, Alex, Madelyn Sanfilippo, Meredith Whittaker, and Kate Crawford. 2017. AI Now 2017 Report. https://ainowinstitute.org/AI_Now_2017_Report.pdf.

Canales, Katie. 2018. "A couple says that Amazon's Alexa recorded a private conversation and randomly sent it to a friend." Business Insider. May 24, 2018. http://www.businessinsider.com/amazon-alexa-records-private-conversation-2018-5.

Canziani, Alfredo, Eugenio Culurciello, and Adam Paszke. 2017. "Evaluation of neural network architectures for embedded systems." In IEEE International Symposium on Circuits and Systems (ISCAS), 2017. 1–4. https:// ieeexplore.ieee.org/abstract/document/8050276/.

Carey, Susan. 1985. Conceptual Change in Childhood. Cambridge, MA: MIT Press.

Carmichael, Leonard, H. P. Hogan, and A. A. Walter. 1932. "An experimental study of the effect of language on the reproduction of visually perceived form." Journal of Experimental Psychology 15(1): 73. http://dx.doi.org/10.1037/ h0072671.

Chaplot, Devendra Singh, Guillaume Lample, Kanthashree Mysore Sathyendra, and Ruslan Salakhutdinov. 2016. "Transfer deep reinforcement learning in 3d environments: An empirical study." In NIPS Deep Reinforcement Learning Workshop. http://www.cs.cmu.edu/~rsalakhu/papers/DeepRL_Transfer.pdf

Chintala, Soumith, and Yann LeCun, 2016. "A path to unsupervised learning through adversarial networks." Facebook AI Research blog, June 20, 2016. https://code.fb.com/ml-applications/a-path-to-unsupervised-learning-through-adversarial-networks/.

Chokshi, Niraj. 2018. "Amazon knows why Alexa was laughing at its customers." New York Times, March 8, 2018. https://www.nytimes.com/2018/03/08/business/alexa-laugh-amazon-echo.html.

Chomsky, Noam. 1959. "A review of B. F. Skinner's Verbal Behavior." Language 35(1): 26–58. http://doi.org/10.2307/411334.

Chu-Carroll, Jennifer, James Fan, B. K. Boguraev, David Carmel, Dafna Sheinwald, and Chris Welty. 2012. "Finding needles in the haystack: Search and candidate generation" IBM Journal of Research and Development 56(3–4): 6:1–6:12. https://doi.org/10.1147/JRD.2012.2186682. CNBC. 2018. Boston Dynamics' Atlas Robot Can Now Do Parkour. Video. https://www.youtube.com/watch?v=hSjKoEva5bg.

Coldewey, Devin. 2018. "Judge says 'literal but nonsensical' Google translation isn't consent for police search." TechCrunch, June 15, 2018. https://techcrunch.com/2018/06/15/judge-says-literal-but-nonsensical-google-translation-isnt-consent-for-police-search/.

Collins, Allan M., and M. Ross Quillian. 1969. "Retrieval time from semantic memory." Journal of Verbal Learning and Verbal Behavior 8(2): 240–247. https://doi.org/10.1016/S0022-5371(69)80069-1.

Collins, Harry. 2018. Artifictional Intelligence: Against Humanity's Surrender to Computers. New York: Wiley.

Conesa, Jordi, Veda C. Storey, and Vijayan Sugumaran. 2010. "Usability of upper level ontologies: The case of ResearchCyc." Data & Knowledge Engineering 69(4): 343–356. https://doi.org/10.1016/j.datak.2009.08.002.

Conneau, Alexis, German Kruszewski, Guillaume Lample, Loic Barrault, and Marco Baroni. 2018. "What you can cram into a single vector: Probing sentence embeddings for linguistic properties." arXiv preprint arXiv:1805.01070 https://arxiv.org/pdf/1805.01070.pdf.

Corbett, Erin, and Jonathan Vanian. 2018. "Microsoft improves biased facial recognition technology." Fortune. June 27, 2018. http://fortune.com/2018/06/27/microsoft-biased-facial-recognition/.

Crick, Francis. 1989. "The recent excitement about neural networks." Nature 337(6203): 129–132. https://doi.org/10.1038/337129a0.

Cuthbertson, Anthony. 2018. "Robots can now read better than humans, putting millions of jobs at risk." Newsweek. January 15, 2018. https://www.newsweek.com/robots-can-now-read-better-humans-putting-millions-jobs-risk-781393.

Damiani, Jesse. 2018. "Tesla Model S on Autopilot crashes into parked police vehicle in Laguna Beach." Forbes. May 30, 2018. https://www.forbes.com/sites/jessedamiani/2018/05/30/tesla-model-s-on-autopilot-crashes-into-parked-police-vehicle-in-laguna-beach/#7c5d245d6f59.

Darwiche, Adnan. 2018. "Human-level intelligence or animal-like abilities?" Communications of the ACM 61(10): 56–67. https://cacm.acm.org/magazines/2018/10/231373-human-level-intelligence-or-animal-like-abilities/fulltext.

Dastin, Jeffrey. 2018. "Amazon scraps secret AI recruiting tool that showed bias against women." Reuters. October 10, 2018. https://www.reuters.com/article/amazoncom-jobs-automation/rpt-insight-amazon-scraps-secret-ai-recruiting-tool-that-showed-bias-against-women-idUSL2N1WP1RO.

Davies, Alex. 2017. "Waymo has taken the human out of its self-driving cars." WIRED. November 7, 2017. https://www.wired.com/story/waymo-google-arizona-phoenix-driverless-self-driving-cars/.

Davies, Alex. 2018. "Waymo's so-called Robo-Taxi launch reveals a brutal truth." WIRED. December 5, 2018. https://www.wired.com/story/waymo-self-driving-taxi-service-launch-chandler-arizona/.

Davis, Ernest. 1990. Representations of Commonsense Knowledge. San Mateo, CA: Morgan Kaufmann.

Davis, Ernest. 2016a. "How to write science questions that are easy for people and hard for computers." AI Magazine 37(1): 13 – 22.

Davis, Ernest. 2016b. "The tragic tale of Tay the Chatbot." AI Matters 2(4). https://cs.nyu.edu/faculty/davise/Verses/Tay.html.

Davis, Ernest. 2017. "Logical formalizations of commonsense reasoning." Journal of Artificial Intelligence Research 59: 651 – 723. https://jair.org/index.php/jair/article/view/11076.

Davis, Ernest, and Gary Marcus. 2015. "Commonsense reasoning and commonsense knowledge in artificial intelligence." Communications of the ACM 58(9): 92 – 105.

Davis, Ernest, and Gary Marcus. 2016. "The scope and limits of simulation in automated reasoning." Artificial Intelligence 233: 60 – 72. http://dx.doi.org/10.1016/j.artint.2015.12.003.

Davis, Randall, and Douglas Lenat. 1982. Knowledge-Based Systems in Artificial Intelligence. New York: McGraw-Hill.

Deerwester, Scott, Susan T. Dumais, George W. Furnas, Thomas K. Landauer, and Richard Harshman. 1990. "Indexing by latent semantic analysis." Journal of the American Society for Information Science 41(6): 391 – 407. https://doi.org/10.1002/(SICI)1097-4571(199009)41:6⟨391::AID-ASI1⟩3.0.CO:2-9.

Deng, Jia, Wei Dong, Richard Socher, Li-Jia Li, Kai Li, and Li Fei-Fei. "Imagenet: A large-scale hierarchical image database." IEEE Conference on Computer Vision and Pattern Recognition, 2009. 248 – 255. https://doi.org/10.1109/CVPR.2009.5206848.

Dennett, Daniel. 1978. Brainstorms: Philosophical Essays on Mind and Psychology. Cambridge, MA: MIT Press.

Devlin, Hannah. 2015. "Google a step closer to developing machines with human-like intelligence." The Guardian. May 21, 2015. https://www.theguardian.com/science/2015/may/21/google-a-step-closer-to-developing-machines-with-human-like-intelligence.

Diamandis, Peter, and Steven Kotler. 2012. Abundance: The Future Is Better Than

You Think. New York: Free Press.

Domingos, Pedro. 2015. The Master Algorithm: How the Quest for the Ultimate Learning Machine Will Remake Our World. New York: Basic Books.

D'Orazio, Dante. 2014. "Elon Musk says artificial intelligence is 'potentially more dangerous than nukes.'" The Verge. August 3, 2014. https://www.theverge.com/2014/8/3/5965099/elon-musk-compares-artificial-intelligence-to-nukes.

Dreyfus, Hubert. 1979. What Computers Can't Do: The Limits of Artificial Intelligence. Rev. ed. New York: Harper and Row.

Dreyfuss, Emily. 2018. "A bot panic hits Amazon's mechanical Turk." WIRED. August 17, 2018. https://www.wired.com/story/amazon-mechanical-turk-bot-panic/.

Dyer, Michael. 1983. In-Depth Understanding: A Computer Model of Integrated Processing for Narrative Comprehension. Cambridge, MA: MIT Press.

Estava, Andre, Brett Kuprel, Roberto A. Novoa, Justin Ko, Susan M. Swetter, Helen M. Blau, and Sebastian Thrun. 2017. "Dermatologist-level classification of skin cancer with deep neural networks." Nature 542(7639): 115–118.

The Economist. 2018. "AI, radiology, and the future of work." June 7, 2018. https://www.economist.com/leaders/2018/06/07/ai-radiology-and-the-future-of-work.

Eubanks, Virginia. 2018. Automating Inequality: How High-Tech Tools Profile, Police, and Punish the Poor. New York: St. Martin's Press.

Evans, Jonathan St. B. T. 2012. "Dual process theories of deductive reasoning: Facts and fallacies." In The Oxford Handbook of Thinking and Reasoning, 115–133. Oxford: Oxford University Press.

Evarts, Eric C. 2016. "Why Tesla's Autopilot isn't really autopilot." U.S. News and World Report Best Cars. August 11, 2016. https://cars.usnews.com/cars-trucks/best-cars-blog/2016/08/why-teslas-autopilot-isnt-really-autopilot.

Evtimov, Ivan, Kevin Eykholt, Earlence Fernandes, Tadayoshi Kohno, Bo Li, Atul

Prakash, Amir Rahmati, and Dawn Song. 2017. "Robust physical-world attacks on machine learning models." arXiv preprint arXiv:1707.08945. https://arxiv.org/abs/1707.08945.

Fabian. 2018. "Global artificial intelligence landscape." Medium.com. May 22, 2018. https://medium.com/@bootstrappingme/global-artificial-intelligence-landscape-including-database-with-3-465-ai-companies-3bf01a175c5d.

Falcon, William. 2018. "The new Burning Man—he AI conference that sold out in 12 minutes." Forbes. September 5, 2018. https://www.forbes.com/sites/williamfalcon/2018/09/05/the-new-burning-man-the-ai-conference-that-sold-out-in-12-minutes/#38467b847a96.

Felleman, Daniel J., and D. C. van Essen. 1991. "Distributed hierarchical processing in the primate cerebral cortex." Cerebral Cortex 1(1): 1–47. https://doi.org/10.1093/cercor/1.1.1-a.

Fernandez, Ernie. 2016. "How cognitive systems will shape the future of health and wellness." IBM Healthcare and Life Sciences Industry Blog. November 16, 2016. https://www.ibm.com/blogs/insights-on-business/healthcare/cognitive-systems-shape-health-wellness/.

Ferrucci, David, Eric Brown, Jennifer Chu-Carroll, James Fan, David Gondek, Aditya A. Kalyanpur, Adam Lally, et al. 2010. "Building Watson: An overview of the DeepQA project." AI Magazine 31(3): 59–79. https://www.aaai.org/ojs/index.php/aimagazine/article/view/2303.

Firestone, Chaz, and Brian J. Scholl. 2016. "Cognition does not affect perception: Evaluating the evidence for 'top-down' effects." Behavioral and Brain Sciences 39, e229. https://doi.org/10.1017/S0140525X15000965.

Ford, Martin. 2018. Architects of Intelligence: The Truth About AI from the People Building It. Birmingham, UK: Packt Publishing.

Fukushima, Kunihiko, and Sei Miyake. 1982. "Neocognitron: A self-organizing neural network model for a mechanism of visual pattern recognition." In Competition and Cooperation in Neural Nets: Proceedings of the U.S.-Japan Joint Seminar, 267–285. Berlin, Heidelberg: Springer. https://doi.

org/10.1007/978-3-642-46466-9_18.

Fung, Brian. 2017. "The driver who died in a Tesla crash using Autopilot ignored at least 7 safety warnings." Washington Post. June 20, 2017. https://www.washingtonpost.com/news/the-switch/wp/2017/06/20/the-driver-who-died-in-a-tesla-crash-using-autopilot-ignored-7-safety-warnings/.

Future of Life Institute. 2015. "Autonomous weapons: An open letter from AI & robotics researchers." https://futureoflife.org/open-letter-autonomous-weapons/.

Gardner, Howard. 1983. Frames of Mind: The Theory of Multiple Intelligences. New York: Basic Books.

Garrahan, Matthew. 2017. "Google and Facebook dominance forecast to rise." Financial Times. December 3, 2017. https://www.ft.com/content/cf362186-d840-11e7-a039-c64b1c09b482.

Gatys, Leon A., Alexander S. Ecker, and Matthias Bethge. 2016. "Image style transfer using convolutional neural networks." In Proceedings of the IEEE Conference on Computer Vision and Pattern Recognition, 2414–2423. https://www.cv-foundation.org/openaccess/content_cvpr_2016/html/Gatys_Image_Style_Transfer_CVPR_2016_paper.html.

Geirhos, Robert, Carlos R. M. Temme, Jonas Rauber, Heiko H. Schutt, Matthias Bethge, and Felix A. Wichmann. 2018. "Generalisation in humans and deep neural networks." In Advances in Neural Information Processing Systems, 7549–7561. http://papers.nips.cc/paper/7982-generalisation-in-humans-and-deep-neural-networks.

Gelman, Rochel, and Renee Baillargeon. 1983. "Review of some Piagetian concepts." In Handbook of Child Psychology: Formerly Carmichael's Manual of Child Psychology, edited by Paul H. Mussen. New York: Wiley.

Geman, Stuart, Elie Bienenstock, and Rene Doursat. 1992. "Neural networks and the bias/variance dilemma." Neural Computation 4(1): 1–58. https://doi.org/10.1162/neco.1992.4.1.1.

Gershgorn, Dave. 2017. "The data that transformed AI research—nd possibly the world." Quartz. July 26, 2017. https://qz.com/1034972/the-data-that-changed-the-direction-of-ai-research-and-possibly-the-world/.

Gibbs, Samuel. 2014. "Google buys UK artificial intelligence startup Deepmind for £400m." The Guardian. January 27, 2014. https://www.theguardian.com/technology/2014/jan/27/google-acquires-uk-artificial-intelligence-startup-deepmind.

Gibbs, Samuel. 2018. "SpotMini: Headless robotic dog to go on sale in 2019." The Guardian. May 14, 2018. https://www.theguardian.com/technology/2018/may/14/spotmini-robotic-dog-sale-2019-former-google-boston-dynamics.

Glaser, April. 2018. "The robot dog that can open a door is even more impressive than it looks." Slate. February 13, 2018. https://slate.com/technology/2018/02/the-robot-dog-that-can-open-a-door-is-even-more-impressive-than-it-looks.html.

Glasser, Matthew, et al. 2016. "A multi-modal parcellation of human cerebral cortex." Nature 536: 171–178. https://doi.org/10.1038/nature18933.

Glorot, Xavier, Antoine Bordes, and Yoshua Bengio. 2011. "Deep sparse rectifier neural networks." In Proceedings of the Fourteenth International Conference on Artificial Intelligence and Statistics, 315–323. http://proceedings.mlr.press/v15/glorot11a/glorot11a.pdf.

Goode, Lauren. 2018. "Google CEO Sundar Pichai compares impact of AI to electricity and fire." The Verge. Jan. 19, 2018. https://www.theverge.com/2018/1/19/16911354/google-ceo-sundar-pichai-ai-artificial-intelligence-fire-electricity-jobs-cancer.

Goodfellow, Ian, Yoshua Bengio, and Aaron Courville. 2015. Deep Learning. Cambridge, MA: MIT Press.

Greenberg, Andy. 2015. "Hackers remotely kill a Jeep on the highway—with me in it." WIRED. July 21, 2015. https://www.wired.com/2015/07/hackers-remotely-kill-jeep-highway/.

Greenberg, Andy. 2017. "Watch a 10-year-old's face unlock his mom's iPhone X."

WIRED. November 14, 2017. https://www.wired.com/story/10-year-old-face-id-unlocks-mothers-iphone-x/.

Greg. 2018. "Dog's final judgement: Weird Google Translate glitch delivers an apocalyptic message." Daily Grail, July 16, 2018. https://www.dailygrail.com/2018/07/dogs-final-judgement-weird-google-translate-glitch-delivers-an-apocalyptic-message/.

Gunning, David. 2017. "Explainable artificial intelligence (xai)." Defense Advanced Research Projects Agency (DARPA). https://www.darpa.mil/attachments/XAIProgramUpdate.pdf.

Hall, Phil. 2018. "Luminar's smart Sky Enhancer filter does the dodging and burning for you." Techradar: The Source for Tech Buying Advice. November 2, 2018. https://www.techradar.com/news/luminars-smart-sky-enhancer-filter-does-the-dodging-and-burning-for-you.

Harford, Tim. 2018. "What we get wrong about technology." Financial Times. July 7, 2018. https://www.ft.com/content/32c31874-610b-11e7-8814-0ac7eb84e5f1.

Harridy, Rich. 2018. "Boston Dynamics Atlas robot can now chase you through the woods." New Atlas. May 10, 2018. https://newatlas.com/boston-dynamics-atlas-running/54573/.

Harwell, Drew. 2018. "Elon Musk said a Tesla could drive itself across the country by 2018. One just crashed backing out of a garage." Washington Post. September 13, 2018. https://www.washingtonpost.com/technology/2018/09/13/elon-musk-said-tesla-could-drive-itself-across-country-by-one-just-crashed-backing-out-garage/.

Harwell, Drew, and Craig Timberg. 2019. "YouTube recommended a Russian media site thousands of times for analysis of Mueller's report, a watchdog group says." The Washington Post, April 26, 2019. https://www.washingtonpost.com/technology/2019/04/26/youtube-recommended-russian-media-site-above-all-others-analysis-mueller-report-watchdog-group-says/?utm_term=39b7bcf0c8a4.

Havasi, Catherine, Robert Speer, James Pustejovsky, and Henry Lieberman. 2009. "Digital intuition: Applying common sense using dimensionality reduction." IEEE Intelligent systems 24(4): 24 – 35. https://doi.org/10.1109/MIS.2009.72.

Hawkins, Andrew. 2018. "Elon Musk still doesn't think LIDAR is necessary for fully driverless cars." The Verge. February 7, 2018. https://www.theverge.com/2018/2/7/16988628/elon-musk-lidar-self-driving-car-tesla.

Hawkins, Jeff, and Sandra Blakeslee. 2004. On Intelligence: How a New Understanding of the Brain Will Lead to the Creation of Truly Intelligent Machines. New York: Times Books.

Hayes, Gavin. 2018. "Search 'idiot,' get Trump: How activists are manipulating Google Images." The Guardian. July 17, 2018. https://www.theguardian.com/us-news/2018/jul/17/trump-idiot-google-images-search.

Hayes, Patrick, and Kenneth Ford. 1995. "Turing test considered harmful." Intl. Joint Conf. on Artificial Intelligence: 972 – 977. https://www.researchgate.net/profile/Kenneth_Ford/publication/220813820_Turing_Test_Considered_Harmful/links/09e4150d1dc67df32c000000.pdf.

Hazelwood, Kim, et al. 2017. "Applied machine learning at Facebook: A data center infrastructure perspective." https://research.fb.com/wp-content/uploads/2017/12/hpca-2018-facebook.pdf.

He, Kaiming, Xiangyu Zhang, Shaoqing Ren, and Jian Sun. 2016. "Deep residual learning for image recognition." In Proceedings of the IEEE Conference on Computer Vision and Pattern Recognition: 770 – 778. https://www.cv-foundation.org/openaccess/content_cvpr_2016/html/He_Deep_Residual_Learning_CVPR_2016_paper.html.

He, Mingming, Dongdong Chen, Jing Liao, Pedro V. Sander, and Lu Yuan. 2018. "Deep exemplar-based colorization." ACM Transactions on Graphics 37(4): Article 47. https://doi.org/10.1145/3197517.3201365.

He, Xiaodong, and Li Deng. 2017. "Deep learning for image-to-text generation: A technical overview." IEEE Signal Processing Magazine 34(6): 109 – 116.

https://doi.org/10.1109/MSP.2017.2741510.

Heath, Nick. 2018. "Google DeepMind founder Demis Hassabis: Three truths about AI." Tech Republic. September 24, 2018. https://www.techrepublic.com/article/google-deepmind-founder-demis-hassabis-three-truths-about-ai/.

Herculano-Houzel, Suzana. 2016. The Human Advantage: A New Understanding of How Our Brains Became Remarkable. Cambridge, MA: MIT Press.

Herman, Arthur. 2018. "China's brave new world of AI." Forbes. August 30, 2018. https://www.forbes.com/sites/arthurherman/2018/08/30/chinas-brave-new-world-of-ai/#1051418628e9.

Hermann, Karl Moritz, Felix Hill, Simon Green, Fumin Wang, Ryan Faulkner, Hubert Soyer, David Szepesvari, et al. 2017. "Grounded language learning in a simulated 3D world." arXiv preprint arXiv:1706.06551. https://arxiv.org/abs/1706.06551.

Herper, Matthew. 2017. "M. D. Anderson benches IBM Watson in setback for artificial intelligence in medicine." Forbes. February 19, 2017. https://www.forbes.com/sites/matthewherper/2017/02/19/md-anderson-benches-ibm-watson-in-setback-for-artificial-intelligence-in-medicine/#319104243774.

Hines, Matt. 2007. "Spammers establishing use of artificial intelligence." Computer World. June 1, 2007. https://www.computerworld.com/article/2541475/security0/spammers-establishing-use-of-artificial-intelligence.html.

Hinton, Geoffrey E., Terrence Joseph Sejnowski, and Tomaso A. Poggio, eds. 1999. Unsupervised Learning: Foundations of Neural Computation. Cambridge, MA: MIT Press.

Hof, Robert D. 2013. "10 breakthrough technologies: Deep learning." MIT Technology Review. https://www.technologyreview.com/s/513696/deep-learning/.

Hoffman, Judy, Dequan Wang, Fisher Yu, and Trevor Darrell. 2016. "FCNs in the wild: Pixel-level adversarial and constraint-based adaptation." arXiv preprint arXiv:1612.02649. https://arxiv.org/abs/1612.02649.

Hofstadter, Douglas. 2018. "The shallowness of Google Translate." The Atlantic. January 30, 2018. https://www.theatlantic.com/technology/archive/2018/01/the-shallowness-of-google-translate/551570/.

Hornyak, Tim. 2018. "Sony's new dog Aibo barks, does tricks, and charms animal lovers." CNBC. April 9, 2018. https://www.cnbc.com/2018/04/09/sonys-new-robot-dog-aibo-barks-does-tricks-and-charms-animal-lovers.html.

Hosseini, Hossein, Baicen Xiao, Mayoore Jaiswal, and Radha Poovendran. 2017. "On the limitation of convolutional neural networks in recognizing negative images." In 2017 16th IEEE International Conference on Machine Learning and Applications (ICMLA): 352–358. https://doi.org/10.1109/ICMLA.2017.0-136.

Hua, Sujun, and Zhirong Sun. 2001. "A novel method of protein secondary structure prediction with high segment overlap measure: Support vector machine approach." Journal of Molecular Biology 308(2): 397–407. https://doi.org/10.1006/jmbi.2001.4580.

Huang, Sandy, Nicolas Papernot, Ian Goodfellow, Yan Duan, and Pieter Abbeel. 2017. "Adversarial attacks on neural network policies." arXiv preprint arXiv:1702.02284. https://arxiv.org/abs/1702.02284.

Huang, Xuedong, James Baker, and Raj Reddy. "A historical perspective of speech recognition." Communications of the ACM 57(1): 94–103. https://m-cacm.acm.org/magazines/2014/1/170863-a-historical-perspective-of-speech-recognition/.

Hubel, David H., and Torsten N. Wiesel. 1962. "Receptive fields, binocular interaction and functional architecture in the cat's visual cortex." Journal of Physiology 160(1): 106–154. https://doi.org/10.1113/jphysiol.1962.sp006837.

Huff, Darrell. 1954. How to Lie with Statistics. New York, W. W. Norton. IBM Watson Health. 2016. "Five ways cognitive technology can revolutionize healthcare." Watson Health Perspectives. October 28, 2016. https://www.ibm.com/blogs/watson-health/5-ways-cognitive-technology-can-helprevolutionize-healthcare/.

IBM Watson Health. Undated. "Welcome to the cognitive era of health." Watson
Health Perspectives. http://www-07.ibm.com/hk/watson/health/. Accessed
by the authors, December 23, 2018.

IEEE Spectrum. 2015. A Compilation of Robots Falling Down at the DARPA
Robotics Challenge. Video. Posted to YouTube June 6, 2015. https://www.
youtube.com/watch?v=g0TaYhjpOfo.

Iizuka, Satoshi, Edgar Simo-Serra, and Hiroshi Ishikawa. 2016. "Let there be color!:
Joint end-to-end learning of global and local image priors for automatic
image colorization with simultaneous classification." ACM Transactions on
Graphics (TOG) 35(4): 110. https://dl.acm.org/citation.cfm?id=2925974.

Irpan, Alex. 2018. "Deep reinforcement learning doesn't work yet." Sorta Insightful
blog. February 14, 2018. https://www.alexirpan.com/2018/02/14/rl-hard.
html.

Jeannin, Jean-Baptiste, Khalil Ghorbal, Yanni Kouskoulas, Ryan Gardner, Aurora
Schmidt, Erik Zawadzki, and Andre Platzer. 2015. "A formally verified
hybrid system for the next-generation airborne collision avoidance system."
In International Conference on Tools and Algorithms for the Construction
and Analysis of Systems: 21–36. Berlin, Heidelberg: Springer. http://ra.adm.
cs.cmu.edu/anon/home/ftp/2014/CMU-CS-14-138.pdf.

Jia, Robin, and Percy Liang. 2017. "Adversarial examples for evaluating reading
comprehension systems." arXiv preprint arXiv:1707.07328. https://arxiv.org/
abs/1707.07328.

Jo, Jason, and Yoshua Bengio. 2017. "Measuring the tendency of CNNs to learn
surface statistical regularities." arXiv preprint arXiv:1711.11561. https://
arxiv.org/abs/1711.11561.

Joachims, T. 2002. Learning to Classify Text Using Support Vector Machines:
Methods, Theory and Algorithms. Boston: Kluwer Academic Publishers.

Judson, Horace. 1980. The Eighth Day of Creation: Makers of the Revolution in
Biology. New York: Simon and Schuster.

Jurafsky, Daniel, and James H. Martin. 2009. Speech and Language Processing. 2nd ed. Upper Saddle River, NJ: Pearson.

Kahneman, Daniel. 2011. Thinking, Fast and Slow. New York: Farrar, Straus, and Giroux.

Kahneman, Daniel, Anne Treisman, and Brian J. Gibbs. 1992. "The reviewing of object files: Object-specific integration of information." Cognitive Psychology 24(2): 175–219. https://doi.org/10.1016/0010-0285(92)90007-O.

Kandel, Eric, James Schwartz, and Thomas Jessell. 1991. Principles of Neural Science. Norwalk, CT: Appleton & Lange.

Kansky, Ken, Tom Silver, David A. Mely, Mohamed Eldawy, Miguel Lazaro-Gredilla, Xinghua Lou, Nimrod Dorfman, Szymon Sidor, Scott Phoenix, and Dileep George. 2017. "Schema networks: Zero-shot transfer with a generative causal model of intuitive physics." arXiv preprint arXiv:1706.04317. https://arxiv.org/abs/1706.04317.

Kant, Immanuel. 1751/1998. Critique of Pure Reason. Trans. Paul Guyer and Allen Wood. Cambridge: Cambridge University Press.

Karmon, Danny, Daniel Zoran, and Yoav Goldberg. 2018. "LaVAN: Localized and Visible Adversarial Noise." arXiv preprint arXiv:1801.02608. https://arxiv.org/abs/1801.02608.

Kastranakes, Jacob. 2017. "GPS will be accurate within one foot in some phones next year." The Verge. September 25, 2017. https://www.theverge.com/circuitbreaker/2017/9/25/16362296/gps-accuracy-improving-one-foot-broadcom.

Keil, Frank C. 1992. Concepts, Kinds, and Cognitive Development. Cambridge, MA: MIT Press.

Kim, Sangbae, Cecilia Laschi, and Barry Trimmer. 2013. "Soft robotics: A bioinspired evolution in robotics." Trends in Biotechnology 31(5): 287–294. https://doi.org/10.1016/j.tibtech.2013.03.002.

Kintsch, Walter, and Teun A. Van Dijk. 1978. "Toward a model of text comprehension and production." Psychological Review 85(5): 363–394.

Kinzler, Katherine D., and Elizabeth S. Spelke. 2007. "Core systems in human

cognition." Progress in Brain Research 164: 257–264. https://doi.
org/10.1016/S0079-6123(07)64014-X.

Kissinger, Henry. 2018. "The End of the Enlightenment." The Atlantic, June 2018.
https://www.theatlantic.com/magazine/archive/2018/06/henry-kissinger-
ai-could-mean-the-end-of-human-history/559124/.

Koehn, Philipp, and Rebecca Knowles. 2017. "Six challenges for neural machine
translation." Proceedings of the First Workshop on Neural Machine
Translation. http://www.aclweb.org/anthology/W/W17/W17-3204.pdf.

Krakovna, Victoria. 2018. "Specification gaming examples in AI." Blog post. April 2,
2018. https://vkrakovna.wordpress.com/2018/04/02/specification-gaming-
examples-in-ai/.

Krizhevsky, A., I. Sutskever, and G. E. Hinton. 2012. "ImageNet classification with
deep convolutional neural networks." In Advances in Neural Information
Processing Systems: 1097–1105. http://papers.nips.cc/paper/4824-
imagenet-classification-with-deep-convolutional-neural-networks.pdf.

Kurzweil, Ray. 2002. "Response to Mitchell Kapor's "Why I Think I Will Win.""
Kurzweil Accelerating Intelligence Essays. http://www.kurzweilai.net/
response-to-mitchell-kapor-s-why-i-think-i-will-win.

Kurzweil, Ray. 2013. How to Create a Mind: The Secret of Human Thought
Revealed. New York: Viking.

Kurzweil, Ray, and Rachel Bernstein. 2018. "Introducing semantic experiences with
Semantris and Talk to Books." Google AI Blog. April 13, 2018. https://
ai.googleblog.com/2018/04/introducing-semantic-experiences-with.html.

Lancaster, Luke. 2016. "Elon Musk's OpenAI is working on a robot butler." CNet.
June 22, 2016. https://www.cnet.com/news/elon-musks-openai-is-
working-on-a-robot-butler/.

Lardieri, Alexa. 2018. "Drones deliver life-saving blood to remote African regions."
US News & World Report. January 2, 2018.

Lashbrook, Angela. 2018. "AI-driven dermatology could leave dark-skinned patients
behind." The Atlantic. August 16, 2018. https://www.theatlantic.com/health/

archive/2018/08/machine-learning-dermatology-skin-color/567619/.

LaValle, Stephen M. 2006. Planning Algorithms. Cambridge: Cambridge University Press.

Leben, Derek. 2018. Ethics for Robots: How to Design a Moral Algorithm. Milton Park, UK: Routledge.

Lecoutre, Adrian, Benjamin Negrevergne, and Florian Yger. 2017. "Recognizing art style automatically in painting with deep learning." Proceedings of the Ninth Asian Conference on Machine Learning, PMLR 77: 327–342. http://proceedings.mlr.press/v77/lecoutre17a.html.

LeCun, Yann. 2018. "Research and projects." http://yann.lecun.com/ex/research/index.html. Accessed by the authors, September 6, 2018.

LeCun, Yann, Bernhard Boser, John S. Denker, Donnie Henderson, Richard E. Howard, Wayne Hubbard, and Lawrence D. Jackel. 1989. "Backpropagation applied to handwritten zip code recognition." Neural Computation 1(4): 541–551. https://www.mitpressjournals.org/doi/abs/10.1162/neco.1989.1.4.541.

LeCun, Yann, and Yoshua Bengio. 1995. "Convolutional networks for images, speech, and time series." In The Handbook of Brain Theory and Neural Networks, edited by Michael Arbib. Cambridge, MA: MIT Press. https://www.researchgate.net/profile/Yann_Lecun/publication/2453996_Convolutional_Networks_for_Images_Speech_and_Time-Series/links/0deec519dfa2325502000000.pdf.

LeCun, Yann, Yoshua Bengio, and Geoffrey Hinton. 2015. "Deep learning." Nature 521(7553): 436–444. https://doi.org/10.1038/nature14539.

Lenat, Douglas B., Mayank Prakash, and Mary Shepherd. 1985. "CYC: Using common sense knowledge to overcome brittleness and knowledge acquisition bottlenecks." AI Magazine 6(4): 65–85. https://doi.org/10.1609/aimag.v6i4.510.

Lenat, Douglas B., and R. V. Guha. 1990. Building Large Knowledge-Based Systems: Representation and Inference in the CYC Project. Boston: Addison-

Wesley.

Levesque, Hector. 2017. Common Sense, the Turing Test, and the Quest for Real AI.
  Cambridge, MA: MIT Press.

Levesque, Hector, Ernest Davis, and Leora Morgenstern. 2012. "The Winograd
  Schema challenge." Principles of Knowledge Representation and
  Reasoning, 2012. http://www.aaai.org/ocs/index.php/KR/KR12/paper/
  download/4492/4924.

Leviathan, Yaniv. 2018. "Google Duplex: An AI system for accomplishing real-world
  tasks over the phone." Google AI Blog. May 8, 2018. https://ai.googleblog.
  com/2018/05/duplex-ai-system-for-natural-conversation.html.

Levin, Alan, and Harry Suhartono. 2019. "Pilot who hitched a ride saved Lion Air
  737 day before deadly crash." Bloomberg. March 19, 2019. https://www.
  bloomberg.com/news/articles/2019-03-19/how-an-extra-man-in-
  cockpit-saved-a-737-max-that-later-crashed.

Levin, Sam, and Nicky Woolf. 2016. "Tesla driver killed while using Autopilot was
  watching Harry Potter, witness says." The Guardian. July 3, 2016. https://
  www.theguardian.com/technology/2016/jul/01/tesla-driver-killed-
  autopilot-self-driving-car-harry-potter.

Levine, Alexandra S. 2017. "New York today: An Ella Fitzgerald centenary." New
  York Times. April 25, 2017. https://www.nytimes.com/2017/04/25/
  nyregion/new-york-today-ella-fitzgerald-100th-birthday-centennial.
  html.

Levy, Omer. In preparation. "Word representations." In The Oxford Handbook
  of Computational Linguistics. 2nd ed. Edited by Ruslan Mitkov. Oxford:
  Oxford University Press.

Lewis, Dan. 2016. "They Blue It." Now I Know website. March 3, 2016. Accessed by
  authors, December 25, 2018. http://nowiknow.com/they-blue-it/.

Lewis-Krauss, Gideon. 2016. "The great AI awakening." New York Times Magazine.
  December 14, 2016. https://www.nytimes.com/2016/12/14/magazine/the-
  great-ai-awakening.html.

Liao, Shannon. 2018. "Chinese facial recognition system mistakes a face on a bus for a jaywalker." The Verge. November 22, 2018. https://www.theverge.com/2018/11/22/18107885/china-facial-recognition-mistaken-jaywalker.

Lifschitz, Vladimir, Leora Morgenstern, and David Plaisted. 2008. "Knowledge representation and classical logic." In Handbook of Knowledge Representation, edited by Frank van Harmelen, Vladimir Lifschitz, and Bruce Porter, 3–88. Amsterdam: Elsevier.

Lin, Patrick, Keith Abney, and George Bekey, eds. 2012. Robot Ethics: The Ethical and Social Implications of Robotics. Cambridge, MA: MIT Press.

Linden, Derek S. 2002. "Antenna design using genetic algorithms." In Proceedings of the 4th Annual Conference on Genetic and Evolutionary Computation, 1133–1140. https://dl.acm.org/citation.cfm?id=2955690.

Linn, Alison. 2018. "Microsoft creates AI that can read a document and answer questions about it as well as a person." Microsoft AI Blog. January 15, 2018. https://blogs.microsoft.com/ai/microsoft-creates-ai-can-read-document-answer-questions-well-person/.

Lippert, John, Bryan Gruley, Kae Inoue, and Gabrielle Coppola. 2018. "Toyota's vision of autonomous cars is not exactly driverless." Bloomberg Businessweek. September 19, 2018. https://www.bloomberg.com/news/features/2018-09-19/toyota-s-vision-of-autonomous-cars-is-not-exactly-driverless.

Lipton, Zachary. 2016. "The mythos of model interpretability." arXiv preprint arXiv:1606.03490. https://arxiv.org/abs/1606.03490.

Lupyan, Gary, and Andy Clark. 2015. "Words and the world: Predictive coding and the language-perception-cognition interface." Current Directions in Psychological Science 24(4): 279–284. https://doi.org/10.1177/0963721415570732.

Lynch, Kevin, and Frank Park. 2017. Modern Robotics: Mechanics, Planning, and Control. Cambridge: Cambridge University Press.

Mahairas, Ari, and Peter J. Beshar. 2018. "A Perfect Target for Cybercriminals," New

York Times. November 19, 2018. https://www.nytimes.com/2018/11/19/opinion/water-security-vulnerability-hacking.html.

Manning, Christopher, and Hinrich Schutze. 1999. Foundations of Statistical Natural Language Processing. Cambridge, MA: MIT Press.

Manning, Christopher, Prabhakar Raghavan, and Hinrich Schutze. 2008. Introduction to Information Retrieval. Cambridge: Cambridge University Press.

Marcus, Gary. 2001. The Algebraic Mind: Integrating Connectionism and Cognitive Science. Cambridge, MA: MIT Press.

Marcus, Gary. 2004. The Birth of the Mind: How a Tiny Number of Genes Creates the Complexities of Human Thought. New York: Basic Books.

Marcus, Gary. 2008. Kluge: The Haphazard Construction of the Human Mind. Boston: Houghton Mifflin.

Marcus, Gary. 2012a. "Moral machines." The New Yorker. November 24, 2012. https://www.newyorker.com/news/news-desk/moral-machines.

Marcus, Gary. 2012b. "Is deep learning a revolution in artificial intelligence?" The New Yorker. November 25, 2012. https://www.newyorker.com/news/news-desk/is-deep-learning-a-revolution-in-artificial-intelligence.

Marcus, Gary. 2018a. "Deep learning: A critical appraisal." arXiv preprint arXiv:1801.00631. https://arxiv.org/abs/1801.00631.

Marcus, Gary. 2018b. "Innateness, AlphaZero, and artificial intelligence." arXiv preprint arXiv:1801.05667. https://arxiv.org/abs/1801.05667.

Marcus, Gary, and Ernest Davis. 2013. "A grand unified theory of everything." The New Yorker. May 6, 2013. https://www.newyorker.com/tech/elements/a-grand-unified-theory-of-everything.

Marcus, Gary, and Ernest Davis. 2018. "No, AI won't solve the fake news problem." New York Times. October 20, 2018. https://www.nytimes.com/2018/10/20/opinion/sunday/ai-fake-news-disinformation-campaigns.html.

Marcus, Gary, and Jeremy Freeman. 2015. The Future of the Brain: Essays by the World's Leading Neuroscientists. Princeton, NJ: Princeton University Press.

Marcus, Gary, Steven Pinker, Michael Ullman, Michelle Hollander, T. John Rosen, Fei Xu, and Harald Clahsen. 1992. "Overregularization in language acquisition." Monographs of the Society for Research in Child Development 57(4): 1 – 178.

Marcus, Gary, Francesca Rossi, and Manuela Veloso. 2016. Beyond the Turing Test (AI Magazine Special Issue). AI Magazine 37(1).

Marshall, Aarian. 2017. "After peak hype, self-driving cars enter the trough of disillusionment." WIRED. December 29, 2017. https://www.wired.com/ story/self-driving-cars-challenges/.

Mason, Matthew. 2018. "Toward robotic manipulation." Annual Review of Control, Robotics, and Autonomous Systems 1: 1 – 28. https://doi.org/10.1146/ annurev-control-060117-104848.

Matchar, Emily. 2017. "AI plant and animal identification helps us all be citizen scientists." Smithsonian.com. June 7, 2017. https://www.smithsonianmag. com/innovation/ai-plant-and-animal-identification-helps-us-all-be -citizen-scientists-180963525/.

Matsakis, Louise. 2018. "To break a hate-speech detection algorithm, try 'love.' " WIRED. September 26, 2018. https://www.wired.com/story/break-hate- speech-algorithm-try-love/.

Matuszek, Cynthia, Michael Witbrock, Robert C. Kahlert, John Cabral, David Schneider, Purvesh Shah, and Doug Lenat. 2005. "Searching for common sense: populating CycTM from the web." In Proc, American Association for Artificial Intelligence: 1430 – 1435. http://www.aaai.org/Papers/ AAAI/2005/AAAI05-227.pdf.

Mazzei, Patricia, Nick Madigan, and Anemona Hartocollis. 2018. "Several dead after walkway collapse in Miami." New York Times. March 15, 2018. https:// www.nytimes.com/2018/03/15/us/fiu-bridge-collapse.html.

McCarthy, John, Marvin Minsky, Nathaniel Rochester, and Claude Shannon. 1955. "A proposal for the summer research project on artificial intelligence." Reprinted in Artificial Intelligence Magazine 27(4): 26. https://doi.

org/10.1609/aimag.v27i4.1904.

McCarthy, John. 1959. "Programs with common sense." Proc. Symposium on Mechanization of Thought Processes I.

McClain, Dylan Loeb. 2011. "First came the machine that defeated a chess champion." New York Times. February 16, 2011. https://www.nytimes.com/2011/02/17/us/17deepblue.html.

McDermott, Drew. 1976. "Artificial intelligence meets natural stupidity." ACM SIGART Bulletin (57): 4 – 9. https://doi.org/10.1145/1045339.1045340.

McFarland, Matt. 2014. "Elon Musk: 'With artificial intelligence we are summoning the demon.' " Washington Post, October 24, 2014. https://www.washingtonpost.com/news/innovations/wp/2014/10/24/elon-musk-with-artificial-intelligence-we-are-summoning-the-demon/.

McMillan, Robert. 2013. "Google hires brains that helped supercharge machine learning." WIRED. March 13, 2013. https://www.wired.com/2013/03/google-hinton/.

Metz, Cade. 2015. "Facebook's human-powered assistant may just supercharge AI." WIRED. August 26, 2015. https://www.wired.com/2015/08/how-facebook-m-works/.

Metz, Cade. 2017. "Tech giants are paying huge salaries for scarce A.I. talent." New York Times. October 22, 2017. https://www.nytimes.com/2017/10/22/technology/artificial-intelligence-experts-salaries.html.

Metz, Rachel. 2015. "Facebook AI software learns and answers questions." MIT Technology Review. March 26, 2015. https://www.technologyreview.com/s/536201/facebook-ai-software-learns-and-answers-questions/.

Mikolov, Tomas, Ilya Sutskever, Kai Chen, Greg Corrado, and Jeffery Dean. 2013. "Distributed representations of words and phrases and their compositionality." arXiv preprint arXiv:1310.4546. https://arxiv.org/abs/1310.4546.

Miller, George A. 1995. "WordNet: A lexical database for English." Communications of the ACM 38(11): 39 – 41. https://doi.org/10.1145/219717.219748.

Minsky, Marvin. 1967. Computation: Finite and Infinite Machines. Englewood Cliffs, NJ: Prentice Hall.

Minsky, Marvin. 1986. Society of Mind. New York: Simon and Schuster.

Minsky, Marvin, and Seymour Papert. 1969. Perceptrons: An Introduction to Computational Geometry. Cambridge, MA: MIT Press.

Mitchell, Tom. 1997. Machine Learning. New York: McGraw-Hill.

Mnih, Volodymyr, Koray Kavukcuoglu, David Silver, Andrei A. Rusu, Joel Veness, Marc G. Bellemare, Alex Graves, et al. 2015. "Human-level control through deep reinforcement learning." Nature 518(7540): 529–533. https://doi.org/10.1038/nature14236.

Molina, Brett. 2017. "Hawking: AI could be 'worst event in the history of our civilization.'" USA Today. November 7, 2017. https://www.usatoday.com/story/tech/talkingtech/2017/11/07/hawking-ai-could-worst-event-history-our-civilization/839298001/.

Mouret, Jean-Baptiste, and Konstantinos Chatzilygeroudis. 2017. "20 years of reality gap: A few thoughts about simulators in evolutionary robotics." In Proceedings of the Genetic and Evolutionary Computation Conference Companion, 1121–1124. https://doi.org/10.1145/3067695.3082052.

Mueller, Erik. 2006. Commonsense Reasoning. Amsterdam: Elsevier Morgan Kaufmann.

Muller, Andreas, and Sarah Guido. 2016. Introduction to Machine Learning with Python. Cambridge, MA: O'Reilly Pubs.

Muller, Martin U. 2018. "Playing doctor with Watson: Medical applications expose current limits of AI." Spiegel Online. August 3, 2018. http://www.spiegel.de/international/world/playing-doctor-with-watson-medical-applications-expose-current-limits-of-ai-a-1221543.html.

Murphy, Gregory L., and Douglas L. Medin. 1985. "The role of theories in conceptual coherence." Psychological Review 92(3): 289–316. http://doi:10.1037/0033-295X.92.3.289.

Murphy, Kevin. 2012. Machine Learning: A Probabilistic Perspective. Cambridge,

MA: MIT Press.

Murphy, Tom, VII. 2013. "The first level of Super Mario Bros. is easy with lexicographic orderings and time travel . . . after that it gets a little tricky." SIGBOVIK (April 1, 2013). https://www.cs.cmu.edu/~tom7/mario/mario.pdf.

Nandi, Manojit. 2015. "Faster deep learning with GPUs and Theano." Domino Data Science Blog. August 4, 2015. https://blog.dominodatalab.com/gpu-computing-and-deep-learning/.

NCES (National Center for Education Statistics). 2019. "Fast Facts: Race/ethnicity of college faculty." Downloaded April 8, 2019.

New York Times. 1958. "Electronic 'brain' teaches itself." July 13, 1958. https://www.nytimes.com/1958/07/13/archives/electronic-brain-teaches-itself.html.

Newell, Allen. 1982. "The knowledge level." Artificial Intelligence 18(1): 87–127.

Newton, Casey. 2018. "Facebook is shutting down M, its personal assistant service that combined humans and AI." The Verge. January 8, 2018. https://www.theverge.com/2018/1/8/16856654/facebook-m-shutdown-bots-ai.

Ng, Andrew. 2016. "What artificial intelligence can and can't do right now." Harvard Business Review. November 9, 2016. https://hbr.org/2016/11/what-artificial-intelligence-can-and-cant-do-right-now.

Ng, Andrew, Daishi Harada, and Stuart Russell. 1999. "Policy invariance under reward transformations: Theory and application to reward shaping." In Int. Conf. on Machine Learning 99: 278–287. http://luthuli.cs.uiuc.edu/~daf/courses/games/AIpapers/ng99policy.pdf.

Norouzzadeh, Mohammad Sadegh, Anh Nguyen, Margaret Kosmala, Alexandra Swanson, Meredith S. Palmer, Craig Packer, and Jeff Clune. 2018. "Automatically identifying, counting, and describing wild animals in camera-trap images with deep learning." Proceedings of the National Academy of Sciences 115(25): E5716–E5725. https://doi.org/10.1073/pnas.1719367115.

Norvig, Peter. 1986. Unified Theory of Inference for Text Understanding. PhD thesis, University of California at Berkeley.

Oh, Kyoung-Su, and Keechul Jung. 2004. "GPU implementation of neural networks." Pattern Recognition 37(6): 1311–1314.

O'Neil, Cathy. 2016a. Weapons of Math Destruction: How Big Data Increases Inequality and Threatens Democracy. New York: Crown.

O'Neil, Cathy. 2016b. "I'll stop calling algorithms racist when you stop anthropomorphizing AI." Mathbabe (blog). April 7, 2016. https://mathbabe. org/2016/04/07/ill-stop-calling-algorithms-racist-when-you-stop-anthropomorphizing-ai/.

O'Neil, Cathy. 2017. "The Era of Blind Faith in Big Data Must End." TED talk. https://www.ted.com/talks/cathy_o_neil_the_era_of_blind_faith_in_big_data_must_end/transcript?language=en.

OpenAI. 2018. "Learning Dexterity." OpenAI (blog). July 30, 2018. https://blog. openai.com/learning-dexterity/.

Oremus, Will. 2016. "Facebook thinks it has found the secret to making bots less dumb." Slate. June 28, 2016. https://slate.com/technology/2016/06/facebooks-a-i-researchers-are-making-bots-smarter-by-giving-them-memory.html.

O'Rourke, Nancy A., Nicholas C. Weiler, Kristina D. Micheva, and Stephen J. Smith. 2012. "Deep molecular diversity of mammalian synapses: why it matters and how to measure it." Nature Reviews Neuroscience 13(6): 365–379. https://doi.org/10.1038/nrn3170.

Ortiz, Charles L., Jr. 2016. "Why we need a physically embodied Turing test and what it might look like." AI Magazine 37(1): 55–62.

Padfield, Gareth D. 2008. Helicopter Flight Dynamics: The Theory and Application of Flying Qualities and Simulation Modelling. New York: Wiley, 2008.

Page, Lawrence, Sergey Brin, Rajeev Motwani, and Terry Winograd. 1999. "The PageRank citation ranking: Bringing order to the web." Technical Report, Stanford InfoLab. http://ilpubs.stanford.edu:8090/422/.

Parish, Peggy. 1963. Amelia Bedelia. New York: Harper and Row.

Paritosh, Praveen, and Gary Marcus. 2016. "Toward a comprehension challenge, using crowdsourcing as a tool." AI Magazine 37(1): 23–30.

Parker, Stephanie. 2018. "Robot lawnmowers are killing hedgehogs." WIRED. September 26, 2018. https://www.wired.com/story/robot-lawnmowers-are-killing-hedgehogs/.

Pearl, Judea, and Dana Mackenzie. 2018. The Book of Why: The New Science of Cause and Effect. New York: Basic Books.

Peng, Tony. 2018. "OpenAI Founder: Short-term AGI is a serious possibility." Medium.com. November 13, 2018. https://medium.com/syncedreview/openai-founder-short-term-agi-is-a-serious-possibility-368424f7462f.

Pham, Cherise, 2018. "Computers are getting better than humans at reading." CNN Business. January 16, 2018. https://money.cnn.com/2018/01/15/technology/reading-robot-alibaba-microsoft-stanford/index.html.

Piaget, Jean. 1928. The Child's Conception of the World. London: Routledge and Kegan Paul.

Piantadosi, Steven T. 2014. "Zipf's word frequency law in natural language: A critical review and future directions." Psychonomic Bulletin & Review 21(5): 1112–1130. https://www.ncbi.nlm.nih.gov/pmc/articles/PMC4176592.

Piantadosi, Steven T., Harry Tily, and Edward Gibson. 2012. "The communicative function of ambiguity in language." Cognition 122(3): 280–291. https://doi.org/10.1016/j.cognition.2011.10.004.

Ping, David, Bing Xiang, Patrick Ng, Ramesh Nallapati, Saswata Chakravarty, and Cheng Tang. 2018. "Introduction to Amazon SageMaker Object2Vec." AWS Machine Learning (blog). https://aws.amazon.com/blogs/machine-learning/introduction-to-amazon-sagemaker-object2vec/.

Pinker, Steven. 1994. The Language Instinct: How the Mind Creates Language. New York: William Morrow.

Pinker, Steven. 1997. How the Mind Works. New York: W. W. Norton.

Pinker, Steven. 1999. Words and Rules: The Ingredients of Language. New York:

Basic Books.

Pinker, Steven. 2007. The Stuff of Thought. New York: Viking.

Pinker, Steven. 2018. "We're told to fear robots. But why do we think they'll turn on us?" Popular Science. February 13, 2018. https://www.popsci.com/robot-uprising-enlightenment-now.

Porter, Jon. 2018. "Safari's suggested search results have been promoting conspiracies, lies, and misinformation." The Verge. September 26, 2018.

Preti, Maria Giulia, Thomas A. W. Bolton, and Dimitri Van De Ville. 2017. "The dynamic functional connectome: State-of-the-art and perspectives." Neuroimage 160: 41–54. https://doi.org/10.1016/j.neuroimage.2016.12.061.

Puig, Xavier, Kevin Ra, Marko Boben, Jiaman Li, Tingwu Wang, Sanja Fidler, and Antonio Torralba. 2018. "VirtualHome: Simulating household activities via programs." In Computer Vision and Pattern Recognition. https://arxiv.org/abs/1806.07011.

Pylyshyn, Xenon, ed. 1987. The Robot's Dilemma: The Frame Problem in Artificial Intelligence. Norwood, NJ: Ablex Pubs.

Quito, Anne. 2018. "Google's astounding new search tool will answer any question by reading thousands of books." Quartz. April 14, 2018. https://qz.com/1252664/talk-to-books-at-ted-2018-ray-kurzweil-unveils-googles-astounding-new-search-tool-will-answer-any-question-by-reading-thousands-of-books/.

Rahimian, Abtin, Ilya Lashuk, Shravan Veerapaneni, Aparna Chandramowlishwaran, Dhairya Malhotra, Logan Moon, Rahul Sampath, et al. 2010. "Petascale direct numerical simulation of blood flow on 200k cores and heterogeneous architectures." In Supercomputing 2010, 1–11. http://dx.doi.org/10.1109/SC.2010.42.

Rajpurkar, Pranav, Jian Zhang, Konstantin Lopyrev, and Percy Liang. 2016. "Squad: 100,000+ questions for machine comprehension of text." arXiv preprint arXiv:1606.05250. https:arxiv.org/abs/1606.05250.

Ramon y Cajal, Santiago. 1906. "The structure and connexions of neurons." Nobel Prize address. December 12, 1906. https://www.nobelprize.org/uploads/2018/06/cajal-lecture.pdf.

Rashkin, Hannah, Maarten Sap, Emily Allaway, Noah A. Smith, and Yejin Choi. 2018. "Event2Mind: Commonsense inference on events, intents, and reactions." arXiv preprint arXiv:1805.06939. https://arxiv.org/abs/1805.06939.

Rayner, Keith, Alexander Pollatsek, Jane Ashby, and Charles Clifton, Jr. 2012. Psychology of Reading. New York: Psychology Press.

Reddy, Siva, Danqi Chen, and Christopher D. Manning. 2018. "CoQA: A conversational question answering challenge." arXiv preprint arXiv:1808.07042. https://arxiv.org/abs/1808.07042.

Reece, Bryon. 2018. The Fourth Age: Smart Robots, Conscious Computers, and the Future of Humanity. New York: Atria Press.

Rips, Lance J. 1989. "Similarity, typicality, and categorization." In Similarity and Analogical Reasoning, edited by Stella Vosniadou and Andrew Ortony, 21–59. Cambridge: Cambridge University Press.

Rohrbach, Anna, Lisa Anne Hendricks, Kaylee Burns, Trevor Darrell, and Kate Saenko. 2018. "Object hallucination in image captioning." arXiv preprint arXiv:1809.02156. https://arxiv.org/abs/1809.02156.

Romm, Joe. 2018. "Top Toyota expert throws cold water on the driverless car hype." ThinkProgress. September 20, 2018. https://thinkprogress.org/top-toyota-expert-truly-driverless-cars-might-not-be-in-my-lifetime-0cca05ab19ff/.

Rosch, Eleanor H. 1973. "Natural categories." Cognitive Psychology 4(3): 328–350. https://doi.org/10.1016/0010-0285(73)90017-0.

Rosenblatt, Frank. 1958. "The perceptron: A probabilistic model for information storage and organization in the brain." Psychological Review 65(6): 386–408. http://psycnet.apa.org/record/1959-09865-001/.

Ross, Casey. 2018. "IBM's Watson supercomputer recommended 'unsafe and incorrect' cancer treatments, internal documents show." STAT, July 25, 2018. https://www.statnews.com/2018/07/25/ibm-watson-recommended-unsafe-incorrect-treatments/.

Ross, Lee. 1977. "The intuitive psychologist and his shortcomings: Distortions in the attribution process." Advances in Experimental Social Psychology 10: 173–220. https://doi.org/10.1016/S0065-2601(08)60357-3.

Roy, Abhimanyu, Jingyi Sun, Robert Mahoney, Loreto Alonzi, Stephen Adams, and Peter Beling. "Deep learning detecting fraud in credit card transactions." In Systems and Information Engineering Design Symposium (SIEDS), 2018, 129–134. IEEE, 2018. https://doi.org/10.1109/SIEDS.2018.8374722.

Rumelhart, David E., Geoffrey E. Hinton, and Ronald J. Williams. 1986. "Learning representations by back-propagating errors." Nature. 323(6088): 533–536. https://doi.org/10.1038/323533a0.

Russell, Bertrand. 1948. Human Knowledge: Its Scope and Limits. New York: Simon and Schuster.

Russell, Bryan C., Antonio Torralba, Kevin P. Murphy, and William T. Freeman. 2008. "Labelme: A database and web-based tool for image annotation." International Journal of Computer Vision, 77(1–3): 157–173. http://www.cs.utsa.edu/~qitian/seminar/Spring08/03_28_08/LabelMe.pdf.

Russell, Stuart, and Peter Norvig. 2010. Artificial Intelligence: A Modern Approach. 3rd ed. Upper Saddle River, NJ: Pearson.

Ryan, V. 2001–2009. "History of Bridges: Iron and Steel." http://www.technologystudent.com/struct1/stlbrid1.htm Accessed by the authors, August 2018.

Sample, Ian. 2017. "Ban on killer robots urgently needed, say scientists." The Guardian. November 12, 2017. https://www.theguardian.com/science/2017/nov/13/ban-on-killer-robots-urgently-needed-say-scientists.

Sartre, Jean-Paul. 1957. "Existentialism is a humanism." Translated by Philip Mairet. In Existentialism from Dostoevsky to Sartre, edited by Walter Kaufmann,

287 – 311. New York: Meridian.

Schank, Roger, and Robert Abelson. 1977. Scripts, Plans, Goals, and Understanding. Hillsdale, NJ: Lawrence Erlbaum Associates.

Schoenick, Carissa, Peter Clark, Oyvind Tafjord, Peter Turney, and Oren Etzioni. 2016. "Moving beyond the Turing test with the Allen AI science challenge." arXiv preprint arXiv:1604.04315. https://arxiv.org/abs/1604.04315.

Schulz, Stefan, Boontawee Suntisrivaraporn, Franz Baader, and Martin Boeker. 2009. "SNOMED reaching its adolescence: Ontologists' and logicians' health check." International Journal of Medical Informatics 78: S86 – S94. https://doi.org/10.1016/j.ijmedinf.2008.06.004.

Sciutto, Jim. 2018. "US intel warns of Russian threat to power grid and more." CNN. July 24, 2018. https://www.cnn.com/videos/politics/2018/07/24/us-intel-warning-russia-cyberattack-threats-to-power-grid-sciutto-tsr-vpx.cnn/video/playlists/russia-hacking/.

Sculley, D. Gary Holt, Daniel Golovin, Eugene Davydov, Todd Phillips, Dietmar Ebner, Vinay Chaudhary, and Michael Young. 2014. "Machine learning: The high-interest credit card of technical debt." SE4ML: Software Engineering 4 Machine Learning (NIPS 2014 Workshop). http://www.eecs.tufts.edu/~dsculley/papers/technical-debt.pdf.

Sejnowski, Terrence. 2018. The Deep Learning Revolution. Cambridge, MA: MIT Press.

Seven, Doug. 2014. "Knightmare: A DevOps cautionary tale." Doug Seven (blog). April 17, 2014. https://dougseven.com/2014/04/17/knightmare-a-devops-cautionary-tale/.

Shultz, Sarah, and Athena Vouloumanos. 2010. "Three-month-olds prefer speech to other naturally occurring signals." Language Learning and Development 6: 241 – 257. https://doi.org/10.1080/15475440903507830.

Silver, David. 2016. "AlphaGo." Invited talk, Intl. Joint Conf. on Artificial Intelligence. http://www0.cs.ucl.ac.uk/staff/d.silver/web/Resources_files/AlphaGo_IJCAI.pdf Accessed by the authors, December 26, 2018.

Silver, David, Aja Huang, Chris J. Maddison, Arthur Guez, Laurent Sifre, George Van Den Driessche, Julian Schrittwieser, et al. 2016. "Mastering the game of Go with deep neural networks and tree search." Nature 529(7587): 484 – 489. https://doi.org/10.1038/nature16961.

Silver, David, Julian Schrittwieser, Karen Simonyan, Ioannis Antonoglou, Aja Huang, Arthur Guez, Thomas Hubert, et al. 2017. "Mastering the game of Go without human knowledge." Nature 550(7676): 354 – 359. https://doi.org/10.1038/nature24270.

Silver, David, et al. 2018. "A general reinforcement learning algorithm that masters chess, shogi, and Go through self-play." Science 362(6419): 1140 – 1144. http://doi.org/10.1126/science.aar6404.

Simon, Herbert. 1965. The Shape of Automation for Men and Management. New York: Harper and Row.

Simonite, Tom. 2019. "Google and Microsoft warn that AI may do dumb things." WIRED, February 11, 2019. https://www.wired.com/story/google-microsoft-warn-ai-may-do-dumb-things/.

Singh, Push, Thomas Lin, Erik T. Mueller, Grace Lim, Travell Perkins, and Wan Li Zhu. 2002. "Open Mind Common Sense: Knowledge acquisition from the general public." In OTM Confederated International Conferences "On the Move to Meaningful Internet Systems," 1223 – 1237. Berlin: Springer. https://doi.org/10.1007/3-540-36124-3_77.

Skinner, B. F. 1938. The Behavior of Organisms. New York: D. Appleton-Century.

Skinner, B. F. 1957. Verbal Behavior. New York: Appleton-Century-Crofts.

Smith, Gary. 2018. The AI Delusion. Oxford: Oxford University Press.

Soares, Nate, Benja Fallenstein, Stuart Armstrong, and Eliezer Yudkowsky. 2015. "Corrigibility." In Workshops at the Twenty-Ninth Conference of the American Association for Artificial Intelligence (AAAI). https://www.aaai.org/ocs/index.php/WS/AAAIW15/paper/viewPaper/10124.

Solon, Olivia. 2016. "Roomba creator responds to reports of 'poopocalypse': 'We see this a lot.' " The Guardian. August 15, 2016. https://www.theguardian.com/

technology/2016/aug/15/roomba-robot-vacuum-poopocalypse-facebook-post.

Souyris, Jean, Virginie Wiels, David Delmas, and Herve Delseny. 2009. "Formal verification of avionics software products." In International Symposium on Formal Methods, 532–546. Berlin, Heidelberg: Springer. https://www.cs.unc.edu/~anderson/teach/comp790/papers/Souyris.

Spelke, Elizabeth. 1994. "Initial knowledge: six suggestions." Cognition. 50(1–3): 431–445. https://doi.org/10.1016/0010-0277(94)90039-6.

Sperber, Dan, and Deirdre Wilson. 1986. Relevance: Communication and Cognition. Cambridge, MA: Harvard University Press.

Srivastava, Nitish, Geoffrey Hinton, Alex Krizhevsky, Ilya Sutskever, and Ruslan Salakhutdinov. 2014. "Dropout: A simple way to prevent neural networks from overfitting." Journal of Machine Learning Research 15(1): 1929–1958. http://www.jmlr.org/papers/volume15/srivastava14a/srivastava14a.pdf.

Statt, Nick. 2018. "Google now says controversial AI voice calling system will identify itself to humans." The Verge. May 10, 2018. https://www.theverge.com/2018/5/10/17342414/google-duplex-ai-assistant-voice-calling-identify-itself-update.

Sternberg, Robert J. 1985. Beyond IQ: A Triarchic Theory of Intelligence. Cambridge: Cambridge University Press.

Stewart, Jack. 2018. "Why Tesla's Autopilot can't see a stopped firetruck." WIRED. August 27, 2018. https://www.wired.com/story/tesla-autopilot-why-crash-radar/.

Sweeney, Latanya. 2013. "Discrimination in online ad delivery." Queue 11(3): 10. https://arxiv.org/abs/1301.6822.

Swinford, Echo. 2006. Fixing PowerPoint Annoyances. Sebastopol, CA: O'Reilly Media.

Tegmark, Max. 2017. Life 3.0: Being Human in the Age of Artificial Intelligence. New York: Alfred A. Knopf.

Thompson, Clive. 2016. "To make AI more human, teach it to chitchat." WIRED.

January 25, 2016. https://www.wired.com/2016/01/clive-thompson-12/.

Thrun, Sebastian. 2007. "Simultaneous localization and mapping." In Robotics and Cognitive Approaches to Spatial Mapping, edited by Margaret E. Jeffries and Wai-Kiang Yeap, 13 – 41. Berlin, Heidelberg: Springer. https://link.springer.com/chapter/10.1007/978-3-540-75388-9_3.

Tomayko, James. 1998. Computers in Spaceflight: The NASA Experience. NASA Contractor Report 182505. https://archive.org/details/nasa_techdoc_19880069935.

Tullis, Paul. 2018. "The world economy runs on GPS. It needs a backup plan." Bloomberg BusinessWeek. July 25, 2018. https://www.bloomberg.com/news/features/2018-07-25/the-world-economy-runs-on-gps-it-needs-a-backup-plan.

Turing, Alan. 1950. "Computing machines and intelligence." Mind 59:433 – 460.

Turkle, Sherry. 2017. "Why these friendly robots can't be good friends to our kids." The Washington Post, December 7, 2017. https://www.washingtonpost.com/outlook/why-these-friendly-robots-cant-be-good-friends-to-our-kids/2017/12/07/bce1eaea-d54f-11e7-b62d-d9345ced896d_story.html.

Ulanoff, Lance. 2002. "World Meet Roomba." PC World. September 17, 2002. https://www.pcmag.com/article2/0,2817,538687,00.asp.

Vanderbilt, Tom. 2012. "Let the robot drive: The autonomous car of the future is here." WIRED. January 20, 2012. https://www.wired.com/2012/01/ff_autonomouscars/.

Van Harmelen, Frank, Vladimir Lifschitz, and Bruce Porter, eds. 2008. The Handbook of Knowledge Representation. Amsterdam: Elsevier.

Van Horn, Grant, and Pietro Perona. 2017. "The devil is in the tails: Finegrained classification in the wild." arXiv preprint arXiv:1709.01450. https://arxiv.org/abs/1709.01450.

Vaswani, Ashish, Noam Shazeer, Niki Parmar, Jakob Uszkoreit, Llion Jones, Aidan N. Gomez, Łukasz Kaiser, and Illia Polosukhin. 2017. "Attention is all you need." In Advances in Neural Information Processing Systems, 5998 – 6008.

http://papers.nips.cc/paper/7181-attention-is-all-you-need.

Veloso, Manuela M., Joydeep Biswas, Brian Coltin, and Stephanie Rosenthal. 2015. "CoBots: Robust symbiotic autonomous mobile service robots." Proceedings of the Intl. Joint Conf. on Artificial Intelligence 2015: 4423–4428. https://www.aaai.org/ocs/index.php/IJCAI/IJCAI15/paper/viewPaper/10890.

Venugopal, Ashish, Jakob Uszkoreit, David Talbot, Franz J. Och, and Juri Ganitkevitch. 2011. "Watermarking the outputs of structured prediction with an application in statistical machine translation." Proceedings of the Conference on Empirical Methods in Natural Language Processing: 1363–1372. https://dl.acm.org/citation.cfm?id=2145576.

Vigen, Tyler. 2015. Spurious Correlations. New York: Hachette Books.

Vincent, James. 2018a. "Google 'fixed' its racist algorithm by removing gorillas from its image-labeling tech." The Verge. January 12, 2018. https://www.theverge.com/2018/1/12/16882408/google-racist-gorillas-photo-recognition-algorithm-ai.

Vincent, James. 2018b. "IBM hopes to fight bias in facial recognition with new diverse dataset." The Verge. June 27, 2018. https://www.theverge.com/2018/6/27/17509400/facial-recognition-bias-ibm-data-training.

Vincent, James. 2018c. "OpenAI's Dota 2 defeat is still a win for artificial intelligence." The Verge. August 28, 2018. https://www.theverge.com/2018/8/28/17787610/openai-dota-2-bots-ai-lost-international-reinforcement-learning.

Vincent, James. 2018d. "Google and Harvard team up to use deep learning to predict earthquake aftershocks." The Verge. August 30, 2018. https://www.theverge.com/2018/8/30/17799356/ai-predict-earthquake-aftershocks-google-harvard.

Vinyals, Oriol. 2019. "AlphaStar: Mastering the real-time strategy game Star-Craft II." Talk given at New York University, March 12, 2019.

Vinyals, Oriol, Alexander Toshev, Samy Bengio, and Dumitru Erhan. 2015. "Show and tell: A neural image caption generator." In Proceedings of the IEEE

Conference on Computer Vision and Pattern Recognition, 3156 – 3164. https://ieeexplore.ieee.org/stamp/stamp.jsp?arnumber=7505636.

Vondrick, Carl, Aditya Khosla, Tomasz Malisiewicz, and Antonio Torralba. 2012. "Inverting and visualizing features for object detection." arXiv preprint arXiv:1212.2278. https://arxiv.org/abs/1212.2278.

Wallach, Wendell, and Colin Allen. 2010. Moral Machines: Teaching Robots Right from Wrong. Oxford: Oxford University Press.

Walsh, Toby. 2018. Machines That Think: The Future of Artificial Intelligence. Amherst, NY: Prometheus Books.

Wang, Alex, Amapreet Singh, Julian Michael, Felix Hill, Omer Levy, and Samuel R. Bowman. 2018. "GLUE: A multi-task benchmark and analysis platform for natural language understanding." arXiv preprint arXiv:1804.07461. https://arxiv.org/abs/1804.07461.

Watson, John B. 1930. Behaviorism. New York: W. W. Norton.

Weizenbaum, Joseph. 1965. Computer Power and Human Reason. Cambridge, MA: MIT Press.

Weizenbaum, Joseph. 1966. "ELIZA— computer program for the study of natural language communication between man and machine." Communications of the ACM 9(1): 36 –45.

Weston, Jason, Sumit Chopra, and Antoine Bordes. 2015. "Memory networks." Int. Conf. on Learning Representations, 2015. https://arxiv.org/abs/1410.3916.

Wiggers, Kyle. 2018. "Geoffrey Hinton and Demis Hassabis: AGI is nowhere close to being a reality." VentureBeat. December 17, 2018. https://venturebeat. com/2018/12/17/geoffrey-hinton-and-demis-hassabis-agi-is-nowhere-close-to-being-a-reality/.

Wikipedia. "Back propagation." https://en.wikipedia.org/wiki/Backpropagation. Accessed by authors, December 2018.

Wikipedia. "Driver verifier." https://en.wikipedia.org/wiki/Driver_Verifier. Accessed by authors, December 2018.

Wikipedia. List of countries by traffic-related death rate. Accessed by authors,

December 2018. https://en.wikipedia.org/wiki/List_of_countries_by_traffic-related_death_rate.

Wikipedia. "OODA Loop." https://en.wikipedia.org/wiki/OODA_loop. Accessed by authors, December 2018.

Wilde, Oscar. 1891. "The Soul of Man Under Socialism." Fortnightly Review. February 1891.

Wilder, Laura Ingalls. 1933. Farmer Boy. New York: Harper and Brothers.

Willow Garage. 2010. "Beer me, Robot." Willow Garage (blog). http://www.willowgarage.com/blog/2010/07/06/beer-me-robot.

Wilson, Benjamin, Judy Hoffman, and Jamie Morgenstern. 2019. "Predictive inequity in object detection." arXiv preprint arXiv:1902.11017. https://arxiv.org/abs/1902.11097.

Wilson, Chris. 2011. "Lube job: Should Google associate Rick Santorum's name with anal sex?" Slate. July 1, 2011. http://www.slate.com/articles/technology/webhead/2011/07/lube_job.html.

Wilson, Dennis G., Sylvain Cussat-Blanc, Herve Luga, and Julian F. Miller. 2018. "Evolving simple programs for playing Atari games." arXiv preprint arXiv:1806.05695. https://arxiv.org/abs/1806.05695.

Wissner-Gross, Alexander. 2014. "A new equation for intelligence." TEDx-BeaconStreet talk. November 2013. https://www.ted.com/talks/alex_wissner_gross_a_new_equation_for_intelligence.

Wissner-Gross, Alexander, and Cameron Freer. 2013. "Causal entropic forces." Physical Review Letters 110(16): 168702. https://doi.org/10.1103/PhysRevLett.110.168702.

Witten, Ian, and Eibe Frank. 2000. Data Mining: Practical Machine Learning Tools and Techniques with Java Implementation. San Mateo, CA: Morgan Kaufmann.

Wittgenstein, Ludwig. 1953. Philosophical Investigations. London: Blackwell.

WolframAlpha Press Center. 2009. "Wolfram|Alpha officially launched." https://www.wolframalpha.com/media/pressreleases/wolframalpha-launch.

html. As of December 27, 2018, this web page is no longer functional, but it has been saved in the Internet Archive at https://web.archive.org/web/20110512075300/https://www.wolframalpha.com/media/pressreleases/wolframalpha-launch.html.

Woods, William A. 1975. "What's in a link: Foundations for semantic networks." In Representation and Understanding, edited by Daniel Bobrow and Allan Collins, 35–82. New York: Academic Press.

Yampolskiy, Roman. 2016. Artificial Intelligence: A Futuristic Approach. Boca Raton, FL: CRC Press.

Yudkowsky, Eliezer. 2011. "Artificial intelligence as a positive and negative factor in global risk." In Global Catastrophic Risks, edited by Nick Bostrom and Milan Cirkovic. Oxford: Oxford University Press.

Zadeh, Lotfi. 1987. "Commonsense and fuzzy logic." In The Knowledge Frontier: Essays in the Representation of Knowledge, edited by Nick Cercone and Gordon McCalla, 103–136. New York: Springer Verlag.

Zhang, Baobao, and Allan Dafoe. 2019. Artificial Intelligence: American Attitudes and Trends. Center for the Governance of AI, Future of Humanity Institute, University of Oxford, January 2019. https://governanceai.github.io/US-Public-Opinion-Report-Jan-2019/high-level-machine-intelligence.html.

Zhang, Yu, William Chan, and Navdeep Jaitly. 2017. "Very deep convolutional networks for end-to-end speech recognition." In IEEE International Conference on Acoustics, Speech and Signal Processing, 4845–4849. https://doi.org/10.1109/ICASSP.2017.7953077.

Zhou, Li, Jianfeng Gao, Di Li, Heung-Yeung Shum. 2018. "The design and implementation of XiaoIce, an empathetic social chatbot." arXiv preprint 1812.08989. https://arxiv.org/abs/1812.08989.

Zito, Salena. 2016. "Taking Trump seriously, not literally." The Atlantic. September 23, 2016. https://www.theatlantic.com/politics/archive/2016/09/trump-makes-his-case-in-pittsburgh/501335/.

Zogfarharifard, Ellie. 2016. "AI will solve the world's 'hardest problems': Google chairman, Eric Schmidt, says robots can tackle overpopulation and climate change." Daily Mail. January 12, 2016. https://www.dailymail.co.uk/ sciencetech/article-3395958/AI-solve-world-s-hardest-problems-Google-chairman-Eric-Schmidt-says-robots-tackle-overpopulation-climate-change.html.

주

저자의 글 AI는 훨씬 더 인간다워져야 한다

1. Norouzzadeh 등, 2018.

2. Vincent, 2018d.

3. Harford, 2018.

4. Swinford, 2006.

5. Diamandis, Kotler, 2012.

6. Wilde, 1891.

제1장 꿈과 현실의 간극에 선 AI

1. 본문에 인용됐듯이 민스키가 1967년 2월 한 말이다. McCarthy, Minsky, Rochester, Shannon, 1955 중에서 McCarthy: "우리는 신중하게 선정한 일단의 과학자들이 여름 동안 공동 연구를 진행한다면 이러한 문제들 중 하나 또는 그 이상에서 상당한 진전이 이루어질 것으로 생각한다." 제1장 제문에 인용된 Simon, 1965, 96.

2. Minsky, 1967, 2.

3. Kurzweil, 2002.

4. Peng, 2018에서 인용.

5. Ford, 2018.

386

6. Vanderbilt, 2012.

7. IBM Watson Health, 2016.

8. Fernandez, 2016.

9. IBM Watson Health, undated.

10. IBM Watson Health, 2016.

11. The Economist, 2018.

12. Cade Metz, 2015.

13. Davies, 2017.

14. Davies, 2018.

15. Brandom, 2018.

16. Herper, 2017.

17. Ross, 2018.

18. BBC Technology, 2016.

19. Müller, 2018.

20. Newton, 2018.

21. Zogfarharifard, 2016.

22. Diamandis, Kotler, 2012.

23. Quoted in Goode, 2018.

24. Simonite, 2019.

25. Bostrom, 2014.

26. Kissinger, 2018.

27. McFarland, 2014.

28. D'Orazio, 2014.

29. Molina, 2017.

30. Stewart, 2018; Damiani, 2018.

31. Zhang, Dafoe, 2019.

32. Cuthbertson, 2018.

33. Pham, 2018.

34. Rajpurkar, Zhang, Lopyrev, Liang, 2016.

35. Linn, 2018.

36. Weston, Chopra, Bordes, 2015.

37. Oremus, 2016.

38. Rachel Metz, 2015.

39. Zhang, Dafoe, 2019.

40. Lardieri, 2018.

41. Deng et al, 2009.

42. Silver et al, 2018.

43. Leviathan, 2018.

44. Estava et al, 2017.

45. Vincent, 2018d.

46. Roy et al, 2018.

47. Lecoutre, Negrevergne, Yger, 2017.

48. Briot, Hadjeres, Pachet, 2017.

49. Zhang, Chan, Jaitly, 2017.

50. He, Deng, 2017.

51. Hazelwood et al, 2017.10 to identify plants: Matchar, 2017.

52. Hall, 2018.

53. He et al, 2018.

54. Metz, 2017.

55. Falcon, 2018.

56. Fabian, 2018.

57. Herman, 2018.

58. Bughin 등, 2018.

59. Kintsch, van Dijk, 1978; Rayner, Pollatsek, Ashby, Clifton, 2012.

60. Marcus, Davis, 2018.

61. Romm, 2018.

62. Lippert, Gruley, Inoue, Coppola, 2018; Romm, 2018; Marshall, 2017.

63. Statt, 2018.

64. Leviathan, 2018.

65. Callahan, 2019.

66. Wikipedia, "List of Countries by Traffic-Related Death Rate."

67. Marcus, 2018a; Van Horn, Perona, 2017.

68. Ross, 1977.

69. Weizenbaum, 1966.

70. Weizenbaum, 1965, 189-90.

71. Levin, Woolf, 2016.

72. Fung, 2017.

73. McClain, 2011.

74. Missy Cummings, 저자들에게 보낸 이메일, 2018년 9월 22일

75. Vinyals, Toshev, Bengio, Erhan, 2015.

76. Vinyals, Toshev, Bengio, Erhan, 2015.

77. Stewart, 2018.

78. Huff, 1954.

79. Muller, 2018.

80. Dreyfus, 1979.

제2장 진짜 위협인가, 위협적인 척인가?

1. O'Neil, 2017.

2. Thompson, 2016; Zhou, Gao, Li, Shum, 2018.

3. Bright, 2016. 테이의 실패에 대해서는 Davis, 2016b 참조.

4. Chokshi, 2018.

5. Greenberg, 2017.

6. Solon, 2016.

7. Matsakis, 2018.

8. Dastin, 2018.

9. Porter, 2018; Harwell, Timberg, 2019.

10. Liao, 2018.

11. Harwell, 2018.

12. Parker, 2018.

13. http://autocorrectfailness.com/autocorrect-failness-16-im-gonnacrapholes creenshots/happy-birthday-dead-papa/.

14. Campolo, 2017.

15. Seven, 2014.

16. Canales, 2018.

17. Evarts, 2016; Fung, 2017.

18. Pinker, 2018.

19. Parish, 1963.

20. Zito, 2016.

21. Mazzei, Madigan, Hartocollis, 2016.

22. Turkle, 2017.

23. Coldewey, 2018.

24. Koehn, Knowles, 2017.

25. Huang, Baker, Reddy, 2014.

26. Hosseini, Xiao, Jaiswal, Poovendran, 2017.

27. Lewis, 2016.

28. Hoffman, Wang, Yu, Darrell, 2016.

29. Sweeney, 2013.

30. Vincent, 2018a.

31. O'Neil, 2016b.

32. Buolamwini, Gebru, 2018.

33. Vincent, 2018b.

34. Corbett, Vaniar, 2018.

35. NCES, 2019.

36. Dastin, 2018.

37. Lashbrook, 2018. 공정하게 보자면 의학 문헌에서 연구 대상자가 백인 남성에게 편향되어 있는 문제는 AI 의료 이전부터 존재했다.

38. Wilson, Hoffman, Morgenstern, 2019.

39. Venugopal, Uszkoreit, Talbot, Och, Ganitkevitch, 2011.

40. Dreyfuss, 2018.

41. Hayes, 2018.

42. Wilson, 2011.

43. O'Neil, 2016a.

44. O'Neil, 2016a, 119.

45. Krakovna, 2018.

46. Ng, Harada, Russell, 1999.

47. Amodei, Christiano, Ray, 2017.

48. Murphy, 2013.

49. Witten, Frank, 2000, 179 – 80.

50. Burns, 2017.

51. Hines, 2007.

52. AI를 이용하는 전투용 로봇을 금지시키기 위한 AI 연구계의 노력은 Sample, 2017과 Walsh, 2018에서 확인할 수 있다. 더 많은 정보는 Future of Life Institute, 2015를 참조하라.

53. Eubanks, 2018, 173.

54. Vincent, 2018b.

55. Vincent, 2018a.

제3장 딥러닝을 너무 믿지 마라

1. Davis, Lenat, 1982; Newell, 1982.

2. Mitchell, 1997.

3. Rosenblatt, 1958.

4. New York Times, 1958.

5. Crick, 1989.

6. 예를 들어, Hinton, Sejnowski, Poggio, 1999; Arbib, 2003.

7. Barlas, 2015.

8. Oh, Jung, 2004.

9. Krizhevsky, Sutskever, Hinton, 2012.

10. Krizhevsky, Sutskever, Hinton, 2012.

11. Gershgorn, 2017.

12. McMillan, 2013.

13. Gibbs, 2014.

14. Joachims, 2002.

15. Hua. Sun, 2001.

16. Murphy, 2012.

17. Ferrucci et al, 2010.

18. Linden, 2002.

19. Wilson, Cussat-Blanc, Lupa, Miller, 2018, 5.

20. Domingos, 2015.

21. Bardin, 2018.

22. Ferrucci et al, 2010.

23. Garrahan, 2017.

24. Hubel, Wiesel, 1962.

25. Fukushima, Miyake, 1982.

26. Hawkins, Blakeslee, 2004; Kurzweil, 2013.

27. LeCun, Hinton, Bengio, 2015.

28. Minsky, Papert, 1969.

29. 1960년 Henry Kelly, 1961년 Arthur Bryson, 1962년 Stuart Dreyfus, 1969년 Bryson, Yu-Chi Ho, 1970년 Seppo Linnainman, 1974년 Paul Werbos, 1984년 Yann LeCun, 1985년 D. B. Parker, 1986년 David Rumelhart, Geoffrey Hinton, Ronald Williams 등 많은 사람들이 독립적인 역전파 버전들을 발견했다. Wikipedia, "Backpropagation"; Russell, Norvig, 2010, 761과 LeCun, 2018을 참조하라.

30. Rumelhart, Hinton, Williams, 1986.

31. LeCun, Bengio, 1995.

32. Nandi, 2015.

33. He, Zhang, Ren, Sun, 2016.

34. Srivastava, Hinton, Krizhevsky, Sutskever, Salakhutdinov, 2014; Glorot, Bordes, Bengio, 2011.

35. Lewis-Krauss, 2016.

36. Bahdanau, Cho, Bengio, 2014.

37. Zhang, Chan, Jaitly, 2017; He, Deng, 2017.

38. Gatys, Ecker, Bethge, 2016.

39. Iizuka, Simo-Serra, Ishikawa, 2016.

40. Chintala, LeCun, 2016.

41. Mnih et al, 2015.

42. Silver et al, 2016; Silver et al, 2017.

43. Ng, 2016.

44. Marcus, 2001.

45. Marcus, 2012b.

46. Marcus, 2018a.

47. Silver, 2016. Slide 18.

48. Bottou, 2018.

49. Rohrbach, Hendricks, Burns, Darrell, Saenko, 2018.

50. Athalye, Engstrom, Ilyas, Kwok, 2018.

51. Karmon, Zoran, Goldberg, 2018.

52. Brown, Mane, Roy, Abadi, Gilmer, 2017.

53. Evtimov et al, 2017.

54. Geirhos et al, 2018.

55. Alcorn et al, 2018.

56. Jia, Liang, 2017.

57. Agrawal, Batra, Parikh, 2016.

58. Greg, 2018. 이 내용은 널리 보도됐고 작가들에 의해 확인됐다.

59. Marcus, 2018a. 구글의 엔지니어인 알렉스 아이르판Alex Irpan은 심층 강화 학습에 관해 비슷한 지적을 했다. Irpan, 2018.

60. Kansky et al, 2017.

61. Huang, Papernot, Goodfellow, Duan, Abbeel, 2017.

62. Jo, Bengio, 2017.

63. Wiggers, 2018.

64. Piantadosi, 2014; Russell, Torralba, Murphy, Freeman, 2008.

65. https://pxhere.com/en/photo/1341079.

66. Hof, 2013.

67. Akin's Laws of Spacecraft Design. https://spacecraft.ssl.umd.edu/akins_laws. html.

제4장 구글은 문맹인가, 언어 천재인가?

1. Kurzweil, Bernstein, 2018.

2. Quito, 2018.

3. 더 앞선 기법인 잠재 의미 분석Latent Semantic Analysis 역시 자연어 표현을 벡터로 전환했다. Deerwester, Dumais, Furnas, Landauer, Harshman, 1990.

4. 저자들이 수행한 실험, 2018년 4월 19일

5. Wilder, 1933.

6. Dyer, 1983; Mueller, 2006.

7. Levine, 2017.

8. Norvig, 1986.

9. Schank, Abelson, 1977.

10. Page, Brin, Motwani, Winograd, 1999.

11. 이것과 "1.36유로로는 몇 루피일까?"는 저자들이 수행한 실험이다. 2018년 5월.

12. 저자들이 수행한 실험, 2018년 5월.

13. 저자들이 수행한 실험. 2018년 8월. 구글이 검색한 단락은 Ryan, 2001 – 2009의 것이다.

14. 기원전 1300년경 건설된 아르카디코 다리는 아직도 건재하다. 이 다리는 정교한 아치형 석조교다. 인간은 그 이전 수백, 수천 년 동안 더 원시적이고 내구성은 그에 미치지 못하는 다리들을 건설했던 것이 분명하다.

15. Bushnell, 2018.

16. 2018년 5월의 실험.

17. WolframAlpha Press Center, 2009. 울프럼 알파의 홈페이지는 https://www.
wolframalpha.com이다.

18. 울프럼알파에 대한 저자들의 실험. 2018년 5월.

19. Chu-Carroll et al, 2012.

20. 2018년 5월의 검색. 왓슨 어시스턴트의 시제품은 https://watson-assistant-
demo.ng.bluemix.net/에서 볼 수 있다.

21. Lewis-Krauss, 2016.

22. 2018년 8월 저자들의 실험. Ernest Davis는 웹사이트에 쉬운 문장에서 주요 기
계 번역 프로그램들이 저지른 실수들의 소규모 목록을 두고 있다. https://cs.nyu.
edu/faculty/davise/papers/GTFails.html.

23. Hofstadter, 2018.

24. 2018년 8월 저자들의 실험. 구글 번역은 같은 문장의 독일어, 스페인어, 이탈리
아어 번역에서도 이와 비슷한 실수를 저질렀다.

25. Kintsch, Van Dijk, 1978.

26. Kahneman, Treisman, Gibbs, 1992.

제5장 로봇은 정말 '다 알아서' 해줄까?

1. IEEE Spectrum, 2015, 0:30.

2. Glaser, 2018.

3. Boston Dynamics, 2016, 1:25 – 1:30.

4. 예를 들어 소니는 2018년 봄에 로봇 개 아이보Aibo의 최신 버전을 출시했다.:
Hornyak, 2018.

5. Brady, 2018.

6. 2002년 출시된 1세대 룸바는 256바이트의 기록 가능 메모리를 가진 컴퓨터를 사
용했다. 오타가 아니다. 아이폰의 10억분의 1 정도인 메모리를 사용했다. Ulanoff,
2002.

7. Veloso, Biswas, Coltin, Rosenthal, 2015.

8. Lancaster, 2016.

9. Gibbs, 2018.

10. Boston Dynamics, 2017; Boston Dynamics, 2018a; Harridy, 2018.

11. CNBC, 2018.

12. Boston Dynamics, 2018c.

13. Boston Dynamics, 2018b.

14. Kim, Laschi, Trimmier, 2013.

15. Brooks, 2017b.

16. Wikipedia, "OODA Loop."

17. Kastranakes, 2017.

18. Thrun, 2007.

19. Mason, 2018.

20. OpenAI blog, 2018; Berkeley CIR, 2018.

21. Allen, 2018.

22. Willow Garage, 2010.

23. Animesh Garg, 저자들에게 보낸 이메일. October 24, 2018.

24. Evarts, 2016.

제6장 인간 정신이 주는 11가지 인사이트

1. Wissner-Gross, Freer, 2013.

2. Bot Scene, 2013.

3. Wissner-Gross, 2013.

4. Ball, 2013a. 볼은 이후 블로그에서 그의 견해를 다소 수정했다. Ball, 2013b.

5. Wissner-Gross, 2013.

6. Marcus, Davis, 2013.

7. Wissner-Gross의 웹사이트 http://www.alexwg.org.참조.

8. Watson, 1930; Skinner, 1938.

9. Skinner, 1938.

10. Firestone, Scholl, 2016.

11. Marcus, 2008.

12. Herculano-Houzel, 2016; Marcus, Freeman, 2015.

13. Kandel, Schwartz, Jessell, 1991.

14. O'Rourke, Weiler, Micheva, Smith, 2012.

15. Amunts, Zilles, 2015.

16. Felleman, van Essen, 1991; Glassert et al, 2016.

17. Ramon y Cajal, 1906.

18. Chomsky, 1959.

19. Skinner, 1957.

20. Silver et al, 2016; Marcus, 2018b.

21. Geman, Bienenstock, Doursat, 1992.

22. Kahneman, 2011.

23. Marcus, 2008.

24. Minsky, 1986, 20.

25. Gardner, 1983.

26. Sternberg, 1985.

27. Barlow, Cosmides, Tooby, 1996; Marcus, 2008; Kinzler, Spelke, 2007.

28. Braun et al, 2015; Preti, Bolton, de Ville, 2017.

29. Bojarski et al, 2016.

30. Mnih et al, 2015.

31. Silver et al, 2016.

32. Pinker, 1999.

33. Marcus et al, 1992.

34. Heath, 2018.

35. Chomsky, 1959.

36. Devlin, 2015.

37. Mikolov, Sutskever, Chen, Corrado, Dean, 2013.

38. Ping et al, 2018.

39. Devlin, 2015.

40. 이것들과 단어 내장에서의 다른 한계는 Levy에서 논의된다.

41. 무니의 말은 Conneau et al, 2018에서 욕설을 삭제하고 인용한 것이다.

42. Lupyan, Clark, 2015.

43. Carmichael, Hogan, Walter, 1932.

44. Vondrick, Khosla, Malisiewicz, Torralba, 2012.

45. 저자들이 Amazon Web Services에서 2018년 8월 수행한 실험.

46. Piantadosi, Tily, Gibson, 2012.

47. Rips, 1989.

48. Rosch, 1973.

49. Keil, 1992.

50. Murphy, Medin, 1985; Carey, 1985.

51. Pearl, MacKenzie, 2018.

52. Vigen, 2015.

53. Pinker, 1997; Marcus, 2001.

54. Judson, 1980.

55. Marcus, 2004.

56. Piaget, 1928.

57. Gelman, Baillargeon, 1983; Baillargeon, Spelke, Wasserman, 1985.

58. Spelke, 1994; Marcus, 2018b.

59. Kant, 1751/1998.

60. Pinker, 1994.

61. Shultz, Vouloumanos, 2010.

62. Hermann et al, 2017.

63. Silver et al, 2017.

64. Marcus, 2018b.

65. Marcus, 2018b.

66. LeCun et al., 1989.

67. Darwiche, 2018.

1. McCarthy, 1959.

2. 이 결과는 2018년 5월 28일 저자들이 수행한 NELL 테스트에서 나온 것이다.

3. Havasi, Pustejovsky, Speer, Lieberman, 2009.

4. Singh et al, 2002.

5. McDermott, 1976.

6. Puig et al, 2018. VirtualHome 프로젝트는 https://www.csail.mit.edu/research/virtualhome-representing-activities-programs에서 찾아볼 수 있다.

7. Schank, Abelson, 1977.

8. Dreyfus, 1979에서도 비슷한 이의가 제기됐다.

9. Davis, 2017은 이 연구에 대한 최근의 설문 조사다. Davis, 1990과 van Harmelen, Lifschitz, Porter, 2008은 그보다 앞선 연구다.

10. CYC 프로젝트는 Lenat, Prakash, Shepherd, 1985에서 발표됐다. 1990년에 도서 분량의 경과 보고서가 발표됐다: Lenat, Guha, 1990. 그 이후로 포괄적인 보고서가 발표되지 않았다.

11. Matuszek et al, 2005.

12. Conesa, Storey, Sugumaran, 2010.

13. Collins, Quillian, 1969.

14. Miller, 1995.

15. Schulz, Suntisrivaraporn, Baader, Boeker, 2009.

16. 모호한 실체와 관계를 다루려는 시도로 Lotfi Zadeh가 개발한 퍼지 논리가 있다. Zadeh, 1987.

17. Wittgenstein, 1953.

18. Woods, 1975; McDermott, 1976.

19. 예를 들어 그 의미가 논리 표기처럼 정확하게 정의된 시맨틱 네트워크의 이형들을 정의하는 것이 가능하다. Brachman, Schmolze, 1989; Borgida, Sowa, 1991.

20. Davis, 2017.

21. Kant, 1751/1998. 스티븐 핑커도 The Stuff of Thought에서 비슷한 견해를 주장했다: Pinker, 2007.

22. Pinker, 1997, 314.

23. Benger, 2008.

24. Rahimian et al, 2010.

25. Padfield, 2008.

26. Davis, Marcus, 2016에서 AI의 시뮬레이션 한계를 자세히 논의했다.

27. Boston Dynamics, 2016.

28. Mouret, Chatzilygeroudis, 2017.

29. Sperber, Wilson, 1986.

30. Pylyshyn, 1987.

31. Lifschitz, Morgenstern, Plaisted, 2008.

32. Russell, 1948, 307.

33. Davis, 1990; van Harmelen, Lifschitz, Porter, 2008.

제8장 신뢰할 수 있는 AI를 향해

1. Tomayko, 1988, 100.

2. Hawkins, 2018.

3. Cable Car museum, undated.

4. Greenberg, 2015.

5. Tullis, 2018.

6. Sciutto, 2018.

7. Mahairas, Beshar, 2018.

8. 2018년 7월 19일 레옹 보투가 저자들에게 보낸 이메일.

9. Turing, 1950.

10. Hayes, Ford, 1995.

11. Marcus, Rossi, Veloso, 2016. 더불어 Reddy, Chen, Manning, 2018; Wang et al, 2018; Allen Institute for AI의 웹사이트, https://allenai.org/도 참조

12. Levesque, Davis, Morgenstern, 2012.

13. Rashkin, Chap, Allaway, Smith, Choi, 2018.

14. Paritosh, Marcus, 2016.

15. Schoenik, Clark, Tafjord, Turney, Etzioni, 2016; Davis, 2016a.

16. Ortiz, 2016.

17. Chaplot, Lample, Sathyendra, Salakhudinov, 2016.

18. Wikipedia, "Driver Verifier."

19. Souyris, Wiels, Delmas, Delseny, 2009.

20. Jeannin et al, 2015.

21. Levin, Suhartono, 2019.

22. Baer, 2014.

23. Sculley et al, 2014.

24. 예를 들어 Vaswani et al, 2017, 표 3이나 Canziani, Culurciello, Paszke, 2017, 도 표 2를 참조하라.

25. Gunning, 2017; Lipton, 2016.

26. Asimov, 1942.

27. Leben, 2018.

28. Wallach, Allen, 2010.

29. Marcus, 2012a.

30. Sartre, 1957.

31. 이것은 Bostrom, 2003에 소개됐다. 이후 많은 작가들이 특히 Nick Bostrom, Eliezer Yudkowsky, 그 동료들이 이에 대해 광범위한 논의를 펼쳤다. 우리의 논의 는 주로 Bostrom, 2014; Yudkowsky, 2011; Bostrom, Yudkowsky, 2014; Soares, Fallenstein, Armstrong, Yudkowsky, 2015를 기반으로 한다.

32. Yudkowsky, 2011.

33. McFarland, 2014.

34. Pinker, 2018와 Brooks, 2017c에도 비슷한 주장이 있다.

35. Yudkowsky, 2011.

A~

ANI · 50~54, 87, 166, 199

GOFAI · 93

GPS · 94, 101, 188, 309

GPU · 95~97, 109

IBM · 34, 35, 57, 59, 79, 87, 99, 101, 125, 155

SLAM · 188, 189

NELL · 260, 261

LIDAR · 307

LISP · 167

ㄱ

가상현실 · 19

강인공지능 · 36

강화형 기계 학습 · 112

검색엔진 · 17, 82, 102, 112, 147, 148, 227, 310

계층적 패턴 인식 · 103

구글 · 18, 35, 36, 43, 44, 48, 60, 79~82, 87, 97, 101, 102, 125, 134, 135, 146~152, 155, 156, 163, 227, 228, 322

구글 듀플렉스 · 18, 43, 48

구글 번역 · 77, 81, 110, 122, 156~159, 162, 163, 166, 310

구글 어시스턴트 · 151, 152

구글 토크투북스 · 135, 140, 143

그레고어 멘델 · 246

기술적 부채 · 316

ㄴ

내적 표상 · 215, 278

노드 · 104, 105, 108, 109, 249, 320

노엄 촘스키 · 211, 214, 215, 226

뉴런 · 95, 103, 104, 214, 226

닉 보스트롬 · 36, 322, 328, 329, 343

ㄷ

다중 지능 · 220

닫힌계 · 51, 53, 54, 59, 194

대니얼 카너먼 · 165, 219, 341

데이비드 허블 · 103

데이비드 루멜하트 · 107

데이터 세트 · 15, 38, 42, 43, 78, 80; 87, 123, 124, 127, 163, 196, 199, 340

데이터 준설 · 79, 80

도요타 · 47

드롭아웃 · 109

디지털 서번트 · 48

딥러닝 · 15, 16, 43, 44, 78, 88, 95~100, 103~107, 109~128, 135, 156~158, 161, 162, 164, 166~168, 170, 171, 191, 195, 203, 213, 215, 216, 223~226, 228, 230, 244~246, 249, 252, 260, 279, 309, 317, 320~322, 337, 340, 341

딥마인드 · 43, 49, 57, 84, 97, 111, 122, 123, 217, 222, 250, 251

딥 언더스탠딩 · 16~21, 25, 214, 297, 301, 315, 322, 324, 328, 332, 333

ㄹ

라이브러리 · 43, 102, 125, 339~341

레이블링 · 15, 96, 125

레이 커즈와일 · 24, 33, 103, 135

레코그니션 · 235

로버트 스턴버그 · 220

로봇공학 · 172, 188, 194, 321, 337, 338, 341, 343

로봇공학의 3대 원칙 · 324

ㅁ

마이크로소프트 · 38, 69, 79, 125, 143, 155, 314

마빈 민스키 · 33, 106, 107, 207, 220

머신러닝 · 15, 36, 78, 85, 94~96, 98~102, 110, 111, 128, 195, 215, 217, 221, 226, 247~250, 252, 260, 297, 299, 300, 306, 310, 311, 313, 321, 334, 337~341

머신리딩 · 37

메아리 효과 · 82

몬테카를로 트리 탐색 · 223, 251

물리 엔진 · 289~292, 318

미시 이론 · 277

ㅂ

바이두 · 112

바이텍스트 · 81, 157, 164

버츄얼홈 · 264

범용 인공지능 · 33, 123

벡터 · 135, 215, 216, 226~230, 232

변수 가공 · 110, 111, 126

비지도 학습 · 111

빅데이터 · 15, 24, 43, 54, 68, 82, 83, 86, 87, 93, 95, 203, 252, 253, 277, 309, 317, 332, 333, 338

ㅅ

사고 범위 문제 · 296

사고 벡터 · 226

삼원 지능 이론 · 220

생성적 대립 신경망 · 111

서포트 벡터 머신 · 99

스쿼드 · 38, 39, 120

소프트웨어 · 18, 22, 35, 40, 47, 48, 95, 125, 185, 189, 191, 193, 235, 290, 306, 310, 311, 313~319, 339, 340

순다르 피차이 · 36, 82

스태틱 드라이버 베리파이어 · 314

스티븐 핑커 · 73, 224, 286, 334, 335, 341

스티븐 호킹 · 37, 261

시간 논리 · 278

시공의 다양체 · 249

시맨틱 네트워크 · 271~275

시모어 페퍼트 · 106, 107

신경망 · 94~96, 103~106, 108, 109, 113~115, 118, 122, 125, 128, 191, 215, 221, 226, 228, 252

신인식기 · 103

심적 표상 · 166

심층 강화 학습 · 112, 113, 122, 250

심층 신경망 · 96, 107, 123

ㅇ

아마존 · 80, 101, 102, 125, 151, 152, 155, 181, 227, 235

아타리 게임 · 112, 122, 217, 222, 223, 250, 251

알고리즘 · 43, 52, 63, 70, 73, 79, 83, 98~101, 110, 122, 124, 127, 147, 148, 163, 187, 195, 196, 212, 214, 222, 308, 340, 341

알렉사 · 69~71, 102, 151, 152, 156, 321, 322

알파고 · 57, 72, 73, 112, 113

알파벳 · 48, 49

알파제로 · 43

애플 · 155, 198, 272, 274, 275, 296

앤드루 응 · 112, 114

앤 트라이즈먼 · 165

얀 르쾽 · 95, 108, 252

엔비디아 · 221, 222

엔트로피 · 13, 209, 210, 212, 213

엔트로피카 · 209, 210

엘리저 유드코스키 · 328, 330

연결 가중치 · 104

열린계 · 51~54, 59, 113, 196, 202, 203

오차 역전파 · 107, 108

왓슨 · 34~36, 57, 59, 99, 101, 154, 155

외집단 · 86

운동 제어 · 188, 190, 191, 193, 293

울프럼알파 · 154, 155

워드넷 · 269

워드투벡 · 227~229

웨이모 · 35, 222

유전자 · 246, 247

유전적 알고리즘 · 98, 100

위르겐 슈미트후버 · 95

오즈월드 에이버리 · 246

의사결정 트리 · 98~100

이미지넷 · 43, 96, 97, 111

이상치 · 53, 54

인공지능 · 24, 33, 34, 36, 43, 51, 70, 98, 112, 113, 126, 140, 180, 221, 252, 260, 264, 311, 322, 327, 328, 331, 337, 338, 340, 342

인자 · 246, 248

인지과학 · 212, 252, 253

인지 모델 · 165, 166, 170, 171, 203~205, 217, 218, 278, 297, 300, 333

일론 머스크 · 37, 183, 197~199, 307, 329

임베딩 · 227

ㅈ

자율주행차 · 19, 34, 35, 42, 46, 47, 50, 59, 60, 62, 77, 78, 80, 181, 184, 185, 190, 194, 198, 203, 306, 307, 317, 325

작동기 · 191

작동 매개변수 · 115

제프리 힌턴 · 34, 95, 107, 123, 226

제프 호킨스 · 103

조슈아 벤지오 · 95, 123, 340

존 매카시 · 33, 260, 266

종단종 · 157, 158, 221~223, 310, 321

지도 학습 · 97

집라인 · 43

ㅊ

챗봇 · 15, 35, 55, 69, 78, 311, 313, 322

ㅋ

캡차 · 86

코딩 · 94, 99, 135, 151, 171, 227, 260,

262, 266, 267, 271, 275, 276, 299, 316

콘셉트넷 · 262, 263, 271, 273

크라우드 워커 · 81, 199

크라우드소싱 · 261, 264, 265, 275, 276, 294

클래식 AI · 93, 94, 101, 167, 170, 203, 216, 224, 225, 228, 252, 260, 278, 300, 313

ㅌ

테슬라 · 37, 46, 56, 57, 62, 70, 87, 197, 203

테이 · 69, 78, 82, 322, 330

텐서플로 · 125, 340

토르스텐 비셀 · 103

톰 미첼 · 260

튜링 테스트 · 311, 342

특이점 · 24, 343

ㅍ

페이스북 · 34, 36, 40, 44, 51, 101, 102, 151, 252, 310, 316

페이지랭크 · 148

프록시 · 83

피터 디아만디스 · 23, 36, 340

피터 틸 · 48

ㅎ

하드웨어 · 43, 94, 95, 109, 182, 184, 185,
    192, 290, 314

하워드 가드너 · 220

하이브리드 · 222~224, 253, 300

하이퍼큐브 · 99

합성곱 · 108, 252

행동주의 · 211, 213~215

허버트 사이먼 · 32, 33

현실 격차 · 292

확률적 학습 · 98

후쿠시마 구니히코 · 103, 335

휴머노이드 · 182, 184, 190, 198

그림 1 O. Vinyals, A. Toshev, S. Bengio, and D. Erhan, under Creative Commons 3.0

그림 2 O. Vinyals, A. Toshev, S. Bengio, and D. Erhan, under Creative Commons 3.0

그림 3 Maayan Harel

그림 4 Maayan Harel

그림 5 Gary Marcus

그림 6 Ernest Davis

그림 7 K. Fukushima, I. Hayashi, and J. Leveille

그림 8 Anish Athalye, Logan Engstrom, Andrew Ilyas, Kevin Kwok

그림 9 Anish Athalye, Logan Engstrom, Andrew Ilyas, Kevin Kwok

그림 10 T. B. Brown, D. Mane, A. Roy, M. Abadi, and J. Gilmer

그림 11 I. Evtimov, K. Eykholt, E. Fernandes, T. Kohno, B. Li, A. Prakash, and D. Song

그림 12 Michael A. Alcorn, Qi Li, Zhitao Gong, Chengfei Wang, Long Mai, Wei— Shinn Ku, and Anh Nguyen

그림 14 Randall Munroe(xkcd.com)

그림 15 Maayan Harel

그림 16 Steve Luck

그림 17 Maayan Harel

그림 18 IEEE Spectrum

그림 19 Maayan Harel

그림 20 Ernest Davis

그림 21 Gary Lupyan and Andy Clark

그림 22 Gary Lupyan and Andy Clark;

그림 23 L. Carmichael, H. P. Hogan, and A. A. Walter

그림 24 L. Carmichael, H. P. Hogan, and A. A. Walter

그림 25 Matthew G. Bisanz, under Creative Commons 3.0

그림 26 Maayan Harel

그림 27 Tyler Vigen

그림 28 ©by ACM, Inc. September 2015, created by Peter Crowther

그림 29 C. Havasi, J. Pustejovsky, R. Speer, and H. Lieberman

그림 30 Maayan Harel

그림 31 Maayan Harel

그림 32 Maayan Harel

그림 33 (좌) Emj, under Creative Commons 3.0 (우) Jonasek22, under Creative Commons 3.0

그림 34 Maayan Harel

그림 35 Maayan Harel